Martin Hartenstein | Fabian Billing |
Christian Schawel | Michael Grein

KARRIERE MACHEN:
DER WEG IN DIE UNTERNEHMENSBERATUNG
2009 | 2010

BERUFS- UND KARRIEREPLANER

Martin Hartenstein | Fabian Billing |
Christian Schawel | Michael Grein

KARRIERE MACHEN
DER WEG IN DIE UNTERNEHMENSBERATUNG 2009 | 2010

Consulting Case Studies erfolgreich bearbeiten

8. Auflage

GABLER

Bibliografische Information der Deutschen Nationalbibliothek
Die Deutsche Nationalbibliothek verzeichnet diese Publikation in der Deutschen Nationalbibliografie; detaillierte bibliografische Daten sind im Internet über <http://dnb.d-nb.de> abrufbar.

1. Auflage 1999
.
.
6. Auflage 2006
7. Auflage 2008
8. Auflage 2009

Lektorat: Ulrike M. Vetter | Sabine Bernatz

Gabler ist Teil der Fachverlagsgruppe Springer Science+Business Media.
www.gabler.de

Umschlaggestaltung: KünkelLopka GmbH, Heidelberg
Umschlagbild: Nina Faber de.sign, Wiesbaden
Satz: FROMM MediaDesign, Selters/Ts.
Druck und buchbinderische Verarbeitung: MercedesDruck, Berlin
Gedruckt auf säurefreiem und chlorfrei gebleichtem Papier
Printed in Germany

ISBN 978-3-8349-1028-8

Vorwort zur achten Auflage

Nachdem die Beratungsbranche in den letzten Jahren in Teilbereichen eine Wachstumsschwäche zu verkraften hatte, wächst dieser Berufszweig im deutschsprachigen Raum und auch international derzeit wieder überdurchschnittlich im Vergleich zu anderen Wirtschaftszweigen. Diesen Trend hat auch die vielerorts diskutierte Finanzmarktkrise nicht signifikant gebremst. Tendenziell könnte diese Krise der Beraterbranche sogar zusätzliches Wachstum bescheren, da Unternehmen der Finanzbranche verstärkten Restrukturierungsbedarf zeigen.

Vor diesem Hintergrund könnte man die Einstiegschancen für Bewerber in die Consulting-Branche für ausgezeichnet halten. Das sind sie im Prinzip auch, jedoch mehren sich Berichte aus der Rekrutierungspraxis, dass es mittlerweile nicht mehr zu wenige Studenten mit exzellenten Lebensläufen, sondern beinahe schon zu viele gibt. Hervorragende akademische Leistungen, Auslandsstudium, mehrere Fremdsprachen, Praktika und Berufserfahrung bei namhaften Unternehmen - das gehört mittlerweile zum Standardprogramm. Hat der Bewerber es erst durch die Selektion anhand des Lebenslaufes geschafft, so wird das Abschneiden in den oftmals gefürchteten fallstudienlastigen Bewerbungsgesprächen zum Hauptkriterium für den Vergleich und die Auswahl der Bewerber - vom Praktikanten über den Hochschulabsolventen bis hin zum Beratungseinsteiger mit Berufserfahrung.

Dieses Buch bietet dem Leser die Möglichkeit, sich anhand eines langjährig in der Praxis erprobten und kontinuierlich weiterentwickelten Ratgebers mit unzähligen Hilfestellungen und Tipps strukturiert auf derartige Interviewsituationen vorzubereiten. Dieser Ratgeber ist hierbei als Grundlagenbuch zur Vorbereitung auf Consulting-Interviews zu verstehen, das eine Einführung in die Thematik, die Branche, Grundkonzepte, Methoden und ausgewählte Fallstudien bietet. Das ebenfalls im Gabler Verlag erscheinende Übungsbuch („Die Consulting-Praxis") bietet dem geneigten Leser weitere und weiterführende Fallstudien zur Abrundung und Komplettierung seiner Vorbereitung. Wir freuen uns, dass nun beide Bücher, die sich hervorragend ergänzen, in einem Verlag vereint zur Verfügung stehen.

Dank der bisherigen Akzeptanz der Leser, der anhaltend positiven Bewertung in der Presse und der freundlichen Aufnahme in Personalabteilungen hat sich das vorliegende Buch mittlerweile als Standardwerk der Interviewvorbereitung bei Unternehmensberatungen im deutschsprachigen Raum etabliert. Auch über diese Entwicklung und Resonanz freuen wir uns sehr.

Die bewährte, kontinuierlich aktualisierte und erweiterte Grundkonzeption des Buches bleibt auch bei der nunmehr achten Auflage erhalten. Komplett neu ist eine Fallstudie über die Transformation eines Mobilfunkunternehmens in den Emerging Markets.

Unser Dank gehört auch bei dieser Auflage Ulrike M. Vetter für die langjährige, ausnahmslos harmonische und konstruktive verlagsseitige Zusammenarbeit.

Dem Leser wünschen wir nun viel Spaß bei der Lektüre des Buches, beim Lösen der Fallstudien und vor allem viel Erfolg bei den Bewerbungsgesprächen.

Zürich, Düsseldorf, Bonn und Frankfurt, im September 2008

Martin Hartenstein, Fabian Billing, Christian Schawel, Michael Grein

Accenture
Recruiting Team
Campus Kronberg 1
61476 Kronberg/Frankfurt
Karriere-Infoline: 00 800 / 450 450 45
recruiting.germany@accenture.com
entdecke-accenture.com

Vorwort zur ersten Auflage

Die Idee zu diesem Buch ist in einem längeren Entwicklungsprozess allmählich gereift. Noch vor einiger Zeit befanden wir uns selbst mitten im Bewerbungsprozess für Praktika bei vielen renommierten Unternehmensberatungen. Damals wären wir für ein Buch, mit dem wir uns professionell hätten vorbereiten können, sehr dankbar gewesen. So aber bastelte jeder seinen persönlichen „Werkzeugkasten", wobei dieses Know-how durch Erfahrungen an Business-Schools in Irland und in den USA erweitert wurde. Der auf diese Weise angehäufte Fundus an Wissen, Tipps und Tricks wurde dann auch von Kommilitonen und Freunden zur eigenen Vorbereitung genutzt. So kamen wir auf die Idee, ihn einem noch breiteren Kreis zugänglich zu machen. Unser Ziel mit diesem Buch ist es, dass Anfängerfehler beim Bewerbungsweg in die Unternehmensberatung möglichst vermieden und die Vorbereitung auf die Bewerbungsinterviews optimiert werden.

Natürlich bieten wir keine „Standardrezepte", denn die gibt es nicht. Wir erheben auch nicht den Anspruch auf Vollständigkeit aller in der Praxis ausgeübten Prüfungsmöglichkeiten. Es geht vielmehr um die Skizzierung einer grundsätzlichen Vorgehensweise, um die Einübung einer allgemeinen Analyse-Denkhaltung, die von den Bewerbern bei der Fallstudien-Bearbeitung erwartet wird – und die zugleich in der späteren Beratungspraxis sehr nützlich ist.

Dank gebührt einer Vielzahl von Menschen, ohne die dieses Buch nicht in dieser Form zustande gekommen wäre. An erster Stelle gilt unser Dank unseren Familien, die uns in vielfältiger Art und Weise unterstützt haben und unsere „Arbeitseinsätze" und „Nachtschichten" ertragen mussten. Ein besonderer Dank geht auch an Rike Schawel für ihre ständigen motivierenden Worte und die tatkräftige Unterstützung.

Martin Hartenstein, Fabian Billing,
Christian Schawel, Michael Grein

Inhalt

Einleitung

Unabhängig von konjunkturellen Trends konnten renommierte Unternehmensberatungen in den vergangenen Jahren stets vordere und vorderste Plätze in den Beliebtheitsrankings hinsichtlich der Berufswahl von Hochschulabsolventen und Young Professionals belegen. Derzeit gibt es auch keinerlei Anzeichen und Gründe dafür, dass sich dieser Trend zukünftig abschwächt. Bei Beschreibungen des Traumberufs „Consultant" fallen immer wieder Begriffe wie „Karrieresprungbrett", „Herausforderung", „Internationalität", „spannende Projekte" und nicht zuletzt auch „attraktive Verdienstmöglichkeiten". Durch all jene Assoziationen und durch das meist smarte, elitäre und teilweise mystifizierte Bild der Berater in der Öffentlichkeit angezogen, wünschen sich viele Menschen den Einstieg in die Beratungsbranche. Dies gilt für Studenten mit Blick auf attraktive Praktika, Hochschulabsolventen in Bezug auf wertvolle, vermarktbare erste Vollzeit-Karriereschritte, für „Young Professionals" zur Beschleunigung ihres Aufstiegs und für gestandene Manager zur Karriereveredelung. Sie alle müssen jedoch zunächst die Herausforderungen der von vielen gefürchteten Interviewrunden meistern.

Es gibt unzählige Bücher über konventionelle Auswahlverfahren; die Eigenheiten der Consulting-Branche wurden bis vor wenigen Jahren im deutschsprachigen Raum jedoch äußerst stiefmütterlich behandelt. Mittlerweile gibt es nun einige Karriereführer zu den Eigenheiten des Einstiegs in der Consulting-Branche. Die Besonderheit des vorliegenden Buches ist die Vermittlung von in mittlerweile sieben Auflagen erprobten, konkreten Instrumenten, Übungsfallstudien und Tipps zur erfolgreichen Überwindung der Hürde „Case-Study-Interviews" basierend auf langjähriger Erfahrung in der Beratungspraxis.

Im ersten Teil des Buches geben wir einen Überblick über die Anfänge und die Entwicklungen des Beratungsmarktes. Der Hauptteil des Buches beschreibt die Anforderungen, die Bewerber erfüllen müssen, um die Interviewrunden bei Unternehmensberatungen zu meistern. Im Zentrum steht dabei die Fallstudienbearbeitung, die oftmals selbst „High Potentials" und „Over-Achievern" Schwierigkeiten bereitet. Um eine faire Chance bei der erfolgreichen Case-Study-Bearbeitung zu haben, kann eine Grundvertrautheit mit wirtschaftswissenschaftlichen Grundkonzepten sehr hilfreich sein. Zu diesen Konzepten gehören beispielsweise das Business Reengineering, die ABC-Analyse, Entscheidungsbäume, die SWOT-Analyse, die Wertschöpfungskette und viele andere mehr. Diese Grundlagen werden ausführlich erläutert und bilden die Überleitung zu den Grundtypen von Fallstudien. Diese werden detailliert vorgestellt, in Bezug auf ihre Struktur, vor allem aber auch in Bezug auf geeignete Instrumente zu ihrer Lösung. Bei den nachfolgenden, weiterführenden Aufgaben erhält der Leser die Möglichkeit, das vermittelte Wissen praktisch anzuwenden und zu üben. Zum Abschluss des Buches werden die von einigen Top-Beratungen zusätzlich zur Auswahl der Bewerber verwendeten Einstellungstests und Assessment-Center-Elemente vorgestellt, die ebenfalls ansatzweise dem stressigen Berateralltag entliehen sind und damit Fallstudienelemente im weitesten Sinne darstellen. Abschließend werden die 25 umsatzstärksten Beratungsunternehmen Deutschlands sowie weitere renommierte und potenziell für den Leser interessante Consulting-Firmen vorgestellt.

1 DIE BERATUNGSBRANCHE

In diesem Kapitel wollen wir dem Leser einen ersten Eindruck vom interessanten und veränderungsreichen Beratungsmarkt im deutschsprachigen Raum vermitteln.

Die Idee, Unternehmen zu beraten, entstand bereits Ende des 19. Jahrhunderts. Die erste Unternehmensberatung wurde durch Arthur D. Little 1886 in Cambridge, Massachusetts, gegründet.[1] Die nächsten Beratungsunternehmen entstanden vielfach aus Organisationsabteilungen amerikanischer Großunternehmen, wie z. B. General Electric oder Ford. Die erste große Beratungswelle erfasste die USA in den 20er Jahren des 20. Jahrhunderts. Zu dieser Zeit entstanden viele Unternehmensberatungen, die nach dem Zweiten Weltkrieg ihre Aktivitäten auch auf Europa ausdehnten. Mittlerweile gibt es über 350 definierte Tätigkeitsfelder, in denen Unternehmensberatungen weltweit aktiv sind. Den Hauptanteil und den in der Öffentlichkeit am stärksten wahrgenommenen Teil hält mit circa 30 % die klassische Strategie- und Organisationsberatung.[2] Hierbei wird die Geschäftsführung des zu beratenden Unternehmens bezüglich der Richtung, in die sich das Unternehmen entwickeln soll, unterstützt. Je nach Konjunkturlage ist auch die Restrukturierungs- und Turn-Around-Beratung ein elementarer Bestandteil der Organisationsberatung. Ein weiterer großer Bereich ist die IT-Beratung mit oftmals verbundenen weiteren Dienstleistungen (Outsourcing, Off-Shoring, Near-Shoring etc.).[3] Personal- und Human-Resources-Beratung bildet einen weiteren wichtigen Zweig der Unternehmensberatung.

Insgesamt entwickelte sich im vergangenen Jahrzehnt der Markt für Beratungsleistungen derart rasant, dass Consultingfirmen die Unternehmensleitung nicht mehr nur kategorisch strategisch konzeptionell beraten, sondern vermehrt auch bei der Implementierung der Entscheidungen bis hin zum Betrieb bestimmter Services im Einsatz sind. Dadurch werden die Consultants immer mehr in den Arbeitsalltag ihrer Kunden integriert, was sowohl zu Vorteilen (wie Verständnis von Abläufen und Strukturen) als auch zu Nachteilen (wie Interessenkonflikten zwischen Beratung und Umsetzung) im Beratungsalltag führt. Hierbei zeichnen sich – insbesondere in Großkonzernen – zunehmend Ansätze eines zentral geführten professionalisierten Beratermanagements ab, um die Partnerschaft und Zusammenarbeit für alle Beteiligten effizient und effektiv zu gestalten. Zusätzlich zu diesen Einsatzgebieten für Unternehmensberater gibt es im Unternehmensalltag immer wieder Situationen, in denen der Einkauf von Spezialwissen in einem eng abgegrenzten

Kompetenzbereich oder Personalknappheit für eine spezielle Aufgabe auf Zeit den Einsatz von Beratern notwendig machen. In derartigen Situationen ist es für die auftraggebenden Unternehmen günstiger, Consultants für einen begrenzten Zeitraum zu engagieren, als die eigenen Kapazitäten dauerhaft aufzustocken. In den letzten Jahren hat sich die Inanspruchnahme von Beratungsdienstleistungen auch bei mittelständischen und kleinen Unternehmen erhöht. Allerdings erfolgt hier tendenziell ein selektiverer Einsatz allein schon bedingt durch die zur Verfügung stehenden Finanzmittel. Außerdem arbeiten mittlerweile eine Reihe von Unternehmensberatungen eng mit Banken, Private-Equity-Unternehmen, Hedgefonds und ähnlichen Unternehmen bei der Restrukturierung von Beteiligungsunternehmen zusammen. Zusammenfassend gehen in vielen Unternehmen die Berührungsängste mit Beratern zunehmend verloren. Das partielle Angebot von erfolgsabhängigen Vergütungsmodellen trägt dazu bei, dass bei den Unternehmen Risiken und hohe fixe Vergütungskosten für den Einsatz der Berater sinken.

Heute bieten Beratungsunternehmen für die gesamte Spannbreite vom Kleinbetrieb über die öffentliche Hand bis hin zu weltweit agierenden Konzernen ein an jeden Kunden angepasstes Beratungskonzept an. Es gibt jedoch nur wenige, die global das komplette Spektrum an Beratungsdienstleistungen abdecken können. Vielmehr werden von einzelnen Beratungen lokale bzw. leistungsbezogene Schwerpunkte gesetzt, was in der Vielzahl der existierenden Beraterrankings zum Ausdruck kommt.

Allen Beratungsunternehmen gemein ist das Problem, dass ihr Haupteinsatzfaktor Humankapital ist und sich somit die Frage nach der Qualität und Anzahl der jedes Jahr zu rekrutierenden Nachwuchskräfte erneut stellt. So gilt es, einerseits zunächst die Marktnachfrage nach Beratungsleistungen einzuschätzen und andererseits entsprechend vorausschauend die Personalplanung in Bezug auf Qualität und Quantität neuer Mitarbeiter auszurichten. Da die Unternehmen der Beratungsbranche Jahr für Jahr zu den vorderen im Ranking der beliebtesten Arbeitgeber gehören, können es sich viele Consultingfirmen leisten, „nur die Besten" einstellen zu wollen. So vielschichtig diese Definition im Einzelfall auch sein mag, so fasst es ein Bewerber spitz, aber treffend formuliert in einem jüngeren Artikel des Manager Magazins zusammen: „... ich habe keine Lust, neben Durchschnitts-BWLern in irgendeinem beliebigen Unternehmen zu arbeiten ... ich will nur mit den Besten zusammenarbeiten ...". Diese Einstellung spielt den Beratungsunternehmen in die Hände, die bei der Auslese der Nachwuchsberater aus den besten Kandidaten auswählen können. Bei durchschnittlichen Bewerbungszahlen von 10 000 bis 15 000 Bewerbern auf einige hundert Jobs bei McKinsey oder der Boston Consulting Group stellt sich mittlerweile verstärkt die Frage nach immer ausgefeilteren Personalauswahlverfahren. Die jeweiligen Personalabteilungen richten daher ihr Augenmerk zunehmend auf die Interviews und die Fallstudien, da diese den Alltagsarbeitssituationen eines Beraters relativ nahekommen. Der Beruf des Beraters ist sowohl physisch als auch psychisch extrem herausfordernd. Deshalb müssen die Bewerber schon in den Aufnahmetests mit Zeit- und Leistungsdruck umgehen, so dass für die Personalexperten und Berater ihr Verhalten bei Belastung erkennbar wird. Eine klassische Frage, die sich viele Berater stellen, die an der Auswahl von Nachwuchskräften teilnehmen, ist daher der „Airport-Test“. Bei diesem Gedankenspiel stellt sich der Berater, nachdem der Bewerber alle Fallstudien gemeistert hat, abschließend die Frage nach dem persönlichen „Fit“ des Bewerbers und schätzt für sich ein, ob er es ertragen könnte, mit dem Bewerber im Falle eines realen gemeinsamen Projektes stundenlang auf Flughäfen oder in Flugzeugen gemeinsam auf engstem Raum zu sein.

Wer sich nach diesem vielseitigem und intensiven Auswahlprozedere für die Laufbahn des Beraters entscheidet, findet im Beratungsmarkt eines der härtesten, aber auch aufregendsten und abwechslungsreichsten Tätigkeitsfelder. Die Kollegen sind hoch qualifiziert und äußerst motiviert. Die Projektdauer von in der Regel einigen Monaten ermöglicht in relativ kurzer Zeit Einblicke in Unternehmen der unterschiedlichsten Fachrichtungen. Man arbeitet in kleinen Teams direkt beim Kunden. Bei fast jedem großen Beratungsunternehmen werden die Teams für jedes Projekt neu formiert, das heißt, man arbeitet nicht nur immer wieder bei einem neuen Kundenunternehmen, sondern hat auch immer wieder wechselnde Mitarbeiter aus den unterschiedlichsten Fakultäten im Team. Der Vorteil dieser Arbeitsweise besteht darin, aus den Erfahrungen und Perspektiven anderer Teammitglieder lernen und sich so in kurzer Zeit ein breites Spektrum an Wissen und Fähigkeiten aneignen zu können. Außerdem werden die Persönlichkeit und die zwischenmenschlichen Fähigkeiten geschult, da man sich immer wieder innerhalb kürzester Zeit auf neue Kollegen und Mitarbeiter einstellen muss, um produktiv mit ihnen zusammenzuarbeiten zu können. Teamfähigkeit ist deshalb eine der wichtigsten Voraussetzungen und eine Kardinaltugend, die ein zukünftiger Berater mitzubringen hat.

Abschließend bleibt somit festzuhalten, dass sowohl die konjunkturellen Umfeldbedingungen und damit der Personalbedarf der Consultants als auch die aktuell vergebenen Projekte den Einstieg in ein Beratungsunternehmen zu einer attraktiven Karriere- und Berufswahl machen. Dass die Selektion der Nachwuchskräfte im Bewerbungsprozess auf nach wie vor hohem Niveau verbleibt, macht den Einstieg nicht einfacher, aber umso interessanter und verstärkt die Bedeutung der Interviewvorbereitung.

In diesem Kapitel stellen wir Ihnen die wichtigsten Grundkonzepte vor, die bei einer großen Anzahl von Fallstudien als Basiswissen vorausgesetzt werden. Dabei finden sie als Ganzes oder auch in Teilen Anwendung.

Das Kapitel ist modular aufgebaut, sodass die für eine bestimmte Fallstudie jeweils relevanten Grundkonzepte als Basis für die Fallstudienbearbeitung nutzbar sind. Da dem Bewerber vor dem Interview bei der Unternehmensberatung nicht bekannt ist, vor welche Problematiken er gestellt wird, sollten alle Grundkonzepte und die Arbeit mit ihnen vertraut sein.

2 GRUNDKONZEPTE FÜR DIE FALLSTUDIENBEARBEITUNG

2.1 Ökonomische Grundkonzepte

Es gibt eine Vielzahl von ökonomischen Grundkonzepten. Hier stellen wir Ihnen jene kurz vor, deren Verständnis in besonderem Maße bei der Lösung von Fallstudien hilft.[4]

I. Marktpreisbildung

Der markträumende Preis bildet sich durch die Übereinstimmung von nachgefragter und angebotener Menge, das heißt, dass alle auf dem Markt angebotenen Güter auch verkauft werden. Zu diesem Preis wird die maximale Menge des Gutes oder der Leistung abgesetzt. Diese Beziehung wird in Abbildung 1 visualisiert. Keiner der Marktteilnehmer hat einen Anreiz, diesen Punkt zu verlassen.

Das Gesetz des Angebotes besagt, dass die Beziehung zwischen der angebotenen Menge an Gütern und dem Preis im Normalfall positiv ist. Bei einem steigenden Marktpreis wird die angebotene Menge steigen, wogegen diese bei einem sinkenden Preis langfristig fallen wird. In dem Zusammenhang ist festzustellen, dass die Unternehmenskapazitäten kurzfristig konstant sind und eine entscheidende Reaktion auf sinkende und fallende Preis erst mittel- bis langfristig zu erwarten ist. Mittel- und langfristig wird eine Erhöhung des Angebotes unter anderem durch sinkende Preise der Produktionsfaktoren, eine steigende Nachfrage nach einem Kuppelprodukt, durch technischen Fortschritt, Subventionen oder vermehrte Ressourcen bewirkt. Die Angebotskurve wird im Graphen nach rechts verschoben.

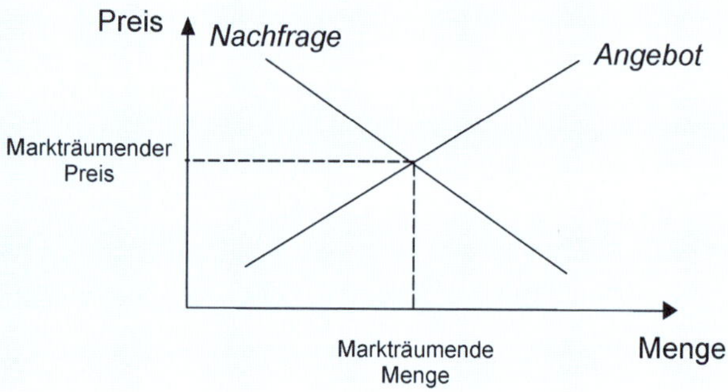

Abbildung 1: Die Angebots- und Nachfragekurve

Das Gesetz der Nachfrage besagt, dass die Beziehung zwischen der nachgefragten Menge an Gütern und dem Preis im Normalfall negativ ist. Eine Bewegung auf der Nachfragekurve ist eine Änderung der nachgefragten Menge. Bei einem steigenden Preis sinkt die nachgefragte Menge; bei einem sinkenden Preis steigt diese. Wird z. B. eine Musik-CD als Sonderangebot zu einem günstigeren Preis angesetzt, so ist zu erwarten, dass sie in verstärktem Maße gekauft wird.

II. Opportunitätskosten

Die Opportunitätskosten einer Aktivität sind die entgangenen bewerteten Erträge der aus der Sicht des Entscheidungsträgers bestmöglichen verworfenen Alternative. Diese unterscheiden sich von Entscheidungsträger zu Entscheidungsträger. Wenn sich beispielsweise ein Industrieunternehmen für die Produktion eines Stahlträgers A anstatt eines Stahlträgers B entscheidet, sind die Opportunitätskosten die entgangenen Erträge aus der Produktion des Stahlträgers B.

III. Technische und ökonomische Effizienz

Die ökonomische Effizienz kann durch die zwei Ausprägungsformen des ökonomischen Prinzips (Minimum- und Maximum-Prinzip) dargestellt werden. Beim Minimum-Prinzip ist es nicht möglich, eine gegebene Outputmenge kostengünstiger herzustellen, und beim Maximum-Prinzip wird bei gegebenem Budget die Outputmenge maximiert. Dabei werden Wertgrößen zur Beschreibung der Minimal-Kosten-Kombinationen verwendet.

Die technische Effizienz orientiert sich auch am ökonomischen Prinzip. Es ist nicht möglich, eine höhere Outputmenge mit gegebener Faktoreinsatzmenge beziehungsweise die gleiche Outputmenge mit weniger mindestens eines Faktors bei Konstanz der übrigen Faktoren herzustellen. In allen anderen Fällen beschreiben diese Mengengrößen Verschwendung bei der Produktion von Leistungen. Das bedeutet auch, dass bei ökonomisch effizienter Produktion technisch effizient produziert wird.

2.2 Finanzwirtschaftliche Grundkonzepte

Die Berechnung finanzwirtschaftlicher Kennziffern gehört zum Basiswissen, das bei der erfolgreichen Bearbeitung von Fallstudien benötigt wird.[5]

I. Unternehmenserfolg

Der Erfolg eines Unternehmens kann auf vielfältige Weise ermittelt werden. Die einfachste Basis berücksichtigt lediglich den bewerteten Einsatz an Produktionsfaktoren und den aus den unternehmerischen Aktivitäten resultierenden Ertrag.

$$\text{Unternehmensgewinn} = \text{Ertrag} - \text{Aufwand}$$

Langfristig sollte der Ertrag des Unternehmens größer als der Aufwand sein.

II. Produktivität

Das Verhältnis von Gütererzeugung (Outputmenge) und dem dazu benötigten Einsatz an Produktionsfaktoren wird als Produktivität bezeichnet. Bei der Grenzproduktivität wird der zusätzliche Faktoreinsatz betrachtet, der zur Produktion einer weiteren marginalen Einheit der unternehmerischen Leistung nötig ist.

$$P = \frac{\text{Outputmenge}}{\text{Faktor - Inputmenge}}$$

Bei der Betrachtung der Produktivität sollten Vergleichswerte zur Bewertung der unternehmerischen Leistung herangezogen werden.

III. Wertmäßige Wirtschaftlichkeit

Die Kennziffer der Wirtschaftlichkeit bezeichnet die Relation zwischen dem bewerteten Output und dem bewerteten Input.

$$W = \frac{\text{bewerteter Output}}{\text{bewerteter Input}}$$

Sehr oft stellt sich die Frage, ob ein Unternehmen wirtschaftlich arbeitet. Auch bei dieser Kennziffer sind Vergleichswerte von elementarer Bedeutung.

IV. Gesamtkapitalrentabilität

Generell ist Rentabilität die Relation zwischen einer Erfolgsgröße und einer Bestandsgröße, die in einem logischen Zusammenhang stehen. Bei der Gesamtkapitalrentabilität wird die Summe aus Gewinn (z. B. EBIT = Earnings Before Interests and Tax) und Fremdkapitalzinsen mit dem Gesamtkapital in Verhältnis gesetzt. Das Gesamtkapital setzt sich aus dem Eigen- und dem Fremdkapital zusammen.

$$GKR = \frac{\text{Gewinn} + \text{Fremdkapitalzinsen}}{\text{Gesamtkapital}}$$

V. Eigenkapitalrentabilität

Wie bei der Gesamtkapitalrentabilität wird bei der Eigenkapitalrentabilität der Unternehmenserfolg mit dem eingesetzten Kapital, hier dem Eigenkapital, in Relation gesetzt. Synonym spricht man auch von ROE (Return on Equity).

$$EKR = \frac{\text{Gewinn}}{\text{Eigenkapital}}$$

VI. Fremdkapitalrentabilität

Diese Rentabilitätskennziffer setzt, im Gegensatz zur Eigenkapitalrentabilität, nicht den Gewinn und das Eigenkapital, sondern die Fremdkapitalzinsen und das eingesetzte Fremdkapital in Verhältnis.

$$FKR = \frac{\text{Fremdkapitalzinsen}}{\text{Fremdkapital}}$$

VII. Return on Investment

Der ROI ist eine Kennziffer, die den Gewinn (z. B. EBIT) und das eingesetzte Kapital eines Unternehmens zueinander in Beziehung setzt. Dabei kann dieses Maß auch durch die Umsatzrentabilität und die Umschlagshäufigkeit bestimmt werden.

$$ROI = \text{Umsatzrentabilität} \times \text{Umschlagshäufigkeit}$$

$$ROI = \frac{\text{Gewinn}}{\text{Umsatz}} \times \frac{\text{Umsatz}}{\text{Kapital}}$$

VIII. Umsatzrentabilität

Eine weitere Rentabilitätskennziffer ist die Umsatzrentabilität, bei der der Gewinn (z. B. EBIT) und der erzielte Umsatz in Relation zueinander gesetzt werden. Synonym dazu spricht man auch von ROS (Return on Sales).

$$UR = \frac{\text{Gewinn}}{\text{Umsatz}}$$

IX. Wirtschaftlichkeit

Bei der Nutzung der Wirtschaftlichkeit als Kennziffer für unternehmerische Aktivitäten werden die tatsächlich angefallenen Kosten der Leistungserstellung ins Verhältnis zu den geplanten Kosten gesetzt.

$$W = \frac{\text{IST-Kosten}}{\text{SOLL-Kosten}}$$

X. Cashflow

Der Cashflow dient zur Beurteilung der Finanzlage eines Unternehmens und zur Bewertung von Aktien, indem der Einnahmenüberschuss der betrachteten Periode ermittelt wird. Dieser Einnahmenüberschuss kann unter anderem aus der Summe des ausgewiesenen Jahresüberschusses, der Abschreibungen und der langfristigen Rückstellungen gebildet werden. Für die Ermittlung dieser Kennziffer können vielfältige Formeln herangezogen werden. Eine einfache Methode sieht wie folgt aus:

$$\text{Cashflow} = \text{Jahresüberschuss} + \text{Abschreibungen} \pm \text{langfristige Rückstellungen}$$

Der Cashflow ermöglicht eine Aussage über die Selbstfinanzierungsfähigkeit von Unternehmen. Der totale Cashflow kann wiederum eingeteilt werden in (a) Cashflow aus Geschäftstätigkeit (operativer Cashflow), (b) Cashflow aus Investitionstätigkeit sowie (c) Cashflow aus Finanzierungstätigkeit.

XI. Eigenkapitalquote

Die Eigenkapitalquote gehört zu den Bilanzkennziffern, die durch das Gegenüberstellen von Positionen der Bilanz gebildet werden. In diesem Fall wird der Anteil des Eigenkapitals am Gesamtkapital ermittelt.

$$EKQ = \frac{\text{Eigenkapital}}{\text{Gesamtkapital}}$$

Dem Betrachter geben diese und die folgenden Kennziffern einen ersten Eindruck über den wirtschaftlichen Aufbau des Unternehmens. Ein bestimmtes, in der Regel branchenspezifisches Gleichgewicht zwischen Eigen- und Fremdkapital ist für das Unternehmen vorteilhaft.

XII. Liquiditätsgrad

Der Liquiditätsgrad zeigt das Verhältnis von liquiden Finanzmitteln eines Unternehmens und den kurzfristigen Verbindlichkeiten (= Liquidität 1).

$$LG = \frac{\text{liquide Mittel}}{\text{kurzfristige Verbindlichkeiten}}$$

Einem Unternehmen mit sehr geringen liquiden Mitteln droht im Extremfall die Zahlungsunfähigkeit. Liquiditätsgrade sind grundsätzlich Momentaufnahmen, die mit einer Sicherheitsmarge zu beurteilen sind.

XIII. Verschuldungskoeffizient

Diese Bilanzkennziffer weist den Anteil des Fremdkapitals am Gesamtkapital eines Unternehmens aus.

$$VK = \frac{\text{Fremdkapital}}{\text{Gesamtkapital}}$$

XIV. Verschuldungsgrad

Die letzte wichtige Bilanzkennziffer setzt das Fremdkapital und das Eigenkapital eines Unternehmens in Relation.

$$VG = \frac{\text{Fremdkapital}}{\text{Eigenkapital}}$$

Von elementarer Wichtigkeit bei der Nutzung dieser Kennziffern ist die Vergleichbarkeit der einzelnen Faktoren zu gewährleisten, was jedoch bei unterschiedlichen Periodenlängen problematisch sein könnte. Dem Anwender vermitteln diese Kennziffern einen Eindruck von der finanziellen Situation des Unternehmens und helfen bei der Bewertung.

2.3 Lernkurve

Das Konzept der Lernkurve[6] beinhaltet den Zusammenhang zwischen dem Produktionsvolumen und den bei der Produktion entstehenden Stückkosten. Eine weitere häufig in der Literatur verwendete Bezeichnung für diese Beziehung ist die Erfahrungskurve.

Eine Verdoppelung des kumulierten Produktionsvolumens bezogen auf den Wertschöpfungsanteil ermöglicht dem Unternehmen eine 20–30%ige Senkung der Stückkosten. Dieser Zusammenhang wird in der folgenden Abbildung verdeutlicht.

Auf der vertikalen Achse wird die Kostendimension und auf der horizontalen Achse die Erfahrungsdimension mit der kumulierten Produktionsmenge abgebildet.

Für diese positive Entwicklung der Stückkosten kann eine Vielzahl von Faktoren verantwortlich sein.

Zunächst ermöglichen die steigende Betriebsgröße und die wachsende Produktionsmenge in vielen Fällen Einsparpotenziale in den meisten Unternehmensbereichen bezogen auf die Ausbringungsmenge. Diese Vorteile können beispielsweise in der Produktion durch den Einsatz neuer Produktionsstraßen mit höherem Output und niedrigeren Stückkosten realisiert werden. In der Beschaffungslogistik sollte es für das Unternehmen möglich sein, durch höhere Einkaufsmengen an Produktionsfaktoren günstigere Konditionen auszuhandeln. Derartige Entwicklungen sollten in nahezu allen Unternehmensbereichen realisiert werden können.

Durch die Kosteneinsparpotenziale erhält das Unternehmen die Möglichkeit, andere Aspekte der Produktion wie die Qualität oder das Marketing zu intensivieren, was den steigenden Absatz der Produkte und Dienstleistungen fördert.

Die erhöhte Produktion und die steigende Erfahrung bei der Fertigung ermöglichen in der Regel Lernerfolge. Das im Laufe der Zeit erworbene neue Know-how sichert dem Unternehmen Effizienzsteigerungen, da unter anderem die Anzahl an Rationalisierungsmöglichkeiten steigt.

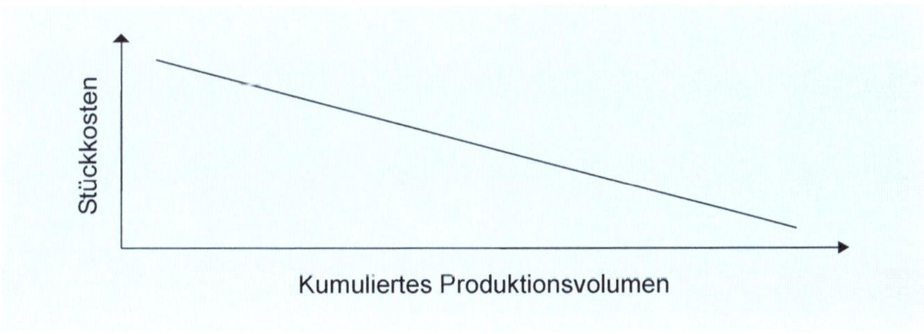

Abbildung 2: Die Erfahrungskurve

Die alleinige Betrachtung der Lernkurve stellt sich als problematisch heraus, da eine Vielzahl von weiteren Faktoren für die Entwicklung des Marktpreises verantwortlich sein kann, und die Trennung dieser Faktoren sich schwierig gestaltet.

Mit Hilfe der Erfahrungskurve kann man auf die Kostensituation von Wettbewerbern schließen und so die eigene Wettbewerbssituation bestimmen. Diese Analyse erfordert allerdings bei den betrachteten Unternehmen eine ähnliche Produktionsart und Kapazität. Lediglich der Zeitpunkt der Entstehung des Unternehmens sollte unterschiedlich sein. Häufig fehlen Informationen über kumulierte Mengen der Konkurrenten. Allerdings ist anzunehmen, dass sich die kumulierten Mengen wie die Marktanteile verhalten.

Die Lernkurve verdeutlicht die notwendige Ausrichtung auf die betriebswirtschaftliche Effizienz und reduziert die Komplexität bei der Analyse.

2.4 Business Reengineering (BR)

Der Begriff des Business Reengineering wurde maßgeblich von Hammer und Champy geprägt.[7] In der Literatur werden auch andere Bezeichnungen wie Business Redesign, Business Process Reengineering oder Process Innovation benutzt, die jedoch alle denselben Vorgang beschreiben.

Ausgangspunkte des BR sind Geschäftsprozesse, die als logisch angeordnete Aktivitäten zur Erreichung eines definierten Unternehmensziels beschrieben werden können. Diese Unternehmensprozesse werden umstrukturiert. Dabei werden keine marginalen, sondern enorme Verbesserungen in Qualität, Service, Zeit und Kosten angestrebt. Dies veranschaulicht Abbildung 3, in der die Vierecke unternehmerische Funktionen und die Sechsecke die resultierenden Ereignisse darstellen.

Der Ausgangspunkt dieser Aktivitäten sollte eine Betrachtung der Ist-Situation des Unternehmens und eine Identifikation der relevanten Prozesse sein. Aus den erkannten Geschäftsprozessen werden diejenigen ausgewählt, die ein Veränderungspotenzial beinhalten. Anschließend können die unternehmerischen Vorgänge sinnvoll umstrukturiert werden. Von großer Bedeutung ist die Ex-post-Betrachtung des Erfolges dieser Reengineering-Maßnahmen.

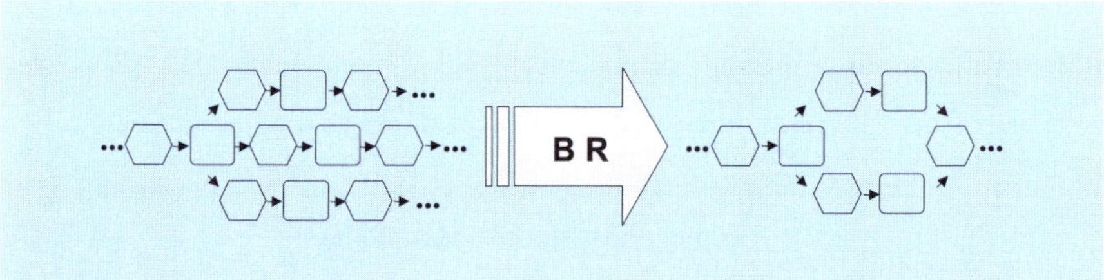

Abbildung 3: Schematische Darstellung der Wirkungsweise von BR

In der Managementwelt wird das Business Reengineering kontrovers diskutiert. Wichtig an diesem Ansatz ist die Fokussierung auf Geschäftsprozesse, das Hinterfragen alter Strukturen, deren Arbeitsweisen und die Kunden- beziehungsweise Zielorientierung.

2.5 ABC-Analyse

Die ABC-Analyse ist ein Konzept, das die Disposition von Produktionsfaktoren wie auch Materialien unterstützt.[8]

Bei den planerischen Aktivitäten zur Disposition wird in vielen Unternehmen festgestellt, dass etwa 70 % des Verbrauchswertes durch lediglich 10 % der gesamten Menge von Produktionsfaktoren verursacht wird. Im Gegensatz dazu sind etwa 70 % der Materialien für lediglich 10 % der entstandenen Gesamtverbrauchskosten verantwortlich.

Diese Feststellung führt zu der Einteilung der Verbrauchsmaterialien in die folgenden drei Wertklassen:

- A - hoher Verbrauchswert
- B - mittlerer Verbrauchswert
- C - geringer Verbrauchswert

Die Vorgehensweise besteht aus drei elementaren Schritten: Zunächst werden die mit dem durchschnittlichen Verbrauch der Materialien verbundenen Kostenanteile der letzten Abrechnungsperiode ermittelt. Es folgt die Sortierung der Produktionsfaktoren nach deren Verbrauchswert. Die dabei ermittelten Mengen- und Verbrauchswertanteile werden in einer Lorenz-Konzentrationskurve (vgl. Abbildung 4) abgebildet.

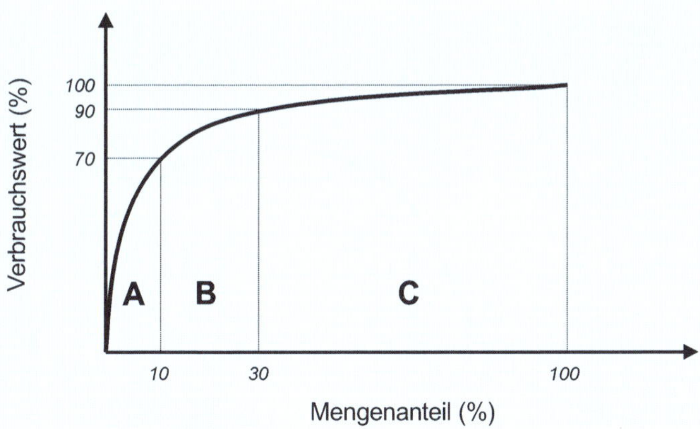

Abbildung 4: Die Lorenz-Konzentrationskurve der ABC-Analyse

Diese Einteilung gibt letztendlich Aufschluss darüber, ob die Materialien bedarfs- oder verbrauchsgesteuert disponiert werden sollen. In der Regel werden A- und B-Teile bedarfs- und C-Teile verbrauchsgesteuert disponiert.

Bei der bedarfsgesteuerten Disposition wird der Bedarf an untergeordneten Baugruppen ausgehend von Kundenaufträgen oder Absatzprognosen generiert. Prognosefehler in der Planung resultieren meist in hohen Kosten wie beispielsweise Fehlmengen- oder Lagerhaltungskosten. Diese Art der Disposition ist im Vergleich zur verbrauchsgesteuerten Disposition exakter, erzeugt allerdings wegen des erhöhten Rechen- und Verwaltungsaufwands höhere Kosten.

Die verbrauchsgesteuerte Disposition nutzt Daten der vergangenheitsorientierten Beschaffung der Materialien als Basis. Dabei ist von elementarer Bedeutung, dass die Materialien einen relativ konstanten Verbrauch vorweisen, der auch saisonal schwankend sein darf. Verbrauchsmusterbrüche sollten sofort erkannt werden. Diese Form der Disposition ist weniger kostenintensiv, dafür allerdings auch ungenauer.

Die Idee, die hinter der ABC-Analyse steckt, kann auf viele weitere Bereiche des unternehmerischen Handelns übertragen werden. So ist es denkbar, dass bei der Betrachtung einer Kundenstruktur zwischen A-, B- und C-Kunden differenziert wird. Diese Klassifizierung ist dann Grundlage für strategische Entscheidungen.

2.6 Produktlebenszyklus

Das Konzept des Produktlebenszyklus[9] (Product-Life-Cycle) ist bei der strategischen Absatzplanung in Unternehmen von großem Nutzen. Das Management wird hierdurch bei der Prognose von Absatz und Gewinnentwicklungen einzelner Produkte und Dienstleistungen unterstützt. Diese Prognosedaten bilden die Basis für Entscheidungen.

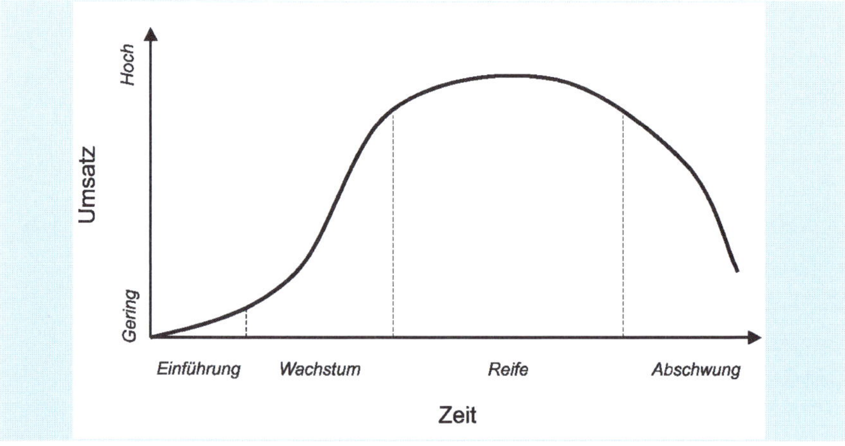

Abbildung 5: Die Kurve des Produktlebenszyklus

Eine zeitlich differenzierte Produktakzeptanz und die auf den Umsatz wirkenden Marktkräfte, wie die Handlungen von Konkurrenten, bilden die Grundlage dieses Konzeptes.

Es sind viele verschiedene Absatzentwicklungen im Zeitablauf denkbar. Das hier dargestellte Konzept des Produktlebenszyklus, das die Umsatzerlösentwicklung darstellt, wird durch die vier aufeinander folgenden Phasen Einführung, Wachstum, Reife und Abschwung (vgl. Abbildung 5) charakterisiert.

Diesen vier Phasen liegen verschiedenartige Chancen und Risiken im Wettbewerb zu Grunde, denen das Unternehmen mit unterschiedlichen Strategien gerecht werden muss.

I. Einführungsphase

Die Phase der Markteinführung ist durch ein hohes Risikopotenzial gekennzeichnet. Mit dieser Unsicherheit muss das Unternehmen umgehen und hohe Investitionen tätigen, um das Produkt auf dem Markt einzuführen. In dieser Phase ist das Marketing von entscheidender Bedeutung für den unternehmerischen Erfolg. Dem anvisierten Kundenkreis müssen die Vorteile des Produktes oder der Dienstleistung näher gebracht werden.

Nach der eigentlichen Markteinführung steigt der Umsatz in der Regel langsam an. Das Kundenverhalten muss sorgsam beobachtet werden, da es Aufschlüsse über die weitere strategische Planung im Umgang mit der Geschäftseinheit gibt. Das Unternehmen steht vor der Entscheidung, entweder bei einem negativen Feedback der Kunden aus dem Markt auszusteigen oder die Marktentwicklung durch weitere Anstrengungen voranzutreiben.

II. Wachstumsphase

Die Wachstumsphase ist durch einen starken Anstieg der Umsatzwachstumsrate gekennzeichnet. Durch den steigenden Erfolg des Produktes werden neben den Kunden auch verstärkt andere Wettbewerber auf das neue Produkt aufmerksam. Am Ende dieser Phase kommt es zu einem verstärkten Wettbewerb, infolgedessen einige der Unternehmen aus dem Markt ausscheiden.

In dieser Zeit ist es für das Unternehmen von besonderer Bedeutung, seine Produkte und Dienstleistungen weiter zu verbessern, um den eventuell vorhandenen komparativen Wettbewerbsvorteil zu erhalten beziehungsweise auszubauen.

III. Reifephase

In der Reifephase sinkt die Rate des Umsatzwachstums in der Regel bis zu der normalen Marktwachstumsrate ab. Gegen Ende dieser Phase beginnt der Umsatz zu sinken.

Das Unternehmen sollte bestrebt sein, seine Marktposition zu verteidigen. Die Verlängerung der Phase wird durch weitere Verbesserungen und zusätzliche Ausstattungsmerkmale erreicht. Das schließt die Bildung von neuen Produktvarianten mit ein. Des Weiteren sollte das Unternehmen versuchen, neue Marktsegmente für seine Produkte und Leistungen zu erschließen. Zusätzlich hilft eine aktive Preispolitik bei der Phasenverlängerung. Die reine Ausschöpfung des Marktes im Sinne der Gewinnmaximierung verringert die Länge der Reifephase.

IV. Abschwung

Die Phase des Abschwungs ist durch stark abnehmende Umsätze gekennzeichnet. Das Unternehmen verliert seine Marktposition, da Konkurrenten überlegene Produkte und Dienstleistungen auf dem Markt anbieten. In dieser Phase ist in der Regel ein schneller Ausstieg aus dem Markt die beste strategische Alternative. Kurzfristig erzielbare Gewinne sollten realisiert werden.

2.7 Just-in-Time-Konzept

Das Just-in-Time-Konzept[10] basiert auf einer besonderen Art der Beziehung zwischen Lieferanten und Kunden. Die Beschaffung von Produktionsfaktoren erfolgt auf synchrone Weise. Der Lieferant stellt die Materialien direkt am Bearbeitungspunkt des Kunden bereit, ohne dass die Produktionsfaktoren zuvor zwischengelagert werden müssen. Das Just-in-Time-Konzept führt somit zu einer verstärkten Integration von Beschaffungs- und Vertriebslogistik.

Ziel dieses Konzeptes ist die Lieferung der geringstmöglichen Menge an Materialien zum spätestmöglichen Zeitpunkt. Auf diese Weise werden die Lagerhaltungskosten und damit auch die Kapitalbindungskosten des Kunden gesenkt. Eine Lagerung von Produktionsfaktoren dient lediglich der Produktionssicherung, um beispielsweise Lieferausfälle auszugleichen.

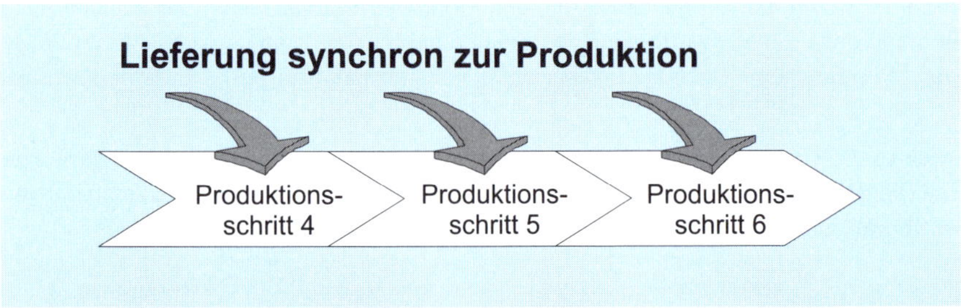

Abbildung 6: Das Just-in-Time-Konzept

An eine effektive Umsetzung dieses Konzeptes werden jedoch zunächst einige elementare Forderungen gestellt:

- Die beiden Marktpartner sollten über direkte Kommunikationswege verfügen.
- Die Kooperation und Koordination müssen maximiert werden.
- Bestellvorgänge sollten weitestgehend standardisiert sein.

- Die Produktion des Kunden sollte eine gleichmäßige Verbrauchs- und Outputrate aufweisen. Dennoch muss der Lieferant auftretende Schwankungen im Bedarf des Kunden durch eine hohe Flexibilität bei der eigenen Produktion ausgleichen können.
- Der Lieferant muss eine hohe und gleichmäßige Qualität der Produkte garantieren. Von elementarer Bedeutung ist hierbei das Total Quality Management.
- Wegen der fehlenden Zwischenlager beim Kunden muss vom Lieferanten ein schneller und zuverlässiger Transport der Produkte gewährleistet werden. Dabei erfolgt die Lieferung in der Regel über die Transportflotte des Lieferanten.
- Eine Just-in-Time-gerechte Warenannahme ist notwendig.

Von entscheidender Bedeutung für das belieferte Unternehmen ist die verringerte oder bestenfalls wegfallende Lagerhaltung und die dadurch sinkende Kapitalbindung. Des Weiteren sollte die Beziehung zwischen dem liefernden und belieferten Unternehmen langfristig ausgelegt sein, da das Implementieren eines derartig aufwendigen Logistikkonzeptes zunächst mit hohem Investitionsaufwand verbunden ist. Beide Unternehmen erhalten durch die langfristige Bindung und die relativ festgelegten Produktarten und Liefermengen eine größere Planungssicherheit. Die langfristige Bindung und die daraus resultierenden gegenseitigen Abhängigkeiten können sich allerdings auch zu entscheidenden Nachteilen entwickeln, da beispielsweise bei einer Störung der Zusammenarbeit der Beschaffungsmarkt selten Ausweichmöglichkeiten für beide Unternehmen bietet.

Dennoch bietet dieses Konzept zur unternehmensübergreifenden Integration zwischen Hersteller und Lieferant bei der richtigen Implementierung entscheidende logistische Vorteile, die beiden Unternehmen auf dem Markt zugute kommen.

2.8 Schlüsselfaktoren

Bei der Analyse von Unternehmen und Märkten spielt das Konzept der Schlüsselfaktoren (key factors) eine besondere Rolle.

Eine Vielzahl von Analysen beginnt mit einer Betrachtung des Status quo, die interne wie externe Faktoren berücksichtigt. Gerade bei der Bearbeitung von Fallstudien muss der Analytiker in besonderem Maße zwischen wichtigen und weniger wichtigen Faktoren der Situation unterscheiden. Die Fallstudien aus Interviewrunden bieten dem Kandidaten in der Regel nur wenig Zeit, um die relevanten Daten und die daraus resultierenden Schlüsse aus der Problematik zu ziehen.

So ist es möglich, dass der Betrachter seine Aufmerksamkeit konsequent auf die Kernkompetenzen eines Unternehmens als den Schlüsselfaktor der Fallstudie richtet. Diese Vorgehensweise sollte zu den Basics einer jeden Fallstudienbearbeitung gehören.

2.9 Vertikale Integration der Wertschöpfungskette

Bei der vertikalen Integration (vgl. Abbildung 7) werden die verschiedenen Stufen der Wertschöpfung von der Gewinnung des Rohmaterials bis hin zum Vertrieb des Endproduktes der gesamten Wertschöpfungskette vereint. In den meisten Fällen ist die vertikale Integration auf die Beschaffungslogistik ausgerichtet.

Gerade bei örtlich verteilten Stufen der Wertschöpfung ist eine gut ausgebaute Koordination und Kommunikation von elementarer Bedeutung. In diesem Zusammenhang können Verflechtungen in der Informationsverarbeitung zwischen verschiedenen Unternehmen intensiviert und aufeinander abgestimmt werden. Durch die gezielte Zusammenarbeit der einzelnen Stufen der Wertschöpfung kann eine effiziente Produktion bei den beteiligten Unternehmen erreicht werden, was beispielsweise die Time-to-Market neuer Entwicklungen verkürzt. Die Kundenorientierung hat bei der vertikalen Integration eine herausragende Bedeutung.

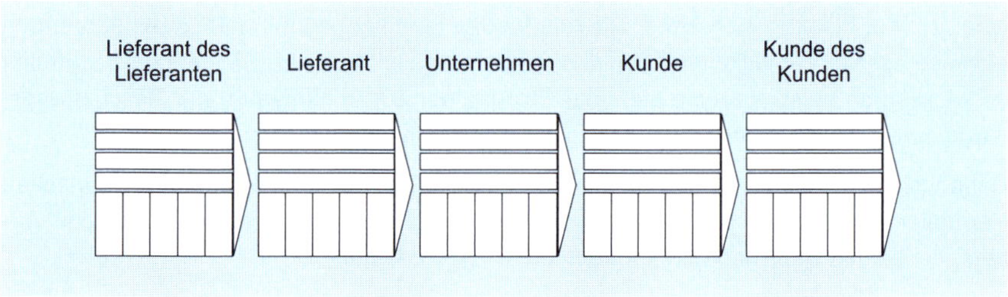

Abbildung 7: Vertikale Integration der Wertschöpfungskette[12]

Das Unternehmen, das durch eine Übernahme vertikal integriert, verspricht sich in der Regel einen größeren Einfluss auf die Beschaffungs- und Vertriebslogistik, wodurch ein gewisses Maß an Unsicherheit in den unternehmerischen Aktivitäten abgebaut wird. Gleichzeitig kann das Unternehmen durch die vertragliche Vereinbarung mit seinem Logistikpartner oder durch den Aufkauf desselben seine Marktposition verbessern. Gleichwohl bergen derlei Aktivitäten eine Vielzahl an Risikopotenzialen.

2.10 Kostenmanagement

Das Kostenmanagement[13] umfasst alle betrieblichen Aktivitäten, die mit der Erfassung, Aufbereitung und Auswertung der unternehmensrelevanten Kostendaten verbunden sind. Dabei wird zunächst zwischen der Finanzbuchführung, die sich an externe Adressaten richtet, und der Kosten- und Leistungsrechnung, die an unternehmensinterne Adressaten gerichtet ist, differenziert.

Neben Publikationsaufgaben werden auch Planungs- und Kontrollfunktionen erfüllt. Im Falle der Finanzbuchführung ist das Kostenmanagement an eine Vielzahl von Restriktionen gebunden. Im Rahmen der internen Kosten- und Leistungsrechnung wurden viele

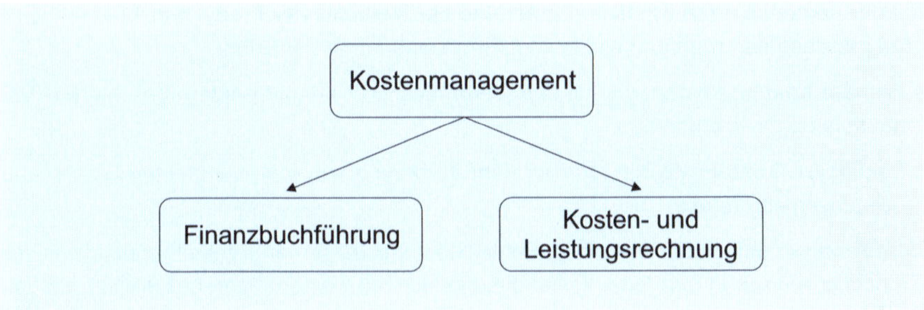

Abbildung 8: Die beiden Felder des Kostenmanagements

Kalkulationssysteme wie Plankosten-, Deckungsbeitrags- und Prozesskostenrechnungssysteme entwickelt, die das interne Kostenmanagement unterstützen.

Die Anzahl der Differenzierungsmöglichkeiten von anfallenden Kosten im Bereich des Kostenmanagements ist groß. Die wichtigsten Begriffe des Kostenmanagements werden im folgenden Abschnitt diskutiert.

Wenn bei der Betrachtung der Kosten nach dem Output als Bezugsgröße differenziert wird, spielen die folgenden Größen im Kostenmanagement eine wichtige Rolle:

- **Variable Kosten**: Kosten, die sich mit der Menge der Produktion ändern
- **Fixe Kosten**: Kosten, die unabhängig von der Menge der Produktion in kostanter Höhe anfallen
- **Durchschnittsstückkosten**: Bei dieser Kostengröße wird die Gesamtheit aller angefallenen Kosten der Produktion durch die Outputmenge dividiert
- **Grenzkosten**: Auf eine Outputeinheit bezogene Kosten, die bei der Erhöhung der Ausbringungsmenge um eine marginale Einheit zusätzlich entstehen

Bei diesen Kostengrößen spielen der Planungszeitraum und die Bezugsgröße der Kosten die entscheidende Rolle.

Differenziert der Betrachter die Kosten nach der Art der Verrechnung, so wird zunächst zwischen Einzel- und Gemeinkosten unterschieden. In der Kostenartenrechnung, als einer Teilrechnung des Kostenrechnungssystems, wird der Verbrauch an Produktionsfaktoren erfasst und die angefallenen Kosten zunächst in Einzel- und Gemeinkosten eingeteilt:

- **Einzelkosten**: Kosten, die einem Produkt direkt zurechenbar sind und diesem auch direkt zugerechnet werden
- **Gemeinkosten**: Kosten, die einem Produkt nicht direkt zurechenbar sind und die auch nicht direkt gerechnet werden. Diese Gemeinkosten sollten mit Hilfe innerbetrieblicher Verrechnungssätze auf die verursachenden Kostenstellen und -träger verrechnet werden.

Bei der Kostenabgrenzung nach der Art und der Herkunft der Produktionsfaktoren wird grob zwischen den primären und sekundären Kosten unterschieden:

- **Primäre Kosten**: Kosten, die bei dem Verbrauch unternehmensextern beschaffter Produktionsfaktoren entstehen
- **Sekundäre Kosten**: Kosten, die bei dem Verbrauch von intern erstellten Gütern und Leistungen entstehen

Dem Bewerber sollten die Grundbegriffe des Kostenmanagements geläufig sein, da dieses Grundlagenwissen in fast jeder Fallstudie, die sich mit Kostenfragen beschäftigt, enthalten ist.

2.11 Total Quality Management

Die Qualität eines Produktes oder einer Dienstleistung hat in den letzten Jahren immer mehr an Bedeutung gewonnen. Wettbewerber erhalten die Möglichkeit, sich über die Qualität ihrer Leistung besser voneinander zu differenzieren.

In vielen Unternehmen wird die Qualitätskontrolle nur von wenigen Spezialisten durchgeführt. Teilweise wurden ganze Abteilungsbereiche wie die Endkontrolle gebildet, um die eigenen Qualitätsstandards zu gewährleisten. In der heutigen Zeit wird die Forderung nach der Implementierung einer Qualitätssicherungsnorm wie ISO 9000 ff. geradezu zur Pflicht für Unternehmen und deren Zulieferer.

Das Total Quality Management[13] (TQM) ist ein umfassendes, ganzheitliches, integrierendes Qualitätsmanagement, das sich auf die Gesamtheit der Unternehmensbereiche und deren Mitarbeiter bezieht. Jede an den Unternehmensprozessen beteiligte Person ist für die Qualität verantwortlich. In diesem Zusammenhang bezieht sich Total Quality Management nicht nur auf Produkte, sondern auch auf organisatorische Abläufe wie die Erstellung der unternehmerischen Leistung sowie die Qualität der Arbeitsbedingungen und der Umweltbeziehungen. Das bedeutet, dass der häufig isolierte Abteilungsbereich der Qualitätskontrolle über alle logistischen Bereiche des Unternehmens verteilt wird.

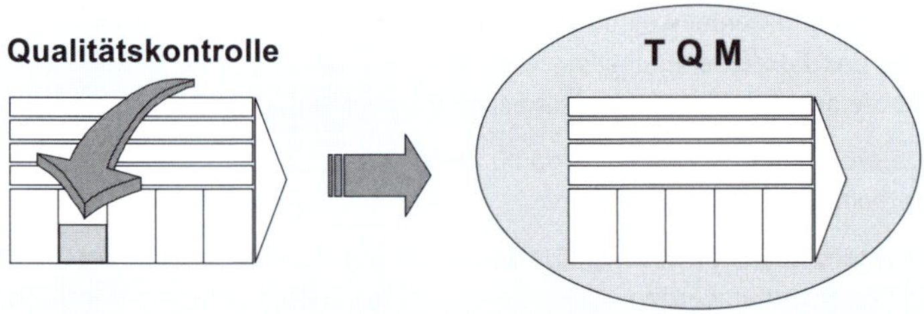

Abbildung 9: Von der Qualitätskontrolle zu Total Quality Management

Bei der Umsetzung des Total Quality Management sollte das Unternehmen im planerischen Bereich beginnen und sukzessiv über die Entwicklung und Fertigung alle zum Unternehmensprozess gehörigen Bereiche einschließen. Diese Forderung ist von elementarer Bedeutung, da die Identifikation von Fehlerquellen so schnell wie möglich erfolgen sollte. Die Fehlerbeseitigungskosten steigen im Laufe der Entwicklungs- und Produktionsphasen stetig an.

Der Qualitätskontrolle und -verbesserung sollte in sämtlichen Unternehmensaktivitäten oberste Priorität eingeräumt werden. Das schließt präventive Qualitätsförderungsmaßnahmen und Änderungen in der Art der Qualitätskontrolle wie den Übergang von Fremd- zu Eigenkontrolle mit ein. Den Mitarbeitern muss die Wichtigkeit dieser Aufgabe bewusst gemacht werden, da sie entscheidenden Einfluss auf die Qualität der unternehmerischen Leistung haben. Das Hauptziel des Total Quality Management sollte sein, die Qualität statt durch nachgelagerte Kontrolle und Nacharbeiten durch qualitätsgerechte Konstruktion und Produktion zu gewährleisten.

In jedem Unternehmen muss die Entscheidung über den Einsatz des Total Quality Management individuell entschieden werden, wobei viele Faktoren wie die erhöhten Kosten des Qualitätsmanagements bedeutende Rollen spielen. Dennoch darf man nicht vergessen, dass auch ein zu langes Warten oder die vollständige Ablehnung Risiken für das Unternehmen birgt.

2.12 Bottom-up- und Top-down-Betrachtungen

Bei der Analyse von Fallstudien hat der Kandidat zwei allgemeine Vorgehenskonzepte zur Auswahl: den Bottom-up- und den Top-down-Ansatz. Die hinter diesen beiden Ansätzen steckende Logik wird anhand des Beispiels der Unternehmensplanung näher erläutert:

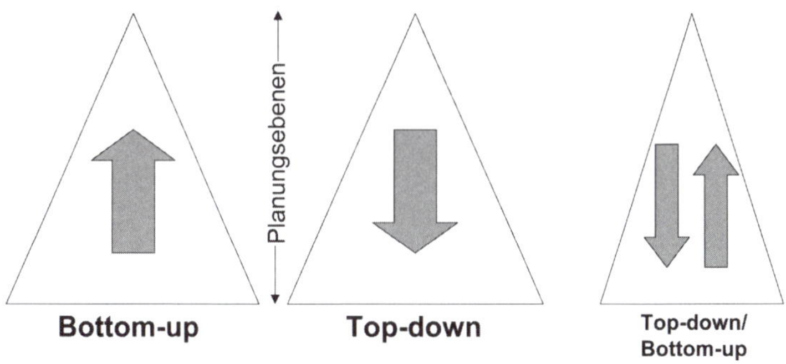

Abbildung 10: Der Bottom-up- und Top-down-Ansatz

Der Bottom-up-Ansatz, der auch oftmals als progressiver Ansatz bezeichnet wird, startet auf der untersten Planungsstufe - der operativen Ebene - in einem Unternehmen. Auf dieser Hierarchieebene werden zunächst einzelne Teilpläne erstellt, die dann an die darüber liegende Planungsstufe weitergegeben werden. Auf dieser Ebene werden die Teilpläne teilbereichsbezogen integriert, um weitere Informationen ergänzt und weitergereicht, bis die oberste Hierarchieebene erreicht ist. Dort werden alle Teilpläne zu einem Unternehmensplan zusammengefasst.

Der zweite Ansatz, der auch häufig als retrograder Ansatz bezeichnet wird, beinhaltet eine Top-down-Vorgehensweise. Planungsstart ist die oberste Planungsebene - die Unternehmensführung, auf der die Gesamtplanung festgelegt und diese dann weiter gehend für die darunter folgenden Planungsebenen in Teilpläne aufgegliedert wird. Mit jeder Ebene findet eine weitere Zerlegung der Teilpläne statt, wobei bei jedem Schritt eine Präzisierung der betrachteten Problematik vorgenommen wird.

Eine Integration der beiden Ansätze wird mit dem Gegenstromverfahren erreicht. Die oberste Planungsebene erstellt einen provisorischen Plan, der als Basis für die abgeleiteten Teilpläne dient. Die Teilpläne werden bis auf die unterste Planungsebene erstellt und dort überprüft. Es folgt eine Bottom-up-Überprüfung der Realisierbarkeit der Planvorgaben. Konfliktbereiche müssen in diesem Fall neu bearbeitet werden.

2.13 Entscheidungsbäume/Logikbäume

Logikbäume sind ein geeignetes Mittel, um komplizierte Sachverhalte und Beziehungen zu strukturieren und zu visualisieren. Man kann Logikbäume sowohl Top-down als auch Bottom-up anwenden; an dieser Stelle wird jedoch nur die erste Vorgehensweise beschrieben.

Man beginnt an einem Startpunkt und zerlegt diesen in seine Bestandteile. Dabei geht man über verschiedene Ebenen.

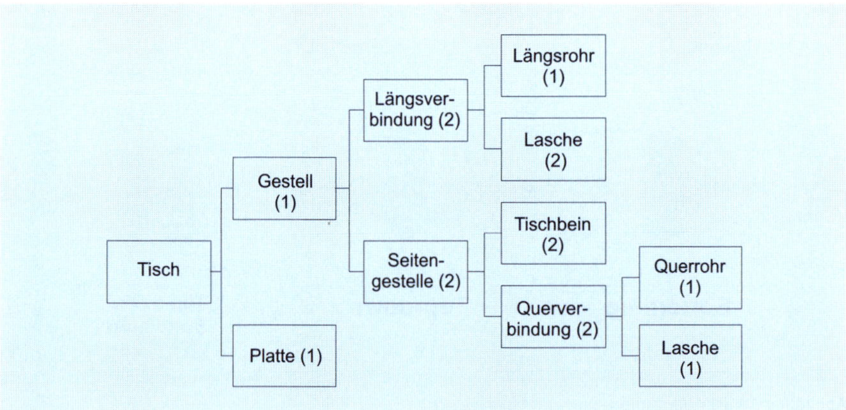

Abbildung 11: Beispiel eines Logikbaumes

In diesem Beispiel[14] soll der Startpunkt ein gewöhnlicher Tisch sein (vgl. Abbildung 11). Diesen zerlegt man in Gestell und Tischplatte, von denen man jeweils eine Mengeneinheit braucht. Bei der Erstellung eines Logikbaumes muss man das so genannte MECE-Prinzip beachten. Die einzelnen Ebenen müssen „mutually exclusive" (ME) und „collectively exhaustive" (CE) sein, das heißt es dürfen keine Überschneidungen innerhalb einer Ebene vorliegen, und eine Ebene muss die vorgelagerte Ebene als Ganzes beschreiben. Gestell und Platte haben keine Überschneidungen und ergeben zusammen den Tisch als Gesamtheit. Genauso wird bei den hinteren Ebenen gearbeitet. Querrohr und Lasche haben keine Überschneidungen und beschreiben die Querverbindung als Ganzes. So ergibt die Summe der hinteren Ebene die nächste vorgelagerte Ebene, ohne dass für deren Beschreibung ein Aspekt fehlt.

Wenn man einen komplexen Sachverhalt (z. B. den Umsatz eines Unternehmens) ähnlich wie in diesem einfachen Beispiel zerlegt, erhält man am Ende des Baumes alle Faktoren, die den Sachverhalt in irgendeiner Weise beeinflussen. Über die Struktur des Baumes kann man sehr genau den Wirkungsweg jedes Faktors verfolgen und seine Auswirkungen quantifizieren.

2.14 Die Gewinn- und Verlustrechnung

Die Gewinn- und Verlustrechnung (GuV), auch Erfolgsrechnung genannt, ist eine Aufwands- und Ertragsrechnung.

Während die Bilanz den Erfolg zu einem Zeitpunkt (Bilanzstichtag) durch Saldierung von Aktiva und Passiva ermittelt, werden in der Gewinn- und Verlustrechnung die betrieblichen Aufwendungen mit den betrieblichen Erträgen eines Jahres oder einer Abrechnungsperiode saldiert. Das bedeutet, dass nur wirklich in diesem Zeitraum getätigte Ausgaben beziehungsweise in diesem Zeitraum angefallene Einnahmen berücksichtigt werden und nicht wie in der Bilanz Stichtagsvergleiche vorgenommen werden.

Ausgaben	**Gewinn- und**	**Verlustrechnung**	**Einnahmen**
Betriebsaufwand		**Betriebsleistung**	
1. Löhne und Gehälter	40.000	1. Umsatzerlös	150.000
2. Materialbedarf	30.000	2. Endbestand an Halb- und Fertigprodukten	50.000
3. Bürobedarf	5.000	3. Anfangsbestand an Halb- und Fertigprodukten	- 20.000
4. Abschreibungen	10.000		
5. Zinsen	5.000		
6. Sonstiges	10.000		
Summe	100.000	Summe	180.000
Gewinn	80.000		
Summe	180.000		

Abbildung 12: Beispiel einer Gewinn- und Verlustrechnung

In der Abbildung auf S. 25 sind auf der linken Seite die Ausgaben und auf der rechten Seite die Einnahmen dargestellt. Durch Gegenüberstellung der jeweiligen Summen erhält man den Gewinn beziehungsweise den Verlust der Periode.

Auf Grund dieser Darstellung erlaubt die Gewinn- und Verlustrechnung nicht nur den Erfolg als Saldo zu ermitteln, sondern sie macht auch deutlich, wodurch der Erfolg oder eben der Misserfolg entstanden ist. Dadurch wird dem Unternehmer ermöglicht, eine Entwicklung zu erkennen und dieser bei Bedarf entgegenzuwirken.

2.15 Die Bilanz

Die Bilanz gibt Außenstehenden Informationen darüber, wie ein Unternehmen finanziert ist (Passiva) und wie das bezogene Kapital investiert wurde (Aktiva).[15] Sie ist somit eine Gegenüberstellung von Vermögen und Kapital an einem Stichtag. Das Vermögen bilden alle im Betrieb eingesetzten Wirtschaftsgüter und Geldmittel, wogegen die Kapitalseite aus Eigenkapital und Schulden des Unternehmens gegenüber Beteiligten und Gläubigern besteht.

Grob betrachtet hat die Bilanz vier große Posten. Auf der Aktivseite befinden sich das Umlaufvermögen und das Anlagevermögen, auf der Passivseite Eigenkapital und Fremdkapital. Abbildung 13 zeigt den Formalaufbau einer Bilanz.[16]

- **Anlagevermögen**: Mobilien wie Maschinen, Fuhrpark und Computersysteme sowie Immobilien wie Grundstücke und Gebäude sind materieller Bestandteil des Anlagevermögens. Weiterhin zählen immaterielle Posten (z. B. Patente, Lizenzen) und Finanzanlagen wie Beteiligungen und Wertpapiere zu diesem Posten. Anlagevermögen kann in der Regel nicht kurzfristig verkauft werden.

Aktiva	Bilanz zum 31.12. ..	Passiva
Betriebsaufwand		**Betriebsleistung**
Anlagevermögen Sachanlagen Immaterielle Anlagen Finanzanalgen		**Eigenkapital**
Umlaufvermögen Vorräte Forderungen Wertpapiere Zahlungsmittel		**Fremdkapital** langfristige Verbindlichkeiten kurzfristige Verbindlichkeiten
Rechnungsabgrenzungsposten		Rechnungsabgrenzungsposten
Bilanzsumme		**Bilanzsumme**
Gewinn	80.000	

Abbildung 13: Vereinfachtes Beispiel einer Bilanz

- **Umlaufvermögen**: Die Werte des Umlaufvermögens sind kurzfristig verfügbar und beinhalten Vorräte (Roh-, Hilfs- und Betriebsstoffe sowie Halb- und Fertigfabrikate), Forderungen aller Art, kurzfristig liquidierbare Wertpapiere und Zahlungsmittel (Bank-, Kassa- und Postbestände).
- **Eigenkapital**: Das Eigenkapital ist das gesamte von den Eigentümern des Unternehmens zur Verfügung gestellte Kapital. Der Ausweis des Eigenkapitals wird stark von der Rechtsform des Unternehmens beeinflusst.
- **Fremdkapital**: Das Fremdkapital setzt sich aus dem Unternehmen von Dritten überlassenen Mitteln zusammen. Man unterscheidet hier zwischen kurzfristigem und langfristigem Fremdkapital. Alle Verbindlichkeiten, die innerhalb eines Jahres beglichen werden müssen, werden als kurzfristig eingestuft. Langfristiges Fremdkapital kann aus Kapitalformen wie Hypotheken und Bankdarlehen bestehen.

Die Verhältnisse zwischen Umlauf- und Anlagevermögen beziehungsweise Eigen- und Fremdkapital sind abhängig von der Branche und der Größe des Unternehmens. Ziel sollte jedoch sein, langfristiges Vermögen mit langfristigem Kapital und kurzfristiges Vermögen mit kurzfristigem Kapital zu decken.

2.16 Cashflow-Analyse

Unter dem Begriff Cashflow versteht man den in einer Periode erfolgswirksam erwirtschafteten Zahlungsmittelüberschuss eines Unternehmens.[17]

Diese Stromgröße wird aus den Daten des Jahresabschlusses (Bilanz & GuV) des Unternehmens abgeleitet und stellt somit einen Indikator für die Innenfinanzierungskraft des Unternehmens dar.

Die jeweiligen Ergebnisse der unterschiedlichen Arten des Cashflow werden innerhalb der Cashflow-Analyse berechnet. Die Vorgehensweise zur Durchführung der Cashflow-Analyse wird im Folgenden verdeutlicht:

Netto-Umsatzerlöse	
–	Materialaufwand
–	Löhne & Gehälter (inkl. soziale Abgaben)
–	Steuern
–	Δ erforderliches Betriebskapital
=	**Net operating Cashflow**
–	Rückzahlung von Fremdmitteln
–	Zinszahlungen
+	erhaltene Rückzahlungen aus Krediten
+	erhaltene Zinszahlungen, Dividenenzahlungen

=	**vorläufig verfügbare Mittel für Ausschüttung und Investition**
+	Ausgabe von Aktien, Obligationen etc.
+	Aufnahme anderer langfristiger Fremdmittel
–	Rückkauf von Obligationen
–	Tilgung von Fremdmitteln
–	Investitionsauszahlungen
+	Verkauf von Gegenständen des Anlagevermögens
÷	Dividendenzahlungen
=	**Gesamter Cashflow**
+	D kurzfristige Verbindlichkeiten
–	Δ Wertpapiere des Umlaufvermögens, Forderungen an Banken, etc.
=	**Δ Kasse (im engeren Sinne)**

Die Cashflow-Analyse ermöglicht also

- genaue Analysen und gute Einsichten in die Aktivitäten von Unternehmen.
- Darüber hinaus gelingt es dem Benutzer, eine durch Kennzahlen fundierte Basis für weitere Analysen zu schaffen,
- wobei man sich jedoch des mangelnden prospektiven Aussagewertes der Cashflow-Analyse bewusst sein muss, da sie nur historische finanzielle Daten verarbeitet.

3 METHODEN/ANALYSEWERKZEUGE

Nachdem Sie nun die Grundkonzepte kennen gelernt haben, kann die Fallstudienarbeit fast schon beginnen – wären da nicht die hohen Anforderungen an die Strukturierung der Fallstudienlösung.

Um also sein wirtschaftliches Know-how in die Fälle einbringen zu können, ohne den Gesamtüberblick bei der Problemlösung zu verlieren, ist es notwendig, das jeweilige Problem vor der Bearbeitung in seine einzelnen Komponenten und Aspekte zu untergliedern.

Leider gibt es keine Standardvorgehensweise, um Fallstudien zu strukturieren und zu bearbeiten. Allerdings existiert eine Reihe von hilfreichen Methoden und Analysewerkzeugen, die je nach Fragestellung den geeigneten Rahmen für die Bearbeitung schaffen.

Die Basiskonzepte werden unabhängig voneinander dargestellt. Der Leser kann somit die für ihn nicht interessanten Analysemethoden überblättern, ohne spätere Verständnisprobleme befürchten zu müssen.

Diese Modularität erleichtert auch das Fallstudientraining, indem bei der Fallbearbeitung gezielt auf die jeweils relevanten Analysemethoden zurückgegriffen werden kann.

Die Methoden und Analysewerkzeuge werden in sich geschlossen erläutert und enden alle mit einer kurzen Zusammenfassung, in der die Anwendungsmöglichkeiten dargestellt werden.

Zur umfassenden Vorbereitung auf Interviews bei Unternehmensberatungen sollten dem Leser allerdings alle hier besprochenen Methoden und Analysewerkzeuge bekannt sein, sodass er in der Lage ist, für alle im nächsten Kapitel dargestellten Fallstudiengrundtypen Lösungsansätze aufzeigen zu können.

3.1 Das Vier-C-Konzept (4 C)

Das Vier-C-Konzept eignet sich zur ersten Untersuchung des Kerngeschäftes eines Unternehmens (vgl. Abbildung 14).

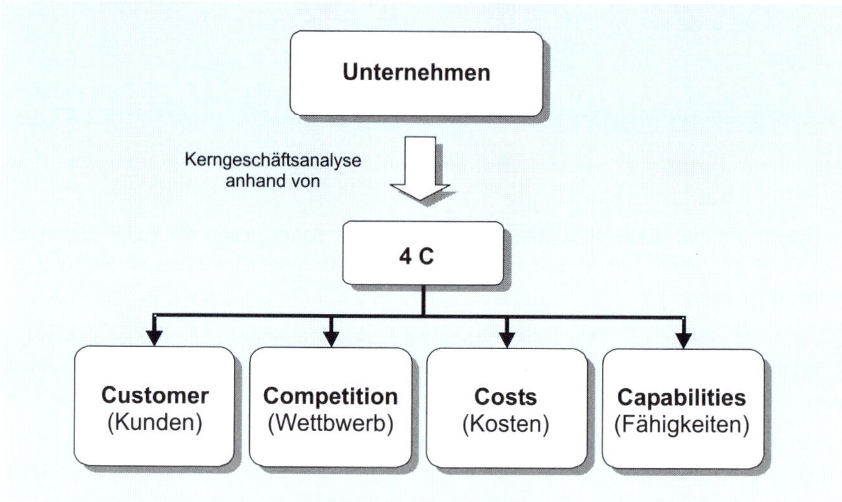

Abbildung 14: Kerngeschäftsanalyse eines Unternehmens anhand der vier C

Dieses Konzept orientiert sich an folgenden Kriterien:

I. Kunden (Customer)

In diesem ersten Bereich stellen sich generell die Fragen nach den Eigenschaften und der Struktur des Kundenstammes. Beispiele für derartige Fragestellungen sind:

- Befindet sich das Unternehmen in einem Verkäufer- oder Käufermarkt?[18]
- Wie groß ist die Anzahl der Stammkunden?
- Existieren Besonderheiten bezüglich der Kundenbedürfnisse?
- Nach welchen Kriterien können Kunden segmentiert werden?

II. Wettbewerb (Competition)

Das wettbewerbliche Umfeld eines Unternehmens ist bei der Analyse des Kerngeschäftes von elementarer Bedeutung. Als exemplarische Fragestellungen ergeben sich hier:

- Wie umkämpft ist der Markt im Kerngeschäft des Unternehmens?
- Existiert die Gefahr von neu eintretenden Konkurrenten?
- Welche Markteintritts- und -austrittsbarrieren gibt es?
- Wie viele und welche Konkurrenten gibt es, und wie stark sind sie?

III. Kosten (Costs)

Die Kostenstruktur und deren Entwicklung im Zeitablauf, bezogen auf das Unternehmen und die gesamte Branche, werden hier hinterfragt. Fragen in diesem Bereich sind z. B.:

- Welches sind die entscheidenden Kostentreiber?
- Welche Einflussmöglichkeiten auf diese Kostentreiber gibt es?
- Wie haben sich die Kostentreiber in der Vergangenheit entwickelt?

IV. Fähigkeiten (Capabilities)

Zur Beurteilung der Wettbewerbsfähigkeit des betrachteten Unternehmens stellt sich die Frage nach der Art und Anzahl der Wettbewerbsvorteile innerhalb des Unternehmens (falls vorhanden). Des Weiteren ist es wichtig, zu erfahren, welche weiteren Entwicklungspotenziale ausgeschöpft beziehungsweise welche Fähigkeiten verbessert werden können (Verbesserungspotenziale).

Somit kann zusammenfassend zur Anwendung dieses Modells für die Analyse festgehalten werden, dass die vier C

- nur zur ersten oberflächlichen Betrachtung eines Unternehmens beziehungsweise einer Branche dienen und
- nur schwer bei der Analyse von diversifizierten Unternehmen angewendet werden können,
- somit bei ihrer Anwendung keine tief schürfenden und revolutionären Einsichten liefern, aber dennoch
- zur strukturierten Darstellung eines Unternehmens anhand ihrer bestimmenden Grundelemente beitragen und dadurch
- dem Bewerber bei der Aufdeckung elementarer Konflikte und Schnittstellen helfen.

3.2 Das Five-Forces-Modell

Die Analyse und das Verstehen von aktuellen Entwicklungen in Branchen und deren Attraktivität ist eine beliebte Fragestellung, anhand derer sowohl Fachkenntnisse als auch die Fähigkeit, komplexe Probleme strukturiert zu lösen, geprüft werden.

Für diese Branchenbetrachtung eignet sich der im Folgenden beschriebene Five-Forces-Ansatz (deutsch: fünf Kräfte) von Michael Porter.[19]

Organisationen werden direkt durch mindestens fünf Einflussfaktoren tangiert, deren Zusammenwirken in der folgenden Abbildung dargestellt wird.

Dieses Zusammenspiel einzelner Faktoren beeinflusst langfristig die Attraktivität der jeweiligen Branche und dadurch auch einen Teil der Profitabilität von Unternehmen. Bevor strategische Entscheidungen für die Zukunft der Unternehmen getroffen werden, müssen deshalb die fünf Faktoren zunächst einzeln und anschließend deren kombinierte Auswirkungen und Gewicht analysiert und interpretiert werden.

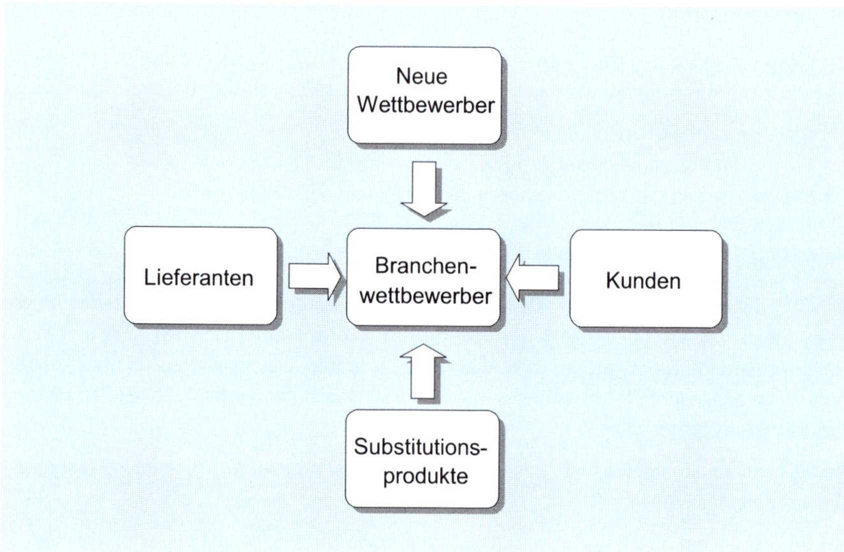

Abbildung 15: Das Five-Forces-Modell von Michael Porter

I. Branchenwettbewerber

Meist hat dieser Einflussfaktor die größte Bedeutung der fünf Faktoren. Die Rivalität zwischen bereits in einer Branche tätigen Unternehmen und deren Positionskämpfe um Marktanteile und Wettbewerbsvorteile bestimmen den Einfluss auf das Unternehmen. Die existierende Konkurrenz kann zu Preiskämpfen, Werbeschlachten, erweiterten Kundenservice- sowie Garantieversprechen und Produkt- beziehungsweise Service-Verbesserungen führen.

II. Neue Wettbewerber

Die Gefahr, dass neue Wettbewerber auf dem Markt erscheinen, erhöht sich mit steigender Attraktivität der jeweiligen Branche. Bei Betrachtung der Gewinnprognosen sind die Branchen am attraktivsten, bei denen hohe Eintritts- und niedrige Austrittsbarrieren existieren. In diesem Szenario können nur einige (wenige) neue Wettbewerber in den Markt einsteigen und weniger erfolgreiche Unternehmen leicht aus dem Markt aussteigen. Um die Höhe der Markteintrittsbarrieren für die jeweilige Branche zu analysieren, bieten sich die vier Faktoren Größenvorteile (Economies of Scale), Produktdifferenzierung, Kapitalbedarf und regulative Eingriffe des Staates an. Exemplarisch werden kurz der Kapitalbedarf und die regulativen Eingriffe des Staates erläutert.

Der Kapitalbedarf beinhaltet den Bedarf an Finanzmitteln, um die Grundinvestitionen, wie z. B. den Kauf der Produktionsanlage, zu tätigen und die Kosten des laufenden Geschäftsbetriebes zu decken.

Für die Gründung eines Software-Unternehmens genügen vereinfacht ausgedrückt ein Computersystem für wenige tausend Euro und die gute Idee, während für die Gründung einer internationalen Fluglinie enormes Kapital notwendig ist.

Die regulativen Eingriffe des Staates variieren ebenfalls sehr stark im Branchenvergleich. Es macht einen großen Unterschied, ob ein von der Regierung gesichertes Monopol besteht, wie z. B. im Telekommunikationsmarkt in Deutschland vor 1998, oder ob der Markt völlig dereguliert ist, wie z. B. der Markt von Fluggesellschaften in den USA.

III. Substitutionsprodukte

Die Gefahren, die von Substitutionsprodukten für das einzelne Unternehmen ausgehen, sind umso größer, je geringer die Wechselkosten (switching costs) für die Abnehmer und je größer der Glaube an die qualitative Gleichwertigkeit der Substitutionsprodukte sind.

Technologischer Fortschritt, verschärfter Wettbewerb und Substitutionsprodukte führen in der Regel zu fallenden Preisen und sinkenden Gewinnen in einer Branche.

Werden Substitutionsprodukte auf dem Markt angeboten, sinkt der Nutzen des eigenen Produktes für den Kunden, bis es möglicherweise überflüssig wird.

IV. Lieferanten

Die Lieferantenmacht ist umso größer, je konzentrierter und organisierter die Lieferanten auf dem Beschaffungsmarkt auftreten. Sie wird durch weitere Faktoren wie z. B. die mangelnden Substitutionsmöglichkeiten des Produktes, hohe Wechselkosten auf einen anderen Zulieferer und die Wichtigkeit des Einsatzstoffes für die Produktion verstärkt. Diese Lieferantenmacht äußert sich in der Einflussmöglichkeit, die Preise für die angebotenen Güter und Dienstleistungen zu erhöhen beziehungsweise in der Fähigkeit, den Erfolg eines Abnehmers durch die Zuverlässigkeit der Lieferungen und deren Qualität essenziell zu beeinflussen. Dem kann durch gute Lieferantenbeziehungen und Verhandlungen mit mehreren Zulieferern entgegengewirkt werden.

V. Kunden

Kunden gewinnen einen stärkeren Einfluss bei der Branchenbetrachtung, wenn sie in der Lage sind, Preissenkungen, Qualitäts- und Service-Verbesserungen und sonstige für sie vorteilhafte Lieferkonditionen durchzusetzen und sie dadurch konkurrierende Lieferanten gegeneinander ausspielen können. Die Macht der Käufer ist umso größer, je undifferenzierter das Produkt ist, je geringer die Wechselkosten zu einem anderen Anbieter sind, je konzentrierter und organisierter die Kunden auftreten et cetera.

Langfristig muss das Ziel des Anbieters sein, derart überlegene und einzigartige Produkte und Dienstleistungen anzubieten, die die Käufer nachfragen und nicht substituieren können.

Bei der Bearbeitung einer Fallstudie mit Hilfe dieses Rahmenkonzeptes stellt der Bewerber sicher, dass

- die wichtigsten Einflussfaktoren auf die Attraktivität und die Entwicklung einer Branche betrachtet werden,
- die essenziellen Problemfelder innerhalb eines und damit die relative Stärke des einzelnen Faktors angesprochen wird und
- durch eine abschließende Bewertung des Gesamteinflusses der Faktoren die Grundlagen für zukünftige strategische Entscheidungen geschaffen wurden.

3.3 SWOT-Analyse

Die Kernkompetenzen (Core Competences) werden als der zentrale Erfolgsfaktor von Unternehmen angesehen. Sie beinhalten die für den Erfolg des Unternehmens verantwortlichen Leistungen und differenzieren das betrachtete Unternehmen von anderen Marktteilnehmern. Um diese Kernkompetenzen und die daraus resultierenden Wettbewerbsvorteile zu identifizieren, ist eine strukturierte Analyse der Unternehmung unerlässlich. Zur Unterstützung der Vorgehensweise bietet sich eine Vielzahl von Rahmenkonzepten an. Zu den hervorzuhebenden Analysewerkzeugen zählt die SWOT-Analyse[20], die aus einer internen und externen Betrachtung des Unternehmens besteht. Der Begriff SWOT steht hierbei für:

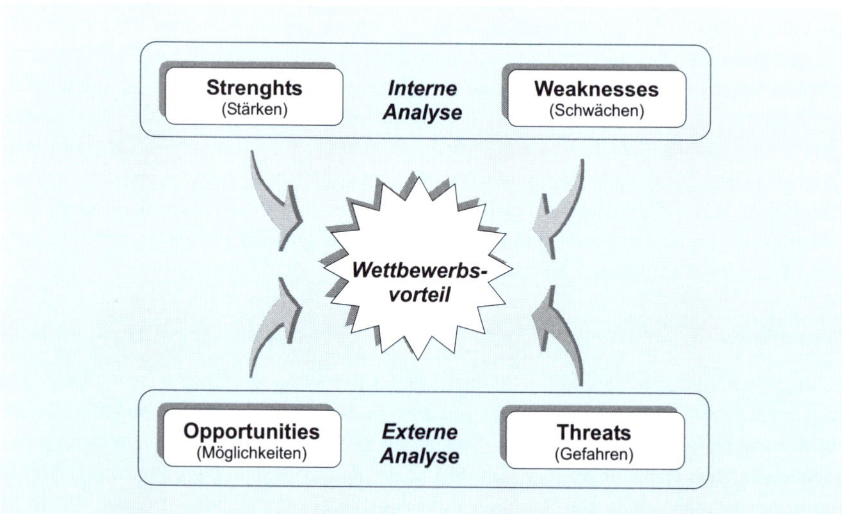

Abbildung 16: Die SWOT-Analyse

- **S** trenghts (Stärken)
- **W** eaknesses (Schwächen)
- **O** pportunities (Chancen)
- **T** hreats (Gefahren)

Der Betrachter erhält durch die SWOT-Analyse einen vollständigen Überblick über die auf internen Ressourcen und Strukturen basierenden Stärken und Schwächen eines Unternehmens und gleichzeitig über die Möglichkeiten und Gefahren, mit denen das Unternehmen auf den Märkten konfrontiert wird.

I. Interne Analyse

Das Ziel der internen Analyse ist die Identifikation der Stärken und Schwächen eines Unternehmens. Diese Untersuchung und die Berücksichtigung der Ergebnisse sind von elementarer Bedeutung für die strategische Planung.

Der erste Schritt besteht aus der Ermittlung relevanter Leistungsdaten des Unternehmens und beinhaltet die Analyse der Fähigkeiten in Bereichen wie Marketing, Finanzen, Fertigung und Personal. (Zur strukturierten Untersuchung dieser Hard-Facts des Unternehmens siehe auch das in diesem Kapitel besprochene Konzept der Wertschöpfungskette von Porter.)

Darüber hinaus müssen zusätzlich Soft-Facts mit einbezogen werden, die die Leistungsfähigkeit des Unternehmens beeinflussen. Als wichtigster Faktor soll hier lediglich die Unternehmenskultur mit ihren motivierenden oder hemmenden Einflüssen auf die Mitarbeiterproduktivität angeführt werden. Die gesammelten Ergebnisse müssen anhand vorher festgelegter Kriterien sorgfältig evaluiert und diagnostiziert werden. Dies ist die Voraussetzung für die Identifikation der relevanten Stärken und Schwächen eines Unternehmens.

Die ermittelten Stärken des Unternehmens sollten genutzt und im Vergleich zu denen der Wettbewerber intensiviert werden. Im Gegensatz dazu gilt es, die identifizierten Schwächen - wenn möglich - zu beseitigen, um dadurch für das Unternehmen entstehende Schäden zu minimieren.

II. Externe Analyse

Bei der externen Analyse fokussiert der Betrachter das gesamte Umfeld, in dem das Unternehmen agiert. Das beinhaltet eine Analyse der Wettbewerber, der Marktstruktur und der Dynamik des Marktes.

Bei der Untersuchung der Wettbewerber folgt auf die Identifikation die Bewertung

- der Marktposition und Marktmacht,
- der Ressourcen und Kernkompetenzen,
- der Stärken und Schwächen der betrachteten Unternehmen.

Chancen und Risiken liegen einerseits im aktuellen Markt mit seiner spezifischen Struktur, andererseits aber auch in neuen Märkten, neuen Technologien, demographischen Veränderungen und regulatorischen beziehungsweise politischen Entwicklungen.

Die Struktur des Marktes variiert unter anderem bezüglich der Anzahl der Marktteilnehmer und deren Verhalten, der Markteintritts- und -austrittsbarrieren und der von den Unternehmen erstellten Leistungsarten. Für eine Analyse des Marktes stellen die Größe, der Trend und die Marktanteile der sich auf dem Markt befindlichen Wettbewerber wertvolle Charakteristika dar.

Die Evaluierung des Marktes ist die Grundvoraussetzung, um die eigenen Leistungen optimal auf die Erfordernisse der vielen Marktfaktoren auszurichten.

Die externe Analyse sollte dem Betrachter einen guten Überblick über die Möglichkeiten und die Risiken eines Marktes geben. Bei der Ermittlung der Möglichkeiten müssen die Erfolgswahrscheinlichkeiten zwingend Beachtung finden. Außerdem muss sich der Analytiker die Gefahren des Marktes bewusst machen.

Erst die Kombination der internen und externen Analyseergebnisse gibt endgültige und richtungsweisende Hinweise zur Formulierung der Unternehmensstrategie. Der Aufbau und der Erhalt von dauerhaften Wettbewerbsvorteilen bildet eine zugrundeliegende Zielsetzung bei der strategischen Ausrichtung des Unternehmens.

Die Nutzung der SWOT-Analyse als Rahmenkonzept hilft dem Bewerber bei der Bearbeitung durch

- eine strukturierte Erfassung und Evaluierung der Stärken und Schwächen eines Unternehmens,
- das Erkennen der Möglichkeiten und Risiken eines Unternehmens,
- eine Erleichterung des Verständnisses der für die Fallstudie relevanten Wettbewerbsfaktoren.

Somit stellt die SWOT-Analyse die informationelle Basis für die den Ergebnissen folgenden analytischen Schlussfolgerungen dar.

3.4 Die vier P und die vier C des Marketing-Mix

Bei der Vermarktung von Produkten und Dienstleistungen ist es hilfreich, die Hauptdimensionen der absatzpolitischen Instrumente anhand des Vier-P-Modells (Product, Price, Place und Promotion) von McCarthy[21] zu betrachten. Das Vier-C-Konzept des Marketing von Robert Lauternborn[22] stellt eine sinnvolle Ergänzung des Vier-P-Konzeptes dar. Durch die simultane Anwendung beider Konzepte ergibt sich ein abgerundetes Gesamtbild.

Wie aus der Abbildung ersichtlich ist, wird den einzelnen Elementen des Vier-P-Konzepts jeweils ein korrespondierender Aspekt hinsichtlich des Nutzens für den Kunden zugeordnet:

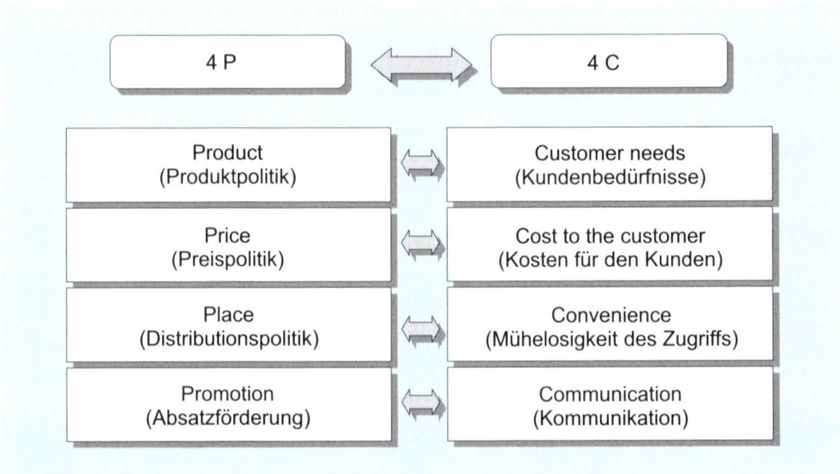

Abbildung 17: Die vier P von McCarthy und die vier C von Lauternborn

I. Produktpolitik (Product)

Hierbei handelt es sich um das eigentliche Produkt- oder Dienstleistungsangebot auf dem Markt. Dies beinhaltet die Qualität, Breite und Tiefe des Angebots, die Ausstattungselemente, das Markenimage, die Verpackung, das Angebot von Kundendiensten und die Übernahme von Garantieleistungen.

II. Kundenbedürfnisse (Customer needs)

Hier stellt sich die Frage, ob und wie die Produkt- und Dienstleistungsausgestaltung auf die Kundenbedürfnisse eingeht.

III. Preispolitik (Price)

Parameter in diesem Instrument sind z. B. die Festlegung von Preisstrategien, die Gewährung von Rabatten und Nachlässen, das Einräumen von Zahlungszielen und das Einräumen von Finanzierungsmöglichkeiten bei Kauf des Angebots.

IV. Kosten für den Kunden (Cost to the customer)

Folgende Fragestellungen sollten hier betrachtet werden:

- Sind die Produktpreise dem Produktnutzen für den Kunden angemessen?
- Welchen Betrag ist der Kunde bereit, für ein Produkt zu zahlen?
- Welche anderen Kosten entstehen dem Kunden bei der Beschaffung?

V. Distributionspolitik (Place)

Die Distributionspolitik umfasst unter anderem die Wahl der Absatzwege und der Vertriebsformen (Distributionskanäle), das Management des Vertriebs und die physische Warenlogistik.

VI. Mühelosigkeit des Zugriffs (Convenience)

Exemplarisch kann hier betrachtet werden:

- Sind die Kundenwünsche und -anforderungen mühelos erfüllbar?
- Ist der Zugriff auf das Produkt einfach und schnell für den Kunden möglich?
- Wie erreicht die primäre Zielgruppe das Produkt?
- Wie lässt sich dieser Zugriff erleichtern?

VII. Absatzförderung (Promotion)

In diesem Teil des Marketing-Mix geht es unter anderem um die Ausgestaltung der klassischen Werbung, die Wahl der Werbemittel, die Gestaltung des persönlichen Verkaufs, der Verkaufsförderungsaktionen, des Sponsoring und den großen Bereich der Öffentlichkeitsarbeit.

VIII. Kommunikation (Communication)

Der Bearbeiter sollte sich folgende Fragen stellen:

- Wird der Kunde von der Promotion erfolgreich angesprochen?
- Werden sowohl seine emotionalen[23] als auch seine informativen[25] Ansprüche an die Angebotspräsentation erfüllt?

Der Einsatz und das effektive Zusammenspiel der einzelnen Marketing-Mix-Instrumente erfordern sowohl eine genaue Planung des Mitteleinsatzes als auch die gegenseitige Abstimmung des Einsatzes dieser aufeinander.

Da die hier aufgeführten Faktoren eine Vielzahl von Elementen und Handlungsalternativen enthalten, ist die praktische Umsetzung der Abstimmungsbemühungen durchaus nicht trivial. Die Menge der möglichen Kombinationen steigt mit der Anzahl der einzelnen Handlungsalternativen exponenziell.

Zusammenfassend lassen sich beim Bearbeiten eines Falles anhand der verschmolzenen Konzepte von McCarthy und Lauternborn

- die möglichen unternehmensspezifischen Problemfelder innerhalb des Marketing-Mix strukturiert erarbeiten,
- eine für ausgewählte Kundensegmente im Einklang zur Unternehmensstrategie stehende individuelle Marketing-Strategie konzipieren,

- die Gesamtwirkung und die Abstimmung der einzelnen Instrumente kritisch hinterfragen und
- die Effizienz und die Zielausrichtung dieser Instrumente überprüfen sowie
- deren Wirkung auf den Kunden evaluieren.

3.5 Portfolioanalyse: Boston-Consulting-Group-Matrix

Viele Unternehmen wachsen über die Jahre nicht nur in ihrem Stammbereich, sondern erweitern auch die angebotene Produktpalette und die Anzahl der Märkte und Industrien, in denen sie agieren. Mit steigender Komplexität der Unternehmensaktivitäten gestaltet sich der Entscheidungsprozess für das Management als zunehmend schwieriger. Zur Unterstützung der Entscheidungsfindung bezüglich der Entwicklung von strategischen Geschäftseinheiten ist ein Rahmenkonzept wie die Portfolioanalyse hilfreich.

In der Portfolioanalyse werden verschiedene strategische Geschäftseinheiten (Strategic Business Units) oder Projekte anhand von zwei Dimensionen differenziert dargestellt und ihre weitere Entwicklung diskutiert. Diese Vorgehensweise dient der Komplexitätsreduktion und vereinfacht die Entscheidungsfindung.

An strategische Geschäftseinheiten werden einige elementare Forderungen gestellt. Neben der klaren Abgrenzbarkeit und der Unabhängigkeit voneinander sollten sie flexible Einheiten im Unternehmen und auf den Märkten darstellen.

In den vergangenen Jahren wurde eine Vielzahl von verschiedenen Portfoliomatrizen zur Analyse entwickelt. Hervorzuheben sind die Entwicklungen von Peter Drucker, Arthur D. Little, McKinsey und der Boston Consulting Group. Die Wahl der Portfoliomatrix ist von entscheidender Bedeutung, da jede Matrix einen Kompromiss zwischen einer Menge von Zielvorstellungen darstellt.

Auf Grund ihrer weiten Verbreitung wird die Boston-Consulting-Group-Matrix[25] im Folgenden differenzierter dargestellt. Sie basiert auf der Marktattraktivität und der relativen Wettbewerbsstärke als Maßstäbe zur Gruppierung von strategischen Geschäftseinheiten.

In Abbildung 18 wird die Wettbewerbsstärke auf der x-Achse durch den relativen Marktanteil ausgedrückt. In diesem Zusammenhang wird der relative Marktanteil durch das Verhältnis zwischen dem eigenen Marktanteil und dem des größten Wettbewerbers dargestellt. Somit ist eine Geschäftseinheit mit einem Wert größer als 1 Marktführer in ihrem Bereich. Dieser Richtwert steht in positiver Korrelation zur Profitabilität.[27]

Auf der y-Achse wird die Marktattraktivität durch das Marktwachstum repräsentiert. Diese Größe wird maßgeblich durch die Produktlebenskurve (siehe Kapitel 2) beeinflusst und hat enorme Auswirkungen auf die Allokation von Unternehmensressourcen wie z. B. das Kapital.

Aus der Kombination beider Achsen ergibt sich eine pragmatische 2x2-Matrix, in die die strategischen Geschäftseinheiten eingruppiert werden. Jede dieser Zellen beinhaltet eigene Normstrategien.

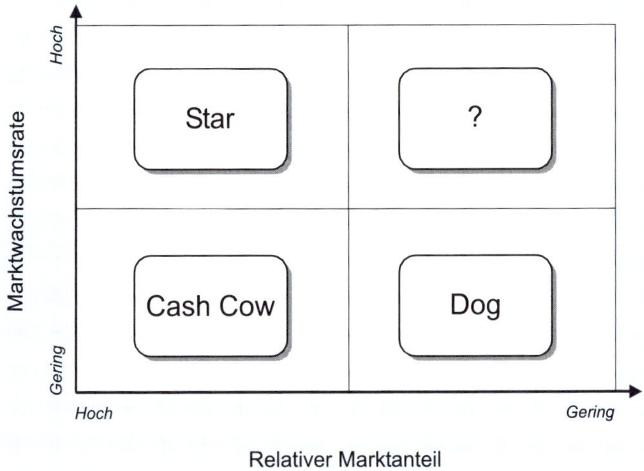

Abbildung 18: Die Boston-Consulting-Group-Matrix

I. Cash Cow

Die linke untere Zelle der Matrix beinhaltet die „Cash Cows" des Unternehmens. Diese sind durch einen hohen Marktanteil in Märkten mit geringem Wachstum gekennzeichnet. Die strategischen Geschäftseinheiten agieren in ihren Märkten mit einer hohen Profitabilität und benötigen einen relativ geringen Einsatz an Ressourcen. Die darauf aufbauende Strategie beinhaltet die Erhaltung der Marktposition und das Abschöpfen der Erträge. Diese Einheiten erwirtschaften die für die Entwicklung anderer Geschäftseinheiten benötigten Ressourcen.

II. Star

Der „Star" ist eine strategische Geschäftseinheit, die in Märkten mit einer hohen Wachstumsrate als Marktführer agiert. Ziel des Unternehmens sollte die Erhaltung der Marktposition sein, was mit einem hohen Einsatz an Ressourcen einhergeht. Die gegenwärtige und zukünftige Profitabilität dieser strategischen Geschäftseinheiten ist als hoch einzuschätzen. Es ist wahrscheinlich, dass die Stars in Zukunft, mit Fortschreiten im Produktlebenszyklus, zu Cash Cows migrieren.

III. Dog

Die rechte untere Zelle beinhaltet die „Dogs“ der strategischen Geschäftseinheiten, die durch einen geringen Marktanteil in Märkten mit einer geringen Wachstumsrate gekennzeichnet sind. In der Regel verbrauchen die Dogs einen nicht unerheblichen Teil der Ressourcen und agieren unprofitabel. Kurzfristig sollten die Erträge dieser Objekte abgeschöpft, mittelfristig jedoch insgesamt desinvestiert werden.

IV. Question Mark

Die „Question Marks“ der strategischen Geschäftseinheiten operieren in Märkten mit einer hohen Wachstumsrate, besitzen aber lediglich einen geringen Marktanteil. Bei dem Versuch, die Marktposition auszubauen, wird ein hoher Einsatz an Ressourcen zwingend. Das Unternehmen steht vor der Entscheidung, durch hohe Investitionen die Marktführerschaft anzustreben oder zu desinvestieren. Bei der Entscheidung müssen die zur Verfügung stehenden Ressourcen und die mit der Vorgehensweise verbundenen Risiken besondere Beachtung finden.

Der Vorteil der Boston-Consulting-Group-Matrix liegt in der Berücksichtigung des Marktwettbewerbs und der eindeutigen Kategorisierung der strategischen Geschäftseinheiten. Von Vorteil ist weiterhin die operationale Quantifizierbarkeit der beiden Größen zur Einordung der Entscheidungsobjekte. Allerdings kann das Unternehmen selbst nur horizontale Bewegungen der Geschäftseinheiten direkt beeinflussen.

Für den Bewerber stellt die BCG-Matrix ein gutes Analysewerkzeug dar, das

- eine strukturierte Kategorisierung und
- Evaluierung von strategischen Geschäftseinheiten sowie
- die Entwicklung von Strategien für diese Entscheidungsobjekte

beinhaltet.

3.6 Die Wertschöpfungskette

Viele Fallstudien stellen das Unternehmen, seine Aktivitäten und seinen Aufbau in den Mittelpunkt der Betrachtung.

Generell lassen sich die Aktivitäten eines Unternehmens auf den Märkten und in der Produktion in aggregierter Form durch die folgende Abbildung visualisieren:

Abbildung 19: Klassische Unternehmensaktivitäten

Auf den Beschaffungsmärkten erhält die Unternehmung die für die Erstellung der betrieblichen Leistung notwendigen Produktionsfaktoren wie Kapital, Material und Personal. In einer wertsteigernden Transformation werden diese Produktionsfaktoren in Produkte und Dienstleistungen umgewandelt. Diese werden auf den Absatzmärkten an die Kunden verkauft. Die erstellten Produkte und Dienstleistungen können als Produktionsfaktoren in weitere wertsteigernde Prozesse anderer Unternehmen eingehen.

Zur strukturierten Betrachtung der Unternehmung, die sowohl interne als auch externe Einflussfaktoren berücksichtigt, bietet sich das Rahmenkonzept der Wertschöpfungskette (Value Chain) von Michael Porter[27] an.

Die Wertschöpfungskette differenziert grob zwischen den primären und den sekundären Aktivitäten. Die fünf primären Aktivitäten beinhalten die eigentliche Erstellung der Produkte und Dienstleistung vom Eingang der Produktionsfaktoren über die Produktion bis hin zum auf den Verkauf folgenden Service. Die vier sekundären Aktivitäten umfassen die die betriebliche Leistungserstellung unterstützenden Tätigkeiten.

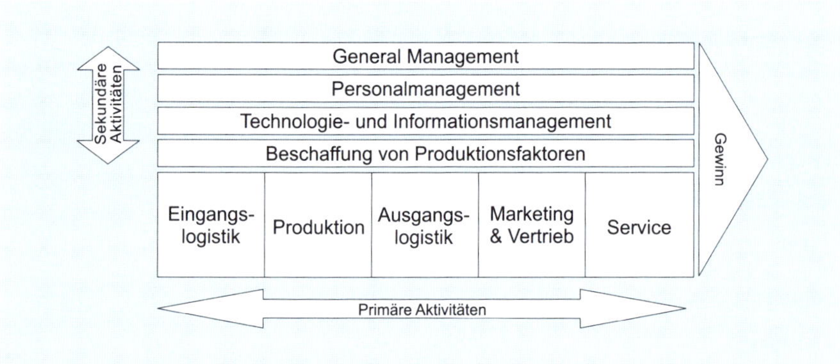

Abbildung 20: Die Wertschöpfungskette von Michael Porter

Die fünf **primären Aktivitäten** werden im Folgenden erläutert.

I. Eingangslogistik

Die Eingangslogistik beinhaltet den Eingang, die Kontrolle, die Lagerung und den Weitertransport von Einsatzmengen für die betriebliche Leistungserstellung.

II. Produktion

Die Produktion enthält die eigentliche wertsteigernde Transformation der Produktionsfaktoren zur betrieblichen Leistung. Dazu zählen neben der Bearbeitung der Eingangsmengen unter anderem auch die Qualitätsprüfung und die Wartung der Betriebsmittel.

III. Ausgangslogistik

Zur Ausgangslogistik gehören die Lagerung und Distribution der betrieblichen Leistung an die Kunden.

IV. Marketing & Vertrieb

Dieser primäre Bereich eines Unternehmens beinhaltet die Gesamtheit aller Aktivitäten, die auf den Verkauf der Produkte und Dienstleistungen, wie z. B. die Werbung, ausgerichtet sind.

V. Service

Die auf den Verkauf der betrieblichen Leistung folgenden Aktivitäten werden in dieser Kategorie zusammengefasst. Dazu zählt unter anderem die Betreuung des Kunden und die Lieferung von Ersatzteilen.

Die **sekundären Aktivitäten**, die abteilungsübergreifende Effekte haben, bestehen aus den folgenden vier differenzierbaren Bereichen:

I. General Management

Das General Management agiert abteilungsübergreifend und ist für den Aufbau der für die betriebliche Tätigkeit nötigen Infrastruktur verantwortlich. Zu diesem Aufgabenbereich zählen unter anderem die Festlegung der Unternehmensziele, die Verteilung der Ressourcen, die Formulierung der Strategien zur Erreichung dieser Ziele und die Unternehmensführung generell.

II. Personalmanagement

Zum Personalmanagement zählen nicht nur die Bedarfsermittlung, die Rekrutierung, der Einsatz, die Freisetzung und die Entlohnung des betrieblichen Personals, sondern auch Weiterbildungen und Trainings.

III. Technologie- und Informationsmanagement

Dieser Unternehmenszweig umfasst neben dem Aufbau von Netzwerken die Speicherung und Verwaltung von Wissen und Daten, denn dem Wissens- und Datenmanagement kommt eine immer größere Bedeutung zu. Die Möglichkeit des unternehmensweiten Zugriffs auf Informationen, die Konsistenz der Daten und flexible Auswertungsformen sind von enormer Wichtigkeit.

IV. Beschaffung von Produktionsfaktoren

Dieser sekundäre Bereich beinhaltet alle Aktivitäten, die im Zusammenhang mit der Kommunikation und der Koordination zwischen Unternehmen und Lieferanten von Produktionsfaktoren stehen.

In jedem der genannten Bereiche können Schwachstellen bestehen, die die Effektivität der Gesamtunternehmung reduzieren. Die Analyse anhand der Wertschöpfungskette eignet sich zur Schwachstellenfindung und zur Überprüfung, in welchem Maße die primären Aktivitäten von den sekundären sinnvoll unterstützt werden. Besonders die Schnittstellen zwischen den Bereichen müssen einer intensiven Prüfung unterzogen werden, um einen reibungslosen Ablauf des gesamten Wertschöpfungsprozesses ohne Wartezeiten zu ermöglichen.

Bei der strukturierten Bearbeitung einer Fallstudie mit Hilfe dieses Rahmenkonzeptes erhält der Bewerber in relativ kurzer Zeit einen guten Überblick über

- die einzelnen Aktivitäten der betrachteten Unternehmen und deren Interdependenzen,
- die kritischen Schnittstellen sowohl innerhalb des Unternehmens als auch zu externen Partnern, und
- er findet dadurch Ansätze zur Analyse der Kostenstruktur und Verbesserungspotenziale.

3.7 Die drei generischen Strategien

Folgt man den Ausführungen Michael Porters[28], lassen sich Geschäftsstrategien in das Streben nach Kostenführerschaft (Overall Cost Leadership), Differenzierung (Differentiation) und Konzentration (Focus) unterteilen.

Das Modell Porters wird als generisch bezeichnet, da es auf jede Art von Organisation angewendet werden kann, unabhängig davon, ob diese aus dem Industrie-, dem Dienstleistungs- oder dem Non-Profit-Sektor stammt.

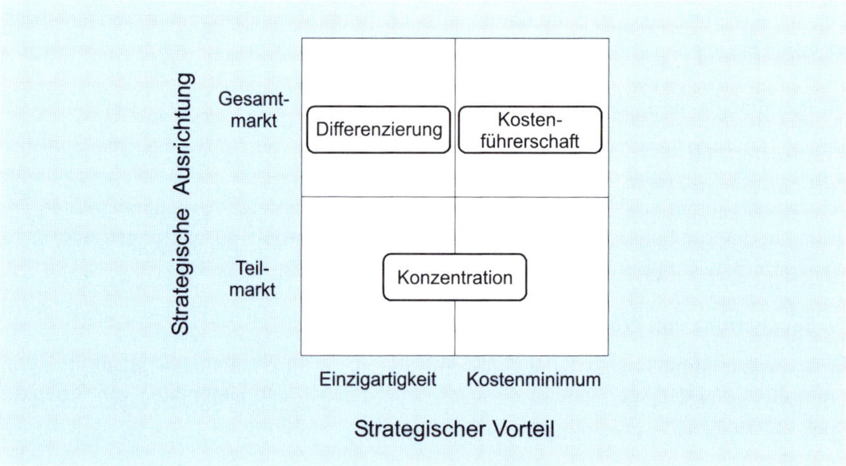

Abbildung 21: Die drei generischen Strategien von Michael Porter

Abbildung 21 unterscheidet auf der vertikalen Achse, bei der strategischen Ausrichtung, ob die angebotenen Güter und Dienstleitungen auf dem gesamten (Branchen-)Markt angeboten werden oder nur auf einem Teilmarkt, also einer Branchennische.

Auf der horizontalen Achse der Abbildung, dem Bereich des strategischen Vorteils, wird dargestellt, auf welcher Basis die angebotenen Güter und Dienstleistungen auf den Märkten wahrgenommen werden sollen. Dabei ist zwischen den beiden Extremen „vom Kunden wahrgenommene Einzigartigkeit“ und „geringe Kosten (Kostenminimum) für den Kunden“ zu unterscheiden. Durch die Kombination dieser beiden Variablen - Strategische Ausrichtung und Strategischer Vorteil - ergeben sich somit drei logische Strategien: Die Differenzierungsstrategie, die Strategie der Kostenführerschaft und die Konzentrationsstrategie (Fokussierung). Die einzelnen Aspekte dieser Strategien werden im Folgenden kurz erläutert:

I. Differenzierung

Die Differenzierungsstrategie stellt den Wettbewerb mit allen Unternehmen einer Branche bei gleichzeitigem Angebot einer vom Kunden als einzigartig empfundenen Leistung in den Vordergrund. In der Realität wird versucht, diese individuell empfundene Leistung durch Beeinflussung der Kundenwahrnehmung und/oder Anbieten wirklicher Unterschiede zu den Konkurrenzprodukten zu erreichen. Diese Strategie ist besonders in der Automobilbranche sehr beliebt, wo z. B. durch innovatives Produktdesign (BMW) oder mit einem einmaligen Markenimage (Mercedes-Benz) geworben wird. Ein großer Nachteil dieser Strategie besteht darin, dass die Konkurrenz in der Regel relativ einfach - von einem langsam, aber stetig gewachsenen Markenimage abgesehen - dazu übergehen kann, die Besonderheit des jeweiligen Produktes zu übernehmen, sodass diese nicht mehr als Mittel zur Differenzierung dienen kann.

II. Kostenführerschaft

Bei der Strategie der Kostenführerschaft steht der Preis des angebotenen Gutes oder der Dienstleistung im Vordergrund. Hier wird ebenfalls mit allen Anbietern der Branche konkurriert, wobei allerdings ein vergleichbares Produkt zum selben oder niedrigeren Preis als dem der Konkurrenz angeboten wird. Grundgedanken dieser Strategie sind die Effizienz (z. B. durch Business Reengineering) und Kostenminimierung (z. B. Überlegungen zu Economies of Scale, Kostenreduzierung bei Forschung und Entwicklung, im Vertrieb oder bei der Werbung). Die Kernkompetenz bei Firmen mit dieser Strategieausrichtung liegt daher eher in den Bereichen Einkauf, Produktion und Logistik als beispielsweise im Marketing. Im Beispiel der Automobilindustrie ist die Strategie der Kostenführerschaft historisch vor allem bei den asiatischen Automarken zu finden. Um mit dieser Strategie erfolgreich am Markt operieren zu können, sind in der Regel hohe Absatzzahlen und/oder ein starkes Marktwachstum nötig.

Der Nachteil und das Risiko dieser Strategie liegen in der von Wettbewerbern ständig drohenden Gefahr, mit geringeren Kosten zu produzieren und somit auch die Produkte billiger am Markt anbieten zu können. Das Ziel eines Unternehmens mit einer solchen Ausrichtung muss es also sein, der Produzent mit den geringsten Produktionskosten zu sein.

III. Konzentration

Mit Konzentration ist in diesem Zusammenhang die Beschränkung des Angebots auf einen Nischenmarkt gemeint, wobei die angebotenen Güter und Dienstleistungen entweder vom Kunden als einzigartig empfunden werden sollen und/oder durch den niedrigen Preis für Käufer bestechen. Die Konzentrationsstrategie beinhaltet die Aktivitäten der Differenzierungs- und der Kostenführerschaftsstrategie. In diesem Fall werden die am Markt abzusetzenden Leistungen allerdings auf die speziellen Bedürfnisse einer ausgewählten Käufergruppe ausgerichtet. Andere potenzielle Kunden werden in der Regel bewusst vernachlässigt. In der Automobilbranche lassen sich als Beispiele für diese Strategie am ehesten Hersteller aus dem Luxuslimousinen- und Sportwagenbereich anführen.

Im Allgemeinen werden sich Unternehmen mit begrenzten Ressourcen für eine der beiden Varianten der Konzentrationsstrategie entscheiden, während Unternehmen mit einer großen Anzahl an Ressourcen und einer breiten Produktpalette verschiedene Mischformen der drei Strategien nebeneinander verfolgen können.

Nach Porter bilden Unternehmen, welche dieselben Strategien verfolgen, eine strategische Gruppe, wobei diejenige Firma, die diese Strategie am besten verwirklicht, auch den größten Profit dieser Gruppe erzielt.

Bei der Anwendung dieses Rahmenkonzeptes erhält der Bearbeiter

- Einblicke in die geplante und tatsächliche strategische Ausrichtung des untersuchten Unternehmens und
- kann dadurch strategische Mängel aufdecken.
- Darüber hinaus lassen sich erste Einblicke in die Struktur einer Branche und deren essenzielle strategische Bewegungen gewinnen.

3.8 Das QHAR-Konzept

Das QHAR-Konzept ist ein Gedankenmodell, das sich hervorragend dazu einsetzten lässt, Probleme jeglicher Art anhand formulierter Hypothesen zielorientiert anzugehen. Es eignet sich aber auch speziell für den Fall, dass der Bewerber als fiktiver Berater einer Unternehmensberatung ein Projekt mit einem potenziellen Kunden besprechen muss und ein erstes Angebot für dieses Projekt vorlegen soll.

Dies beinhaltet in der Regel sowohl die Erörterung, wie sich der Problemstellung methodisch genähert werden soll, als auch die dazu notwendigen Analysen und Ressourcen (sowohl aus personeller als auch aus Datensicht), die für dieses Projekt benötigt werden.

Das Grobkonzept des QHAR-Ansatzes wird aus folgender Abbildung ersichtlich:

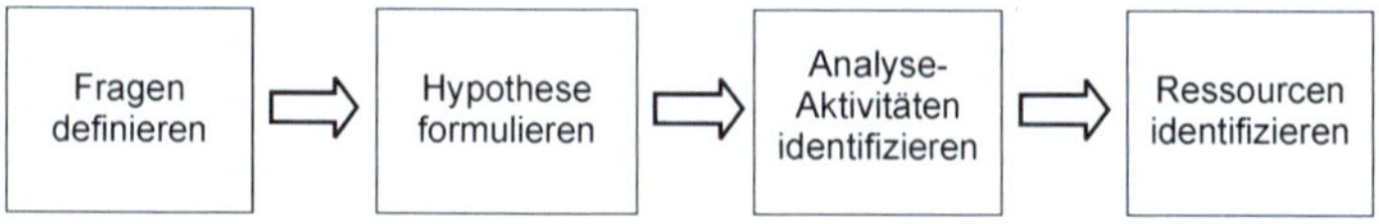

Abbildung 22: Das QHAR-Konzept

Die einzelnen Schritte, die benötigt werden, um ein gegebenes Problem strukturiert lösen zu können, werden im Folgenden dargestellt:

I. Q(uestion)

Um zu vermeiden, sich bei einer groben Aufgabenstellung „Hals über Kopf“ an die Arbeit zu machen und hinterher festzustellen, einen großen Teil der anfänglichen Arbeit umsonst gemacht beziehungsweise ihn nicht zielorientiert bearbeitet zu haben, sollte sich der Bewerber Gedanken zur Struktur des Problems machen. Aus diesen Überlegungen sollten sich dann eine oder mehrere essentielle Fragen ergeben, wobei die eine oder andere auf die konkrete Situation abzielen sollte, um genau in Erfahrung bringen zu können, was der Hintergrund für das Vorliegende ist. Eine weitere wichtige Frage beschäftigt sich mit eventuellen Komplikationen, die bei der Problemlösung auftreten könnten. Hier sollen Faktoren, die eng mit dem zu lösenden Problem zusammenhängen, erkannt und in die Problemlösung mit einbezogen werden. Abschließend ist es unerlässlich, die genauen Fragestellungen (was sind die Ziele, was die Vorstellungen?), die der Klient durch das Angebotene bearbeiten möchte, zu hinterfragen. Dieser konkrete Abgleich der Vorstellungen und Erwartungen ermöglicht, dass alle Beteiligten an diesem Projekt von Anfang an „in die gleiche Richtung laufen“, da das Fehlen von Klarheit bei der Formulierung der zu bearbeitenden Fragestellung ein häufiger Grund für unnötige Analysearbeit und nicht erfüllte Klientenerwartungen ist.

II. H(ypothesis)

Das Formulieren einer konkreten Hypothese zur Erklärung der Ausgangsfragestellung soll es erleichtern, die notwendige Analysearbeit direkt zielorientiert zu koordinieren. Die zu formulierende Hypothese sollte eine Antwort auf die Ausgangsfragestellung liefern und gleichzeitig auf die möglichen Komplikationen bei der Lösungsfindung und -umsetzung eingehen. Des Weiteren sollten die Annahmen, aus denen sich die Hypothese zusammensetzt, das Problem erschöpfend erfassen und so formuliert sein, dass die Gesamthypothese im Falle der Richtigkeit aller Annahmen wahr ist. Bei diesen Basisannahmen können ergänzend, je nach Komplexität der Aufgabenstellung, auch weitere sekundäre Annahmen hinterlegt werden, die dann auf einer tieferen Ebene nachgeprüft werden müssen. Zur kompletten und methodisch einwandfreien Abarbeitung der einzelnen primären und sekundären Annahmen bieten sich besonders gut die bereits im vorigen Kapitel besprochenen logischen Baumstrukturen an.

III. A(nalysis)

Nachdem nun die essenziellen Fragen erkannt und die ihnen zugrunde liegenden tieferen Zusammenhänge in Form einer durch Annahmen beweisbaren Hypothese erarbeitet wurden, müssen im nächsten Schritt die notwendigen Analysen begonnen werden. Dies bedeutet, dass den zu ergründenden Annahmen der Hypothese eine spezielle Analyse (z. B. Befragungen, Berechnungen etc.) zugeordnet werden muss, und somit die Anzahl der verschiedenen Analysen ermittelt wird. Ergänzend werden durch diesen Analyse-Annahmen-Plan Redundanzen und Korrelationen zwischen den einzelnen Analysen leichter ersichtlich. Auf diesen Erkenntnissen aufbauend muss ein erster grober Analysezeitplan erstellt werden, um in der nächsten Phase den Zeit- und Personalbedarf möglichst genau abschätzen zu können.

IV. R(essources)

Nachdem in den bereits beschriebenen Problemlösungs- und Projektstrukturierungsphasen die nötigen Vorarbeiten erledigt wurden, muss nunmehr ein detaillierter Plan aufgestellt werden. Dieser gibt den durchzuführenden Analyse-Aktivitäten der einzelnen Komponenten des Gesamtproblems genaue zeitliche Vorgaben und die voraussichtlich benötigte Arbeitszeit vor. Des Weiteren beinhaltet der Plan, sofern bereits vorhanden, erste Anforderungen an weitere benötigte Ressourcen wie z. B. notwendige Daten oder Interviewpartner. Somit ergibt sich abschließend ein Gesamtbild der anstehenden Analyse-Tätigkeiten und anfallenden Arbeitsbelastung. Darauf basierend lassen sich fundierte zeitliche Angaben hinsichtlich erster Ergebnisse und des Abschlusses der Problembearbeitung treffen.

Abschließend bleibt bei der Verwendung dieses Toolsets durch den Bewerber festzuhalten, dass

- generell Problemstellungen jeglicher Art mittels des QHAR-Ansatzes strukturiert werden können und
- sich dieses Konzept darüber hinaus speziell zur Erstellung eines ersten Projektplans zur Bearbeitung einer Aufgabenstellung eignet.

Diese Vorgehensweise bei der Erstellung eines ersten „Projektangebotes" ermöglicht einen generellen Überblick über die zu betrachtenden Felder der Problemstellung, ist allerdings zielstrebig und fokussiert genug, um erste allgemeine Empfehlungen hinsichtlich der Projektgestalt und -dauer zu machen.

3.9 Der Businessplan

Erfolgreiche Unternehmensgründungen tragen unter anderem zur Senkung der Arbeitslosenzahlen bei. Allerdings reicht es nicht aus, eine gute Idee zu haben, sondern sie muss auch erfolgreich in die Praxis umgesetzt werden. Leider scheitern viele Unternehmensgründer an der mangelhaften Planung im Vorfeld der eigentlichen Gründung.

Im Businessplan werden die Gründer vorgestellt, ihre Geschäftsidee detailliert beschrieben, das eigene Unternehmen in die Wettbewerbssituation eingeordnet und einige Szenarien für die kurz- und mittelfristige Geschäftstätigkeit durchdacht. Ein ausgefeilter Businessplan macht den Sprung in die Selbstständigkeit leichter, denn Kapitalgeber können anhand des Planes besser beurteilen, ob sie die Idee unterstützen und ob die Planung realistisch erscheint.

Im Businessplan sollte man sich ohne umfangreiches Analyse- oder Datenmaterial auf das Wesentliche beschränken, um dem Leser die Möglichkeit zu geben, schnell Antworten auf seine Fragen zu finden.

Der Businessplan sollte aus den folgenden acht Teilen bestehen:[29]

I. Zusammenfassung

Die Zusammenfassung beinhaltet die Beschreibung der Geschäftsidee, das heißt Erläuterungen zum Produkt oder zur Dienstleistung, zu potenziellen Märkten und zum Kapitalbedarf. Dabei ist es sehr wichtig, den besonderen Nutzen des Produktes für den Kunden herauszustellen. Außerdem muss der Leser von der persönlichen Kompetenz des Gründers überzeugt werden. Die Ziele sollten ambitiös, aber dennoch realistisch dargestellt werden.

II. Unternehmen

In diesem Abschnitt wird die Organisationsstruktur des Unternehmens beschrieben. Den einzelnen Gründern oder Geschäftspartnern werden ihre späteren Aufgaben und Verantwortungsbereiche zugeteilt. Auch die Rechtsform des zu gründenden Unternehmens wird genannt und deren Wahl begründet.

III. Produkt/Dienstleistung

Hier werden detaillierte Aussagen über das Produkt beziehungsweise die Dienstleistung getroffen. Es muss dem Leser klar werden, was das neue Produkt denen der Konkurrenz überlegen macht und wie dies den potenziellen Kunden beigebracht werden kann. Das eigene Produkt muss mit denen der Wettbewerber verglichen, und Unterschiede sowie die Überlegenheit des eigenen Produktes müssen herausgearbeitet werden. Außerdem müssen Aussagen über den Entwicklungsstand des Produktes getroffen und die Produktionsweise beschrieben werden.

IV. Branche/Markt

Der Markt muss in all seinen Komponenten untersucht werden. Hierfür eignet sich ein Vorgehen anhand der an anderer Stelle beschriebenen Porters Five Forces. Bei der Analyse sollte auf externe Informationsquellen wie Marktstatistiken zurückgegriffen werden, um ein realistisches und glaubwürdiges Bild aufzubauen. Ist der Markt ausführlich beleuchtet, muss eine Einordnung der Wettbewerber und deren spezifischer Stärken und Schwächen erfolgen. Dabei darf nicht vergessen werden, das eigene Unternehmen in die Marktgegebenheiten einzuordnen – so spielt beispielsweise die Standortwahl eine wichtige Rolle.

V. Marketing/Vertrieb

Auf irgendeinem Weg muss das Produkt zu den Kunden gelangen. Deshalb muss man hier beschreiben, wie man in den Markt eintreten will und wie das Vertriebskonzept des Unternehmens aussehen soll. Die Positionierung des Produktes, die Höhe des Preises und die Vertriebskanäle sind Faktoren, mit denen man den Erfolg der Gründung signifikant beeinflussen kann. Auch die geplanten, genau auf die Wirkung des Produktes oder der Dienstleistung abgestimmten Marketing-Instrumente, etwa die Werbung, müssen genannt werden.

VI. Unternehmensleitung

Die Kapitalgeber wollen sich von der Kompetenz der Unternehmensleitung überzeugen. Dazu müssen die Geschäftsführer fachliches und unternehmerisches Know-how und gewisse Branchenerfahrung mitbringen. Alles, was die Unternehmensleitung für den Erfolg des Unternehmens bieten kann, muss hier genannt werden.

VII. Dreijahresplanung

In diesem Abschnitt wird die konkrete Geschäftstätigkeit kurz- und mittelfristig geplant. Man muss sich über die personellen Ressourcen Gedanken machen und sicherstellen, dass ausreichend Mitarbeiter mit den entsprechenden Qualifikationen zur Verfügung stehen. Zu dieser Planung gehört auch eine solide Investitions- und Liquiditätsplanung, das heißt, wie viel Kapital man zu welchem Zeitpunkt benötigt und ab wann mit Rückflüssen durch den Verkauf der Produkte oder Dienstleistungen zu rechnen ist. Hierbei müssen alle Chancen und Risiken, denen das Unternehmen in der nächsten Zeit gegenübersteht, sorgfältig bewertet und eingearbeitet werden.

VIII. Kapitalbedarf

Auf der Dreijahresplanung aufbauend werden mögliche Kapitalquellen untersucht. Grundsätzlich muss man sich je nach den eigenen Möglichkeiten für eine Finanzierung durch Eigenkapital oder Fremdkapital entscheiden.

Im Anhang sollte detaillierteres Informationsmaterial wie Grafiken (z. B. Organigramme) oder wichtige Nebenrechnungen vorhanden sein.

Insgesamt bietet der Businessplan dem Bearbeiter einer Fallstudie eine strukturierte Vorgehensweise bei der Analyse sämtlicher Aspekte einer Existenzgründung oder einer Unternehmensexpansion.

3.10 Die Gewinn-Gleichung

Die Ermittlung des Unternehmensgewinns auf der Basis der Erträge abzüglich des Aufwandes wurde bereits im vorangegangenen Kapitel 2 bei den finanzwirtschaftlichen Grundkonzepten kurz angesprochen. Dort wurde der Unternehmenserfolg oder auch der Gewinn eines Unternehmens folgendermaßen dargestellt:

Unternehmensgewinn = Ertrag - Aufwand

Dieses einfache und elementare Grundkonzept gehört nicht nur zum Basiswissen, das man für die erfolgreiche Bearbeitung von Fallstudien benötigt, sondern kann gleichzeitig auch als Hilfsmittel zur ersten Strukturierung von Case Studies, die sich mit Problemen aus dem Alltag der Geschäftstätigkeit eines Unternehmens befassen, verwendet werden. Probleme und Fragestellungen, die anhand dieser Gleichung in einem ersten Schritt analysiert werden können, lauten z. B. folgendermaßen: „Ein Schuhhersteller hat im Bereich einer seiner Produktlinien, den hochwertigen Herrenschuhen, einen Verfall des Gewinns festgestellt. Woran könnte dies liegen?" Hierbei handelt es sich also um die Frage nach der Profitabilität eines Unternehmens bzw. der Profitabilität einer Produktlinie. Bei dem hier gewählten Beispiel geht es zunächst nur um die Betrachtung des Gewinns, also der Profitabilität einer einzelnen Produktlinie. Verallgemeinernd erhält man dadurch die geringfügig umformulierte, allgemeinere Gewinngleichung, die gleichermaßen auf das gesamte Unternehmen, einzelne Produktlinien oder ein Produkt angewendet werden kann:

Gewinn = Umsatz - Kosten

Der Umsatz setzt sich dabei vereinfacht aus der Multiplikation der abgesetzten Menge (x) mit dem dafür geforderten Preis (p) eines Produktes zusammen:

Umsatz = x * p

Durch diese Betrachtung der Umsatz- bzw. der Absatzseite der Gewinn-Gleichung rücken automatisch die Preispolitik des Unternehmens sowie Stellhebel und Einflussgrößen für die Absatzmenge der vertriebenen Produkte in den Fokus der Betrachtung. Anschließende detaillierte Betrachtungen, z. B. anhand der vier P und vier C des Marketing-Mix, bieten sich an.

Auf der Kostenseite der Gleichung lassen sich ganz elementar, wie auch bereits unter 2.10 („Kostenmanagement") genauer beschrieben, fixe und variable Kosten unterscheiden:

Kosten = Fixe Kosten + variable Kosten

Klassische Fragen in Consulting-Interviews nach der Profitabilität und der Produktion des Unternehmens beinhalten meist auch eine Diskussion bezüglich des Verhältnisses der fixen zu den variablen Kosten. Unter fixen Kosten versteht man dabei z. B. Kosten wie Gebäudemieten, Gehälter für Mitarbeiter der Verwaltung, Zinsen für Bankverbindlichkeiten oder (Gemein-)Kosten, die nicht direkt einem Produkt oder der Produktion zugeordnet werden können. Im Gegenzug dazu versteht man unter variablen Kosten z. B. die Kosten für das Rohmaterial, das direkt in der Produktion eingesetzt wird und damit auch direkt mit der Anzahl der produzierten Einheiten variiert. Klassische kapitalintensive Branchen, wie z. B. die produzierende Industrie, haben in der Regel vergleichsweise hohe Fixkosten, weshalb die Kapazitätsauslastung der Produktionsanlagen ein wichtiger Stellhebel der Profitabilität derartiger Unternehmen ist. Bei hohen fixen Kosten bietet sich daher oft die Frage nach den Möglichkeiten von Economies of Scale und Economies of Scope (Lernkurve) an. Nachdem die direkt greifbaren Inputfaktoren für ein zu analysierendes Unternehmen in Bezug auf ihre fixe oder variable Natur betrachtet wurden, bietet sich eine Analyse der Struktur und Größe der Gemeinkosten für zentrale Stellen und Funktionen (z. B. für den Verwaltungsapparat) des Unternehmens an.

Die Analyse der Kostenseite der Gewinngleichung kann allerdings nicht nur bei der Bewertung bestehender Unternehmen und Produktlinien verwendet werden. Auch bei der Betrachtung und Bewertung von neuen Geschäftsfeldern kann die Betrachtung von fixen und variablen Kosten aufschlussreich für die Entscheidungsfindung des Managements sein. Wenn z. B. die Gründung eines neuen Unternehmens oder eines neuen Standortes unzertrennlich mit der Entstehung hoher Fixkosten verbunden ist, dann ist davon auszugehen, dass die Kapazitätsauslastung der Produktionsanlagen einer der elementaren Faktoren ist, die über den Erfolg oder Misserfolg des Vorhabens entscheiden.

Zusammenfassend ergibt sich somit die nachfolgende Gleichung als Analyseschema bei Profitabilitätsbetrachtungen:

Gewinn = Umsatz (x * p) – Kosten (fixe Kosten + variable Kosten)

Die erste Strukturierung einer Fallstudie zur Profitabilität eines Unternehmens unter Zuhilfenahme der Gewinn-Gleichung stellt sicher, dass der Bewerber

- das Verständnis der elementaren Einflussfaktoren und Basiskonzepte zur Ermittlung des Unternehmensgewinns nachweist,
- bei der Betrachtung der Umsatzseite der Gleichung den Einstieg für weitere Markt- und Marketinganalysen, inklusive Preisbildungsüberlegungen für Produkte, strukturiert vorbereitet und
- über die Betrachtung von fixen und variablen Kosten in die Analyse der Kostenstruktur eines Unternehmens einsteigen, die Abhängigkeit der Unternehmensprofitabilität von einer hohen Kapazitätsauslastung herausarbeiten und darüber zu weiteren Analysefeldern, wie z. B. der Betrachtung von Economies of Scale und Lernkurveneffekten, gelangen kann.

3.11 Das Gesamtkonzept

Nach der Betrachtung der einzelnen für die Fallstudienbearbeitung potenziell relevanten Analysewerkzeuge besteht neben dem Erlernen und Verinnerlichen der einzelnen Methoden in der Integration der einzelnen Werkzeuge zu einem einsatzbereiten „Werkzeugkasten“ eine weitere, im Zweifelsfall anspruchsvollere Leistung. An dieser Stelle soll ein Vorschlag für die Gestaltung eines Gesamtkonzeptes, das auf in diesem Kapitel bereits behandelten Modellen basiert, geliefert werden. Dieses in unzähligen Interviewsituationen

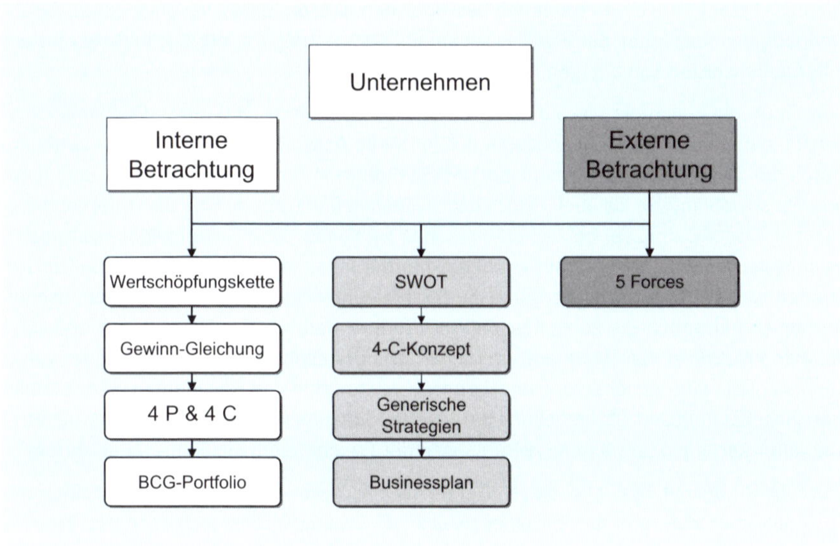

Abbildung 23: Das Gesamtkonzept zur Lösung von Case Studies

bewährte „Rezept" erhebt allerdings wiederum weder Anspruch auf Vollständigkeit noch auf eine garantierte Problemlösungskompetenz, es soll dem Leser vielmehr die Schnittstellen, Redundanzen und potenziellen Anwendungszusammenhänge der charakterisierten Methoden im Überblick darlegen. Abbildung 23 visualisiert dieses Gesamtkonzept.

Im Mittelpunkt eines Großteils der Fallstudien, von Denksport- und Kreativitätsaufgaben einmal abgesehen, stehen Betrachtungen des Unternehmens und seiner Aufgabenumwelt.

Wird primär das Unternehmen, wie z. B. bei Profitabilitätsanalysen, betrachtet, so bietet es sich an, die Lösung der Fallstudie zumindest partiell anhand des linken der Äste in der Darstellung zu strukturieren. Prinzipiell liegt es also bei Überlegungen hinsichtlich der aktuellen und zukünftigen Leistungsfähigkeit des Unternehmens nahe, das gesamte Unternehmen anhand des Konzeptes der Wertschöpfungskette zu analysieren. Eine gute Ergänzung zur Wertschöpfungskette stellen bei der Analyse der Leistungsfähigkeit und der Profitabilität eines Unternehmens die Elemente der Gewinngleichung dar. Neben der Betrachtung der fixen und variablen Kostenblöcke werden ebenso die Kernelemente des Umsatzes, der Produktpreis und die abgesetzte Stückzahl betrachtet, was zusätzlich eine gute Überleitung zu den Konzepten der 4P und der 4C darstellt. Bei Fragestellungen zur Vermarktung und Kundenausrichtung der Unternehmensleistungen erweist sich das komprimierte Modell der 4P und 4C an. Bei der Betrachtung und Entscheidung der aktuellen und zukünftigen Ausrichtung der Unternehmensleistungen hat sich die BCG-Portfolio-Matrix als hilfreich erwiesen.

Diametral steht dem die Betrachtung des Unternehmensumfeldes, welches durch die Anwendung des Konzeptes der Five Forces am äußerst rechten Ast der Darstellung effizient untersucht werden kann, gegenüber.

Betrachtet die Fallstudie sowohl unternehmensexterne als auch -interne Problemstellungen, so bietet es sich an, die Konzepte des mittleren Astes der Darstellung zu verwenden. Durch die SWOT-Analyse werden einerseits die internen Potenziale betrachtet und andererseits sowohl intern, als auch extern nach Chancen und Gefahren für die Unternehmung gesucht. Das 4-C-Konzept betrachtet einerseits die Kosten- und Leistungspotenzialsituation im Unternehmen, andererseits auch die Anforderungen und Entwicklungstendenzen auf Kunden- und Wettbewerbsseite. Auch die Strategieentwicklung mit Hilfe der Generischen Strategien betrachtet die Leistungs und Know-how-Potenziale im Unternehmen und setzt diese in Relation zu den Marktanforderungen. Die Erstellung eines Businessplanes erfordert ebenfalls eine Abschätzung der vorhanden Potenziale und Ressourcen, aber ebenso eine Einschätzung und Untersuchung der Marktbedingungen (Kunden, Wettbewerber etc.) und -anforderungen, um fundierte Prognosen der Geschäftsentwicklung zu realisieren.

Das QHAR-Konzept findet in dieser Darstellung keine Beachtung, da es losgelöst von der Analyseart eine potente Vorgehensweise ist, um strukturiert Aufgaben des Projektmanagements und der Problemlösung jeglicher Art zu bearbeiten. Somit ist es als übergeordnetes Prinzip zu verstehen, das universell eingesetzt werden kann.

4 DIE FALLSTUDIEN-GRUNDTYPEN

4.1 Überblick

In den vorhergehenden zwei Kapiteln wurde betriebswirtschaftliches Basiswissen vermittelt, und es wurden einige wichtige Analyse-Methoden und Strukturierungshilfen beschrieben. Nun geht es darum, das Gelesene praktisch anzuwenden.

In diesem Kapitel wird das Vorgehen bei der Lösung einer Fallstudie exemplarisch erläutert. Dabei wird sowohl auf das Basiswissen als auch auf die Analyse-Werkzeuge zurückgegriffen. Durch diesen integrativen Ansatz wird die strukturierte Bearbeitung eines Falles in Verbindung mit der nötigen inhaltlichen Tiefe des Lösungsansatzes gewährleistet. Dieses Kapitel ist so aufgebaut, dass jeweils ein besonders ausführlich besprochener Fall zu „beliebten" Fallstudientypen dargestellt wird. Die Liste erhebt allerdings nicht den Anspruch auf Vollständigkeit; es werden häufig vorkommende Typen genannt. Die Falldiskussion gestaltet sich so, dass vorab einige essenzielle Hintergrundinformationen und die Kernfragestellung angegeben sind. Abschließend werden exemplarische Lösungsansätze zu den jeweiligen Fällen diskutiert - wobei es hier vornehmlich auf die Vorgehensweise und weniger auf das Endergebnis ankommt.

In diesem Kapitel wird für jede Aufgabenstellung eine mögliche Lösung angeboten. Optimalen Nutzen wird der Leser aus den diskutierten Fällen ziehen, wenn er versucht, nach dem Lesen der einzelnen Aufgabenstellungen selbstständig Lösungsansätze für die Fälle zu finden. Man sollte die Aufgabe sorgfältig studieren und sich daraufhin Gedanken über einen Lösungsweg machen. Besteht der gegebene Lösungsvorschlag aus Fragen, sollte man versuchen, vorher selbst eine Liste von Fragen zu erstellen und diese dann mit den angegebenen vergleichen. Auch wenn auf die Fragen keine Antworten gegeben werden, so kann man dennoch versuchen, die Fragen selbstständig zu beantworten.

Besteht der Lösungsvorschlag nicht aus Fragen, sondern ist in Form eines Textes (z. B. eine Konzepterstellung) gegeben, dann sollte der Leser zunächst ein eigenes Konzept erarbeiten und dann erst die Lösung durchlesen. Ganz wichtig ist es, die logische Struktur der gegebenen Lösung nachzuvollziehen und einen ähnlichen Faden in der eigenen Konzeption zu verfolgen.

Bei Verwendung des bereits erarbeiteten Wissens aus den Kapiteln über das Basiswissen und die Analyse-Werkzeuge fällt das zielorientierte Finden von Lösungsansätzen erfahrungsgemäß erheblich leichter.

Der Bewerber sollte sich selbst nicht zum Spezialisten für einen Fallstudientyp machen, sondern versuchen, mit jeder Art zurechtzukommen. Man weiß nie, mit welchem Typ von Fallstudie der Interviewer auf den Bewerber wartet. Und außerdem ist später auch die Praxis sehr heterogen.

Die Vielfalt des strukturellen Aufbaus der möglichen Lösungsansätze verdeutlicht, dass diese nur in den seltensten Fällen nach einem Standardschema ablaufen - dies sollte man nicht außer Acht lassen. Es ist durchaus denkbar, dass der Bewerber einen für den Interviewer gänzlich neuen Weg zur Bearbeitung der Problemstellung findet. Den optimalen Lösungsansatz gibt es in der Regel nicht. Es gilt stets der Grundsatz, dass viele Wege zum Ziel führen. Man muss sich an einem bestimmten Punkt für einen Weg entscheiden, diesen dann aber auch konsequent verfolgen. Diesbezüglich sollte man beachten, dass der Interviewte nicht zwangsläufig eine Unterstützung durch den Interviewer im Sinne einer offensichtlichen Zustimmung zum gewählten Lösungsweg erwarten darf. Vielmehr wird hier verlangt, dass bei Zwischen- und Endergebnissen eine Abschätzung der qualitativen und quantitativen Sinnhaftigkeit durch den Fallstudienbearbeiter erfolgt. Somit wird durch den Bewerber über die analytischen Fähigkeiten hinaus das Verständnis von wirtschaftlichen Zusammenhängen und Dimensionen des Unternehmensalltags demonstriert.

Mit diesen ersten Erfahrungen bei der Fallstudienlösung gewappnet, können Sie Ihre Fähigkeiten im nun folgenden Kapitel anhand weiterer Aufgaben trainieren.

4.2 Einleitung

Eine Fallstudie besteht zunächst aus der Beschreibung einer Situation, in der sich ein Unternehmen befindet. Das beschriebene Unternehmen steht häufig vor einer weit reichenden Entscheidung wie z. B. Expansion oder Diversifikation oder muss im laufenden Geschäft ein Problem bewältigen. Die meisten Fallstudien basieren in abgewandelter Form auf reellen Situationen eines Kunden des Interviewers.

Ziel des Fallstudieninterviews ist es, die Problemlösungsfähigkeiten, also die Basis der Beratung, beim Bewerber zu testen. Allgemein suchen die Beratungen nicht nur nach hervorragenden analytischen Fähigkeiten, sondern auch nach Kreativität, Leadership und persönlichem Antrieb. Bei der Bearbeitung der Fallstudie durch den Bewerber wird besonders auf zwei Qualitäten geachtet:

I. Die Fähigkeit, sich durch Probleme zu denken

Dies beinhaltet einerseits eine klar strukturierte, logische Vorgehensweise, Argumentation und Zusammenfassung, andererseits aber auch einen behänden Umgang mit Zahlen und einen intuitiven Sinn für wirtschaftliche Zusammenhänge. Weiterhin ist es hier von großer Bedeutung, hypothesengetrieben zu denken und daraus Fragen zu formulieren.

II. Die Fähigkeit, Arbeitsbeziehungen aufzubauen

Für den Erfolg in der Fallstudie ist es zwingend notwendig, effektiv zu kommunizieren und auch bei mangelnder Eindeutigkeit der Sachlage zu konkreten Ergebnissen zu kommen.

Es gibt zwei Teile einer Fallbearbeitung: Die Mechanik gibt Auskunft darüber, wie man einen Fall strukturiert, und die Analyse zeigt, wie man denkt und Probleme löst. Beides ist von enormer Wichtigkeit.

Für die Bearbeitung eines Falles muss man bei der Beschreibung sehr genau zuhören. Es empfiehlt sich, relevante Informationen mitzuschreiben. Um Missverständnisse zu vermeiden, kann man den Inhalt des Falles noch einmal kurz wiederholen. Auch sollten wenige kurze Fragen gestellt werden, um Unklarheiten zu beseitigen. Daraufhin sollte man das Problem, möglicherweise anhand eines Logikbaumes, strukturieren. Auf dieser Basis werden Hypothesen entwickelt und untersucht und am Ende versucht, die eigentliche Problematik zu lösen.

Während der Fallbearbeitung sollte mit dem Interviewer explizit kommuniziert werden, wie man mit dem Fall umzugehen gedenkt. Man darf nicht vergessen, den Interviewer durch den eigenen Problemlösungsansatz zu führen. Deshalb ist die Anwendung eines Rahmenkonzeptes, anhand dessen man den Fall mit dem Interviewer auf einem hohen Abstraktionsniveau durchgeht, empfehlenswert. Nach der Bearbeitung einer Sektion sollten deren Ergebnisse zusammengefasst und Zwischenschlüsse gezogen werden.

Das Zeitmanagement obliegt dem Interviewten. Man braucht keine Angst vor Gesprächspausen zu haben, sofern man diese konstruktiv zur Ausarbeitung des Ansatzes nutzt. Bei einer Fallbearbeitung von 25 Minuten kann man durchaus circa fünf Minuten zur Strukturierung der Aufgabenstellung verwenden. Diese Zeit unterteilt sich in etwa drei Minuten, in denen man das Problem vor seinem geistigen Auge nachvollzieht, und zwei Minuten, um Aspekte kurz anzudiskutieren und gemeinsam Prioritäten zu setzen. Daraufhin sollte man sich für die Analyse circa 15 Minuten nehmen, um am Ende noch ausreichend Zeit zu haben, die Ergebnisse zusammenzufassen und Schlussfolgerungen zu ziehen. Diese Zeitangaben sind nur grobe Richtwerte und können sich je nach Art des Falles oder Situation stark verschieben.

4.3 Abschätzungsfälle

Aufgabe

Wie viele Klavierstimmer gibt es in Deutschland?

Lösungsvorschlag

Der Fall soll das logische und mathematische Denken testen. Es gibt keine richtige Antwort, die Frage ist nur, ob man über realistische Schätzungen zu einem vernünftigen Ergebnis kommt. Die folgenden Zahlen sind Schätzungen und Annahmen.

Die Bundesrepublik Deutschland hat rund 80 Millionen Einwohner. Bei einer durchschnittlichen Anzahl von drei bis vier Personen (hier wird aus rechentechnischen Gründen die Zahl vier angenommen) pro Haushalt ergibt dies circa 20 Millionen Haushalte. Diese können nach Einkommensklassen in gleichmäßige Viertel mit je fünf Millionen Haushalten eingeteilt werden. Grob geschätzt haben 20 % des ersten Viertels ein Klavier, 10 % des zweiten, 5 % des dritten und 0 % des vierten.

Daraus ergibt sich die folgende Tabelle:

Einkommensklasse	Haushalte	% mit Klavier	Zahl der Klaviere
1.	5 Mio.	20	1,00 Mio.
2.	5 Mio.	10	0,50 Mio.
3.	5 Mio.	5	0,25 Mio.
4.	5 Mio.	0	0,25 Mio.

Dies ergibt eine Summe von 1,75 Millionen Klavieren. Nun erfolgt eine Schätzung, wie oft die einzelnen Einkommensklassen ihre Klaviere stimmen lassen. Angenommen, das erste Viertel stimmt sein Klavier einmal pro Jahr, das zweite einmal alle drei Jahre und das dritte einmal alle 10 Jahre. Somit ergeben sich

(1 Mio. + 500 000/3 + 250 000/10) = 1 191 667

also ungefähr 1,2 Millionen Stimmungen pro Jahr.

Angenommen, ein Klavierstimmer benötigt zwei Stunden für ein Klavier, so stimmt er an einem Acht-Stunden-Tag vier Klaviere. Ein Jahr hat circa 250 Arbeitstage, sodass ein Stimmer in einem Jahr 4 ×250 = 1 000 Klaviere stimmt. Daraus folgt: 1,2 Millionen Stimmungen pro Jahr dividiert durch 1 000 Stimmungen pro Stimmer ergeben 1 200 benötigte Klavierstimmer.

4.4 Branchenanalyse

Aufgabe

Als neues Mitglied im Managementkomitee einer bekannten Strategieberatung will der Neuling versuchen, bei den erfahreneren Kollegen mehr Akzeptanz zu erreichen. Dafür stellt er sich freiwillig zur Verfügung, um die Beratungsindustrie zu analysieren und eine „Strategie 2010“ zu entwickeln. Da das nächste Meeting schon bald ansteht, ist es wichtig, möglichst schnell einen ersten Entwurf dieser Strategie zu Papier zu bringen.

Lösungsvorschlag

Um sich einen Überblick über die Industrie zu verschaffen, bietet sich Porters Five-Forces-Modell an.

I. Rivalität

Die Branche der Management Consultants ist stark fragmentiert. Es tummeln sich viele Anbieter auf dem Beratungsmarkt, ohne dass eine Firma eine entscheidende Marktmacht für sich beanspruchen könnte. Trotzdem gibt es bestimmte Kategorisierungsmerkmale, zu denen unter anderem die folgenden gehören:

- **Spezialisierung**: Manche Beratungen gelten als reine Strategieberatungen, andere haben ihren Schwerpunkt auf die Informationstechnologie und deren Implementierung gesetzt, und wiederum andere bieten das gesamte Spektrum an.
- **Kunden**: Manche Unternehmen beraten nur die Top 100 Unternehmen des jeweiligen Landes, während sich andere eher auf Mittelständler oder staatliche Institutionen konzentrieren.
- **Reputation und Herkunft**: Es gibt Beratungen, die als solche gegründet wurden und sich im Laufe der Zeit einen hervorragenden Ruf aufgebaut haben, und so genannte Nebeneinsteiger wie beispielsweise die Beratungen der großen Wirtschaftsprüfungsgesellschaften.
- **Ausbildung**: Bestimmte Beratungen sind sehr restriktiv in der Auswahl ihrer Jungberater, rekrutieren nur an den besten Universitäten und Privatschulen und unterstützen den Erwerb weiterer Abschlüsse wie Promotion oder MBA, während andere nicht unbedingt vom Renommee einer Schule auf die Qualitäten der Absolventen schließen und allgemein rekrutieren.

Viele Beratungen pflegen sehr enge Beziehungen zu ihren Kunden, was den Wettbewerb in bestimmten Bereichen limitiert und die Preise auf einem hohen Niveau hält.

II. Neue Anbieter

Es gibt keine hohen Markteintrittsbarrieren. Die Gründung einer Unternehmensberatung erfordert keine hohen Investitionen, der Titel „Unternehmensberater" ist keine geschützte Berufsbezeichnung. Die vorhandenen Firmen haben sehr starke Wachstumsraten und können hohe Margen verzeichnen. Dies reizt natürlich potenzielle neue Anbieter, die erfolgreichen vorhandenen Firmen zu imitieren und selbst vom Wachstum der Branche zu profitieren. Dennoch bestehen für neue Anbieter mögliche Hindernisse:

- **Kunden**: Die Beratungshonorare sind enorm hoch, deshalb verlassen sich Kunden häufig lieber auf Firmen mit hervorragender Reputation. Außerdem sind persönliche Beziehungen zwischen Vorstand des Kunden und Partner der Beratung sowie das gegenseitige Vertrauen von enormer Wichtigkeit. Diese Erfolgsfaktoren der Projektakquisition sind für die „Neuen" nicht leicht zu erringen.
- **Berater**: Für hoch qualifizierte Absolventen der Hochschulen oder „Young Professionals", die in die Beratung wechseln wollen, sind bestimmte Namen der Branche mit einem Mythos verbunden. So kann es für einen Newcomer schwer sein, entsprechend

qualifizierte Berater zu rekrutieren, wenn sie nicht eine besondere Zusatzleistung bieten (wie z. B. familiäre und freundschaftliche Atmosphäre auf Grund überschaubarer Größe).

III. Substitute

Eine Alternative zu externen Beratungen besteht in der Möglichkeit, interne Beratungsabteilungen zu gründen. Dies lohnt sich anfangs nur für große Unternehmen, die intern so viel Beratungsbedarf haben, dass diese Gruppe ganzjährig beschäftigt werden kann (z. B. Siemens Unternehmensberatung). Einige deutsche Konzerne haben Inhouse-Beratungen als Profit-Center organisiert, die somit ihre Leistung auch extern verkaufen.

IV. Käufermacht

In den letzten Jahren ist das Angebot der Beratung immer der Nachfrage gefolgt, was die Käufermacht verringert. Es stellt sich allerdings die Frage, in welche Dimensionen der Beratungsmarkt noch hineinwachsen soll. Wie lange sind Unternehmen noch bereit und in der Lage, die enormen Kosten für Beratungen zu tragen, und wie wirkt sich ein Rückgang der allgemeinen Konjunktur auf die Auftragslage der Beratungen aus? Einerseits besteht gerade in schwierigen wirtschaftlichen Situationen hoher Beratungsbedarf, doch die potenziellen Kunden verlieren an Finanzkraft. Eine negative Konjunktur könnte sich auf jeden Fall auch negativ auf die Preise der Beratungsbranche auswirken.

V. Lieferantenmacht

Die „Lieferanten" der Beratung sind hoch qualifizierte Universitätsabsolventen, die hohe Motivation und exzellente analytische Fähigkeiten mitbringen. Eine Beratung ist so gut wie ihre Berater. Außerdem sind Young Professionals, die Industrieerfahrung und Kontakte mitbringen, ebenfalls Lieferanten. Für diese Lieferanten müssen Beratungen den Marktpreis zahlen, um die gewünschten Personen zu bekommen. Der Preis wird hierbei jedoch eher von der Branche selbst als von den Lieferanten bestimmt.

Nach diesem ersten Überblick über die Branche sollten noch andere Punkte wie z. B. die wichtigen Erfolgsfaktoren der Industrie erarbeitet werden. Was hebt die Top-Firmen vom Mittelfeld ab? Welche Firmen haben einen langfristig haltbaren Wettbewerbsvorteil? Wie verkaufen sich die einzelnen Firmen nach außen? Wo liegen die ganz spezifischen Kompetenzen der einzelnen Firmen und wie werden diese dem Kunden bekannt gemacht?

Das Erstellen von Zukunftsszenarios, ein wichtiger Faktor für die Strategieformulierung, ist nicht einfach, und es existiert hierbei keine Eindeutigkeit. Schlüsselpunkte dafür könnten allerdings folgende Überlegungen sein: Welchen Effekt haben Konjunkturschwankungen oder gar eine Rezession auf die Beratungen? Werden die Top-Beratungen in einer anderen Weise betroffen sein als das Mittelfeld? Wird sich das Spektrum der nachgefragten Leistungen verschieben? Wird das Wachstum der Branche gebremst?

4.5 Restrukturierung/Profitabilität

Aufgabe

Ein Hersteller qualitativ hochwertigen Parfums produziert in fast allen westeuropäischen Ländern für den jeweils nationalen Markt. Zwischen den Märkten unterscheiden sich die Produkte entsprechend der örtlichen Geschmacksrichtungen nur geringfügig. Der Vorstand glaubt, dass die Margen erheblich höher sein könnten, und so wird die Unternehmensberatung beauftragt, Kosteneinsparpotenziale aufzudecken, um die Profitabilitätssituation des Unternehmens zu verbessern.

Lösungsvorschlag

Hier gibt es sicherlich nicht nur einen Ansatzpunkt, um Kosten zu senken. Deshalb eignet sich die Wertschöpfungskette sehr gut als roter Faden durch die Fallanalyse. Auch hier bietet es sich an, anhand von Fragen die einzelnen Stationen des Unternehmens durchzuarbeiten, um so Aspekte zu finden, bei denen sich eine tiefere Analyse lohnt. Die aufkommenden Fragen könnten wie folgt aussehen:

I. Primäre Aktivitäten

Eingangslogistik

- Woher bezieht die jeweilige Produktionsstätte die Rohstoffe?
- Sind die Lieferanten europaweit aktiv?
- Beziehen verschiedene Produktionsstätten von den gleichen Lieferanten die Ware?
- Zu welchen Konditionen kaufen die Werke ein?
- Wie automatisiert ist die Eingangslogistik?
- Wie groß sind die Lagerbestände in den einzelnen Werken?

Möglicherweise lässt sich der Einkauf für die einzelnen Werke zentralisieren, um Mengenvorteile zu erzielen. In diesem Zusammenhang müssen allerdings weiter gehende Aspekte einer Zentralisation wie die steigenden Transportkosten durch längere Transportwege betrachtet werden.

Produktion

- Gibt es bestimmte Gründe, die für die verteilte Produktion gesprochen haben, oder ist das Unternehmen schnell gewachsen?
- Lassen sich die regional unterschiedlichen Produkte auch auf einer Misch- und Abfüllanlage produzieren? Sind die Rezepturen während der Produktion veränderbar?
- In welchen Werken wird zu welchen Kosten produziert?
- Sind die Kostenunterschiede zwischen den Werken nur auf unterschiedliche Lohnniveaus zurückzuführen oder sind Effizienzunterschiede im Prozess vorhanden?
- Lässt sich ein Benchmarking zwischen den Werken durchführen, um Best-in-Class-Prozesse oder Eigenschaften auf andere Werke zu übertragen?
- Wie alt sind die einzelnen Misch- und Abfüllanlagen?

Es sollte überlegt werden, ob einzelne Werke nicht jeweils nur ein Produkt herstellen sollten. So könnten nationale Competence-Center aufgebaut werden, die den ganzen europäischen Markt für ein bestimmtes Produkt mit allen Geschmacksunterschieden beliefern. Dies setzt allerdings voraus, dass während des Produktionsprozesses die Rezepturen leicht geändert werden können, um den unterschiedlichen Bedürfnissen in den einzelnen Verkaufsregionen gerecht zu werden. So müssen die Werke nicht die ganze Produktpalette produzieren, sondern können sich auf ein oder nur einige wenige Produkte konzentrieren und hierfür die Prozesse optimieren.

Die große Kompetenz der Firma liegt in der Konzeption von neuen Duftstoffen und Rezepturen. Der Prozess des Abfüllens und Verpackens in großen Mengen ist möglicherweise nicht gerade die Stärke des Unternehmens. Deshalb sollte eruiert werden, ob es eine wirtschaftlich sinnvolle Alternative gibt, wie z. B. das Abfüllen zu externalisieren. Vielleicht macht es sogar Sinn, andere Teile der eher produktionstechnischen Prozesse durch ein Unternehmen abwickeln zu lassen, welches für seine hochautomatisierten Maschinen und das hervorragende Qualitätsniveau bei den relevanten Prozessen bekannt ist.

Marketing/Vertrieb

- Welche Vertriebskanäle werden benutzt?
- Welche Margen werden durch die einzelnen Kanäle erwirtschaftet?
- Welche Mengen werden über die Kanäle abgesetzt?
- Besteht ein einheitliches Marketing-Konzept für die einzelnen Länder oder wird regional ein eigenes Marketing entwickelt?
- Welche Mittel der Verkaufsförderung werden eingesetzt?
- Welche Rücklaufquoten haben die einzelnen Mittel der Verkaufsförderung?
- Welche Kundengruppen werden in den einzelnen Ländern angesprochen und welche Bedürfnisse haben sie?
- Haben die Kundengruppen über die Ländergrenzen hinweg ähnliche Eigenschaften und Präferenzen?

Der Kunde vertreibt Duftstoffe der höheren Güteklasse. Verkauft man die Produkte allerdings nur über exklusive Boutiquen, muss man an teuren Standorten jeweils eigene Filialen unterhalten. Dies ließe sich über Verträge mit bekannten Luxusketten umgehen. Allerdings werden in diesen natürlich auch Konkurrenzprodukte verkauft, und es ist schwer, eine eindeutige Loyalität der Niederlassungsleiter aufzubauen. Allerdings sollten die eher massenorientierten Vertriebskanäle nicht unbeachtet gelassen werden. Natürlich soll der Markenname nicht verwässert werden, doch heutzutage werden vermehrt auch luxuriöse Güter in großen Einkaufszentren vertrieben, da hier die Kannibalisierung[30] sehr gering sein dürfte.

Wird in jedem Land ein eigenes Marketing-Konzept erstellt, entstehen dadurch enorme Kosten. Möglicherweise unterscheiden sich die Käufergruppen in ihrem Konsumentenverhalten in den unterschiedlichen Länder nur gering voneinander. Durch das fortschreitende Zusammenwachsen Europas und das Angleichen der Lebensstandards findet eine

Homogenisierung des Konsumentenverhaltens ähnlicher Käuferschichten statt. So wäre es möglich, ein europaweites Marken- (European Brand) oder Unternehmensimage (Corporate Image) aufzubauen und gegebenenfalls national geringfügig anzupassen.

Beim Einsatz von absatzfördernden Mitteln lassen sich die Erfahrungen von Pilotmärkten auf den Rest der Absatzgebiete übertragen. So muss nicht jede nationale Organisation selbst die „Trial-and-Error"-Erfahrung machen, sondern kann die Erfahrung und Kompetenz unternehmensweit nutzen.

Ausgangslogistik

- Wie viel Ware wird in den Fertigwarenlagern gehalten?
- Wie kommt die Ware aus dem Werk zum Kunden?
- Welches Werk hat eine weitgehend optimierte Ausgangslogistik?
- Lassen sich diese Eigenschaften auf andere übertragen?
- Wie könnte eine Ausgangslogistik aussehen, wenn jedes Werk nur noch ein Produkt, dieses aber für ganz Europa produziert?
- Unterhält der Kunde einen eigenen Transportfuhrpark oder werden Speditionen in Anspruch genommen?

Hat man sich dafür entschieden, die Werke auf einzelne Produktarten zu spezialisieren, muss ein neues Transportkonzept erstellt werden. Dabei sollte die Lagerhaltung europaweit minimiert werden, und deshalb sollten möglicherweise wenige Zentrallager an günstig gelegene Werke angegliedert werden. Die Lagerhaltung und Auslieferung muss europaweit koordiniert werden, sodass die Transportmittel einen möglichst hohen Auslastungsgrad haben.

Kundendienst

Duftstoffe sind Produkte, die nicht unbedingt einen besonderen Kundendienst erfordern. Da der Kunde allerdings Produkte der Luxusklasse vertreibt, könnte man sich durch einen besonderen Kundenservice von der Mittelklasse stärker abheben und von den Konkurrenten deutlicher differenzieren. So kann man beispielsweise Stammkunden über Produktentwicklungen oder neue umweltfreundliche Produktionstechniken informieren. Dies verursacht jedoch Kosten und passt daher nicht unbedingt in eine Analyse zur Profitabilitätsverbesserung.

II. Sekundäre Aktivitäten

General Management

Der Kunde produziert in verschiedenen Ländern in relativ unabhängigen Werken. Für die Zukunft sollten sich die einzelnen Landesorganisationen nicht als eigenständige Unternehmen sehen, sondern müssen eine europaweite Perspektive annehmen. Die Werke sind reine Produktionsstätten, die im Endeffekt nur eine europaweite Verwaltung (General Management) benötigen sollten. Deshalb muss der Overhead-Aufwand in den einzelnen

Werken auf ein Minimum reduziert werden. Dazu können Competence Center mit den einzelnen Managementfunktionen aufgebaut werden, die gegebenenfalls auch über die angeschlossenen Länder verteilt werden können. Daraus entstünde eine Netzwerkorganisation, für die eine sehr effektive Kommunikation und Koordination erfolgskritisch ist, die aber auch unter Profitabilitätsgesichtspunkten effizient sein kann.

Personalwirtschaft

- Unterhalten die einzelnen Werke eigene Personalabteilungen?
- Wie wird Personalentwicklung betrieben?

Die Personalarbeit lässt sich sehr gut europaweit zusammenfassen. So können vakante Stellen zentral ausgeschrieben werden, und auch die Beschaffung selbst kann auf europäischer Ebene stattfinden, sodass sich die einzelnen Werke nicht mehr um die Personalentwicklung zu kümmern brauchen. Eine Personalabteilung (Competence-Center), egal welchen Werkes, konzipiert Entwicklungsprogramme, die in allen Ländern angewendet werden. Neben den Kosteneinsparungen fördert dies auch den Aufbau einer Unternehmenskultur - anstelle von landesspezifischen „Werkskulturen".

Der Personaleinsatz lässt sich europaweit sehr flexibel gestalten. Der Überschuss eines Werkes kann den Personalmangel eines anderen kurzfristig ausgleichen. So lässt sich europaweit eine relativ konstante Beschäftigungssituation erreichen.

Technologie

Um ein effektives, unternehmensweites Controlling zu gewährleisten, sollten in allen Werken einheitliche Informationssysteme verwendet werden, die untereinander vernetzt sind. Nur so kann die Controllingabteilung ständig über die aktuellen Kennziffern der einzelnen Werke informiert sein und gegebenenfalls einleitende Maßnahmen beschließen.

Über ein einheitliches Informationssystem mit integrierter Datenbank, auf die man von jedem Werk aus Zugriff hat, kann ein Unternehmenswissen aufgebaut werden. So profitieren alle Werke von den Erfahrungen der anderen, wenn diese in Form von Berichten und Memos dokumentiert werden. Der Begriff der „lernenden Organisation" wird in diesem Zusammenhang häufig verwendet.

Beschaffung

Dieser Punkt wurde schon bezüglich der Rohstoffe für die Produktion im Bereich der Eingangslogistik behandelt. Ähnliche Aspekte kann man auch bei der Beschaffung aller anderen Materialien betrachten.

4.6 Preispolitik-Problem

Aufgabe

Am späten Freitagnachmittag kommt der Anruf eines völlig verwirrten Kunden. Er ist Herausgeber eines bekannten Modemagazins und hat gerade mit seiner Druckerei telefoniert, die ihm exklusiv ein neues Verfahren, genannt Selektive Buchbindung, angeboten hat. Dieses neue Verfahren ermöglicht dem Herausgeber, die Seiten des Magazins gemäß der demographischen Daten, die man vom einzelnen Leser kennt, individuell zu gestalten. So ist es möglich, eine Werbeanzeige für Rasenmäher in einer Wohn- und Gartenzeitschrift nur in den Ausgaben zu schalten, die an Abonnenten mit eigenen Häusern gesendet werden. Abonnenten in Appartments finden in der ansonsten gleichen Ausgabe eine andere, auf sie zugeschnittene Anzeige. Für die Werbepartner bedeutet dies, dass sie weniger Anzeigen schalten müssen, um die gleiche Anzahl der Zielgruppe zu erreichen. Der Kunde ist von dem Angebot etwas überrumpelt. Einerseits findet er die Idee sehr interessant und würde sie gerne seinen momentanen Werbepartnern anbieten, andererseits überlegt er, ob sich diese Offerte rechnet.

Zusatzinformationen auf Anfrage

Bevor man eine sinnvolle Analyse starten kann, muss der Bewerber noch einige Informationen bezüglich des Zahlenmaterials erfragen und sich Wissen über das Geschäft des Kunden aneignen.

Die Werbepartner sind natürlich nur bereit, einen höheren Preis zu zahlen, wenn es die Auswertungen der Datenbank ermöglichen, das gewünschte Zielkundensegment zu erkennen.

Aus der Datenbank des Herausgebers ist jedoch nur zu erkennen, welche Abonnenten unter und welche über 35 000 EUR verdienen.

Der Einsatz der neuen Technologie kommt natürlich nur bei Abonnenten zum Tragen. Bei Gelegenheitskäufern (z. B. am Kiosk) macht dieses Verfahren keinen Sinn. Deshalb ist es wichtig, Informationen über die Kundenstruktur zu erhalten. Wie groß ist die gesamte Leserschaft, welchen Anteil machen die Abonnenten aus, und wie verteilen sich die Abonnenten auf die zwei Einkommensgruppen?

- Das Magazin erscheint wöchentlich und wird pro Auflage eine Million Male verkauft. Davon werden 80 % der Exemplare an Abonnenten versendet, von denen 25 % unter 35 000 EUR verdienen. Das Verhältnis der Einkommensgruppen gilt gleichermaßen für die Gelegenheitskäufe.

Um zu erkennen, ob das neue Verfahren für die Werbepartner von Interesse sein könnte, muss man wissen, welche Zielgruppen die einzelnen Partner erreichen wollen. Welcher Anteil der Werbepartner ist an welchem Kundensegment interessiert?

- Die meisten Partner verkaufen Exklusivmode, sodass 75 % eher an der höheren Einkommensklasse interessiert sind.

Bisher wurde von dem neuen Verfahren nur als Idee gesprochen. Um jedoch eine Kosten-Nutzen-Analyse durchzuführen zu können, muss man die Kostenstrukturen des Werbegeschäfts kennen. Was kostet also diese Selektive Buchbindung, und was wurde bisher vom Herausgeber für das Schalten einer Anzeige in Rechnung gestellt?

- Das Verfahren wird drei Jahre lang exklusiv unserem Kunden angeboten, da die Druckerei das bekannte Magazin nutzen will, um die neue Technik bekannt zu machen. Diese ersten drei Jahre sind für den Herausgeber nicht mit Kosten verbunden.
- Bisher hat der Kunde 25 EUR pro tausend Exemplare für eine vollseitige Anzeige in Rechnung gestellt. Das neue Verfahren kann nur für beidseitige Werbung angewendet werden. Eine Vorder- und Rückseite kosten 50 EUR pro tausend Exemplare.

Natürlich sind die Werbepartner vertraglich nicht an dieses Magazin gebunden. Es steht ihnen frei, auch Konkurrenzzeitschriften als Kommunikationsmedium zu benutzen. Für die Wahl des Magazins, in dem geworben wird, sind sicherlich die Käufergruppe und damit die Wahrscheinlichkeit für das Erreichen der Zielkundengruppe, das Image des Magazins und der Preis pro Werbeseite entscheidend. Was verlangen also die Konkurrenzmagazine für eine Anzeige, und wie sieht deren Käuferschicht aus?

- Der direkte Mitbewerber verkauft 500 000 Exemplare, von denen circa 100 000 an Abonnenten gehen. Laut einer aktuellen Umfrage eines unabhängigen Marktforschungsinstitutes verdienen alle Leser dieses Magazins über 35 000 EUR. Aufgrund der zahlungskräftigen Leserschicht (gut für Werbepartner) verlangt der Herausgeber des Konkurrenzproduktes 35 EUR pro tausend Exemplare für eine vollseitige Anzeige.

Lösungsvorschlag

In dieser Fallstudie geht es um eine Kosten-Nutzen-Analyse. Welchen Zusatznutzen in Form von erhöhten Einnahmen hat der Herausgeber, und wie steht dieser im Verhältnis zu den Kosten? Die neue Technik wird er dann annehmen, wenn das für ihn bedeutet, dass er einen höheren Preis von den Werbepartnern verlangen kann, da diese wesentlich gezielter ihre gewünschten Kundengruppen erreichen können.

Für unseren Kunden entstehen mit der Annahme der Selektiven Buchbindung keinerlei Kosten. So muss man also nur überlegen, wie sich die Werbepartner verhalten werden und diese Verschiebung quantifizieren. Es ist offensichtlich, dass jeder Werbepartner nur noch in den Exemplaren werben wird, die seine Zielgruppe erreichen. So werden 75 % der Werbepartner (der Anteil, der an Lesern mit hohem Einkommen interessiert ist) nur noch in den 75 % der Exemplare Anzeigen schalten, die an Abonnenten mit hohem Einkommen verschickt werden. Mit den restlichen 25 % verhält es sich genau umgekehrt, sie werden in 25 % der Exemplare werben. Für die folgenden Berechnungen geht man davon aus, dass beide Kategorien von Werbepartnern weiterhin in 100 % der Exemplare für Nichtabonnenten werben werden. Bisher zahlen 100 % der Partner die 25 EUR.

Bei unverändertem Preis ergibt sich der Umsatz pro Seite pro tausend Abonnentenexemplare:

Umsatz (neu) =	Preis ×{(% Niedrig-Einkommens-Abonnenten x % Niedrig-Einkommens-Werbepartner) + (% Hoch-Einkommens-Abonnenten x % Hoch-Einkommens-Werbepartner)}
Umsatz (neu) =	25 EUR {(25 % × 25 %) + (75 % × 75 %)} = 15,63 EUR < 25 EUR

Bei gleichem Preis wird der Umsatz also sinken. Deshalb stellt sich die Frage, ob man den Preis in ausreichendem Maße erhöhen kann, sodass sich das neue System lohnt. Für einen Werbepartner ist ein höherer Preis nur attraktiv, wenn er damit mehr Kunden erreicht. Als Alternative steht den Werbepartnern, die an dem Kundensegment der höheren Einkommenskategorie interessiert sind, das Konkurrenzmagazin zur Verfügung.

Da beim Konkurrenzmagazin 100 % der Leserschaft der hohen Einkommensklasse angehören, sind die Kosten, die anfallen, um tausend Leser der Kategorie zu erreichen, genau die 35 EUR, die eine Seite in tausend Exemplaren kostet.

So darf unser Kunde höchstens 35 EUR verlangen mit der Garantie, ebenfalls tausend Leser der Klasse zu erreichen. Ansonsten würde der Werbepartner das Konkurrenzmagazin auswählen. Bisher hat unser Kunde einen geringeren Preis verlangt, was darin begründet lag, dass für 75 % der Partner ungewollt auch die niedrige Einkommensklasse bedient wurde.

Würde unser Kunde 35 EUR pro tausend Exemplare verlangen, dann sähe sein Umsatz wie folgt aus:

35 EUR × {(25 % × 25 %) + (75 % × 75 %)} = 21,88 EUR < 25 EUR

Die 21,88 EUR, die der Kunde einnehmen würde, liegen ebenfalls unter den bisher eingenommenen 25 EUR, sodass es sich nicht lohnt, den Werbepartnern das neue Verfahren anzubieten.

In dieser Fallstudie gibt es sicherlich noch ein Vielzahl von Aspekten, die der Bewerber ansprechen könnte. Eine Weiterführung der Fallstudie könnte in der Berechnung bestehen, wie viele zusätzliche Werbepartner gebraucht werden, um doch von der neuen Technologie zu profitieren. Durch die Selektive Buchbindung enthält das Magazin bei konstanter Anzahl von Werbepartnern weniger Werbeseiten. Letztendlich war es jedoch wichtig, auf die eigentliche Frage eine Antwort zu geben.

4.7 Investitionsaufgabe

Aufgabe

Ein Bekannter hat sich vor kurzem 10 000 m^2 Wald (!) zu einem Preis von 1 000 000 EUR gekauft. Es handelt sich hierbei um einen Mischwald, der allerdings von Pappeln (schnell wachsende Baumart) dominiert wird.

Der Bewerber interessiert sich für die Motive dieser Investition. Welche Gründe könnte der Betreffende für den Kauf des Waldstückes gehabt haben? Welche Motive können ausgeschlossen werden?

Lösungsvorschlag

Mögliche Gründe, die für den Kauf des Waldes sprechen, können vereinfacht in nichtwirtschaftliche (im Folgenden auch private Gründe genannt) und wirtschaftliche Gründe aufgeteilt werden. Da über eventuelle Motive aus der ersten Kategorie nur Vermutungen angestellt werden können, sollen an dieser Stelle nur einige mögliche Beispiele angeführt werden. Das Hauptaugenmerk liegt bei diesem Fall somit bei den wirtschaftlichen Gründen. Hier muss die „Rendite“ des Waldbetriebes errechnet werden, um diese dann mit anderen Renditen, z. B. der einer Geldanlage, zu vergleichen.

Um sich vorab ein Bild darüber zu machen, welche prinzipiellen Gründe für eine derartige Investition sprechen können, wird in der Abbildung 24 zwischen so genannten privaten und wirtschaftlichen Gründen unterschieden.

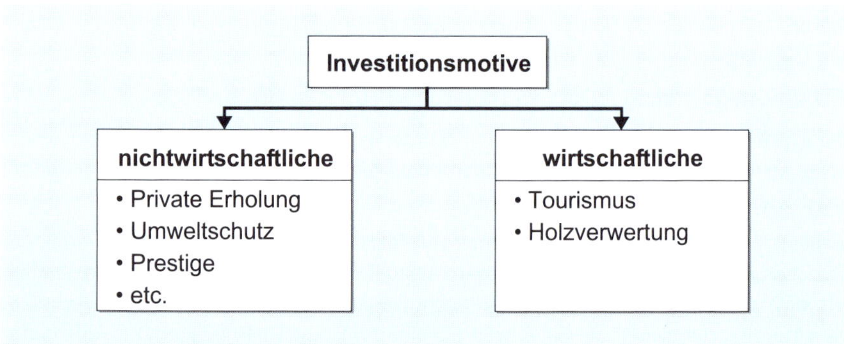

Abbildung 24: Mögliche Gründe für die Investition in einen Wald

Zu Beginn dieses Falles werden an dieser Stelle zuerst kurz die nichtwirtschaftlichen Ziele für die Investition betrachtet:

I. Nichtwirtschaftliche Ziele

Hier ergibt sich eine Reihe von Gründen, in einen Wald zu investieren; über die genauen Gründe können allerdings nur Mutmaßungen angestellt werden. Exemplarisch seien hier folgende genannt:

Private Erholung: Dies kann z. B. den Wunsch, in seiner Freizeit durch ein Stück Natur zu wandern und frische Luft zu atmen, beinhalten. Bei geeigneter Lage und „Bevölkerung" des Waldes kann die Freude an der Jagd ein weiterer Entscheidungsfaktor sein.

Umweltschutz: Überlegungen, die Natur für seine Kinder zu erhalten und/oder seinen mit den verfügbaren Mitteln möglichen Teil zum Umweltschutz beizutragen, können im Mittelpunkt stehen.

Prestige: Bei ausreichender finanzieller Absicherung und entsprechendem Ego ist es ebenfalls möglich, dass dieser Landkauf aufgrund von Prestigeüberlegungen getätigt wurde. Die Überlegung, (Groß-)Grundbesitzer mit eigenem Wald für Picknicks und/oder zur Jagd zu sein, ist hier ausschlaggebend.

II. Wirtschaftliche Ziele

In diesem Bereich gibt es einige Alternativen, die sich allerdings relativ schnell auf eine Hauptmotivation zurückführen lassen:

Tourismus: Es wäre möglich, zu versuchen, den Wald touristisch zu erschließen. Dies würde z. B. das Errichten von Gaststätten und Wanderhütten nach sich ziehen. Es müssten Wanderwege, Picknickwiesen, eventuell ein See angelegt werden. All diese Maßnahmen würden allerdings erhebliche weitere finanzielle Aufwendungen bedeuten, wobei deren wirtschaftlicher Erfolg aus einer Reihe von Gründen fraglich erscheint. Warum sollte gerade dieses Stück Wald als Erholungsgebiet für den Tourismus in Frage kommen? Um wirkliche Wanderwege bieten zu können, müsste das Land günstig liegen und viel größer sein. Somit wird an dieser Stelle darauf verzichtet, eine tiefergehende Betrachtung des touristischen Erschließungspotenzials durchzuführen.

Holzverwertung: Unter Holzverwertung wird hier das Roden eines Teils des Waldes verstanden. Auch hier gibt es verschiedene Mög-lichkeiten, das gewonnene Holz weiter zu veredeln, wobei davon ausgegangen wird, dass der Investor das Holz direkt ohne Veredelung an die Holz verarbeitende Industrie weiterverkauft. Diese Alternative scheint somit die mit dem geringsten weiteren Aufwand realisierbare Variante der wirtschaftlich in Frage kommenden Verwendungsmöglichkeiten für den Wald zu sein. Im Folgenden soll die wirtschaftliche Relevanz dieses Motivs stärker beleuchtet werden.

III. Diskussion der wirtschaftlichen Aspekte der Holzverwertung

Um die genaue Rendite, die der gekaufte Wald erwirtschaften kann, ausrechnen zu können, muss eine Reihe von Zusatzinformationen beim Interviewer erfragt werden.

Zur Ermittlung des Baumbestandes und der sich daraus ergebenden Holzmenge muss zunächst die Struktur des Waldes untersucht werden.

Aus der folgenden Abbildung kann die (idealtypische) für diesen Fall hinreichend genaue Anordnung der Bäume nachvollzogen werden.

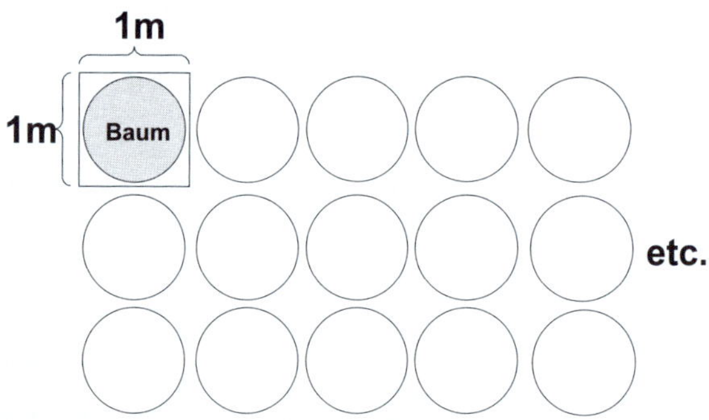

Abbildung 25: Baumanordnung in dem zu betrachtenden Waldgebiet

Um sich ausreichend gut entfalten, das heißt schnell und gesund wachsen zu können, benötigt jeder Baum durchschnittlich 1 m^2 an Boden. Zusätzlich zu dieser Information wird die Höhe eines durchschnittlichen Baumes benötigt. Es handelt sich bei diesem Wald, wie bereits an anderer Stelle erwähnt, um einen Mischwald mit vornehmlichem Pappelbestand. Die durchschnittliche Baumhöhe einer Pappel liegt bei 12 Metern, wobei für die Verarbeitung, z. B. durch Verschnitt und Qualitätsunterschiede, in der Regel nur 10 Meter je Baum verwertet werden können. Die Bäume haben einen Durchmesser von circa 0,2 m; es kann davon ausgegangen werden, dass die gesamte Fläche zur Weiterverarbeitung genutzt werden kann.

An den Kauf war allerdings eine regulatorische Bedingung geknüpft: Um die Natur in diesem Wald zu erhalten, ist es lediglich erlaubt, den Anteil an Bäumen abzuholzen, der innerhalb eines Jahres wieder aufgeforstet werden kann. Bei einem Wald der gegebenen Größe und Struktur beträgt dieser Anteil 5 % des gesamten Baumbestandes.

Nachdem nun die Struktur des Waldes betrachtet wurde, sind zwei der vier Elemente des Vier-C-Konzeptes für diese Betrachtung relevant. Dies ist der Bereich der Kunden (Customers) und der Kosten (Costs), die bei der Holzverwertung anfallen.

Zu Beginn soll kurz auf die Kunden im Bereich der Holzverarbeitung eingegangen werden. Kunden sind in der Regel mittelständische Firmen, die das gelieferte Holz in vielfältiger Art und Weise weiterverarbeiten. Die Möglichkeiten reichen von der klassischen Möbelschreinerei über die Erstellung von Geschenkartikeln bis hin zur Erzeugung von Spielzeug. Diese Firmen erwarten, dass das zu liefernde Holz in den jeweiligen Fabriken in ganzen Stämmen angeliefert wird. Die Transportlogistik ist vom liefernden Unternehmen zu koordinieren. Diese potenziellen Kunden zahlen für Bäume mit einem Durchmesser von 0,2 Metern im Durchschnitt 10 EUR pro Meter Baum.

Bei der Holzverwertung müssen vor allem die Rodungskosten berücksichtigt werden. Diese betragen für die zur Rodung notwendigen Maschinen und für die Arbeitskosten der Arbeiter 10 000 EUR für 250 Bäume. Für den Transport von 250 Bäumen müssen mit weiteren 5 000 EUR gerechnet werden. Weitere Kosten fallen nicht an.

IV. Kalkulation

Anzahl der Bäume im Waldgebiet	10 000 [m^2] / 1 [m^2/Baum] = 10 000 [Bäume]
Durch Kaufvertragsbedingung zur Rodung freigegebenen Bäume	10 000 [Bäume] × 5 [%] = 500 [Bäume]
Ermittlung der verwertbaren Meter Holz (Durchmesser 0,2 Meter)	500 [Bäume] × 10 [m Holz] = 5 000 [m Holz]
Bruttoerlös des Baumverkaufs	5 000 [m Holz] × 10 [EUR/m Holz] = 50 000 [EUR]
Ermittlung der Kosten für die Rodung	10 000 [EUR/250 Bäume] × 2 [250 Bäume] = 20 000 [EUR]
Ermittlung der Kosten für den Transport der Bäume	5 000 [EUR/250 Bäume] × 2 [250 Bäume] = 10 000 [EUR]
Gesamte anfallende Kosten	20 000 [EUR/Rodung] + 10 000 [EUR/Transp.] = 30 000 [EUR/Verk.]
Ermittlung der Nettoerlöse	50 000 [EUR] - 30 000 [EUR] = 20 000 [EUR]
Ermittlung der Nettorendite	20 000 [EUR] / 1 000 000 [EUR] = 2 %

V. Interpretation des Ergebnisses

Bei der Berechnung der Nettorendite, die die Bewirtschaftung des Waldes erwartungsweise abwerfen wird, ergibt sich ein Wert von 2 % (vor Abzug der Steuern). Dieser Wert muss mit den Investitionsalternativen, die sich dem Käufer bieten, verglichen werden. Hierbei wird schnell, auch ohne vertiefte Kenntnisse der Vielzahl von Möglichkeiten z. B. auf dem Kapitalmarkt deutlich, dass die Investition nicht ausschließlich – wenn überhaupt – wirtschaftlich motiviert gewesen sein kann, da ein Guthaben bereits auf einem einfachen Sparkonto in der Regel mit 2 bis 3 % pro Jahr verzinst wird. Bei der Anlage von 1 000 000 EUR als Festgeld oder bei anderen Anlagemethoden kann somit eine höhere Verzinsung des angelegten Kapitals ohne jegliches unternehmerisches Risiko erwirtschaftet werden. Das führt zu dem Schluss, dass es den Waldkäufer aus nichtwirtschaftlichen (privaten) Gründen, wie z. B. einem persönlichen Beitrag zum Umweltschutz, zu dieser Investition getrieben hat.

VI. Abschließende Bemerkung zur Fallstudienlösung

Bei diesem Fall wird klar, dass es bei der Lösung von Fallstudien nicht primär auf die vertiefte Kenntnis von Investitionsberechnungsformeln ankommt. Bereits mit einfachen Rechenoperationen kann ein durchaus brauchbares Ergebnis ermittelt werden. Das besondere Augenmerk des Interviewers liegt hier vielmehr auf der Fähigkeit des Interviewten, ein eher ungewöhnliches Problem zu strukturieren, sämtliche Dimensionen zu erfassen und dann in Zusammenarbeit mit dem Interviewer zu den Kernpunkten zu gelangen. Auf dem Weg zur Lösung wird allerdings auch durch relativ einfache Rechenvorgänge bewusst abgeprüft, wie strukturiert bei der Kalkulation vorgegangen wird und wie gut der Kandidat unter Stress Kopfrechnen kann.

4.8 Denksportaufgabe

Aufgabe

Drei Reisende werden von Indianern gefangen. Sie werden alle an denselben Pfahl gebunden und zwar derart, dass der Erste mit dem Rücken am Pfahl steht und der Nächste mit seinem Rücken gegen den Ersten gebunden wird und so weiter. So sieht der an den Pfahl gebundene die beiden vorderen, der vorderste sieht allerdings keinen. Die Gefangenen dürfen nicht miteinander kommunizieren. Es gibt nun zwei rote und drei weiße Bänder, von denen jeder Gefangene eines um die Stirn gebunden bekommt. Sobald einer der Gefangenen die Farbe seines Bandes weiß, muss er sie sagen und ist frei. Der vorderste (er kann keinen anderen sehen) nennt die Farbe seines Bandes und darf gehen. Welche Farbe hat sein Band?

Lösungsvorschlag

Der an den Pfahl gebundene Gefangene ist der Einzige, der die Farben der anderen Bänder sieht. Da er nichts sagt, weiß er nicht, welche Farbe er auf dem Kopf hat. Somit können die ersten beiden nicht die zwei roten Bänder auf dem Kopf haben. Deshalb müssen die beiden vorderen beide weiß, rot-weiß oder weiß-rot tragen. Der mittlere weiß also, dass nur diese Kombinationen in Frage kommen. Hätte der vorderste ein rotes Stirnband, wüsste der mittlere, dass er ein weißes Band haben muss. Da er aber nichts sagt, weiß er nicht, was er auf dem Kopf hat. Deshalb kann der vorderste nur ein weißes Band tragen.

4.9 Kosten-Nutzen-Betrachtungs-Aufgabe („Business Case"/Investitionsrechnung)

Aufgabe

Die Geschäftsführung der Capital Real Estate AG, welche sich auf die Vermietung von Privat- und Gewerbeimmobilien in Berlin und Brandenburg spezialisiert hat, überlegt, die Verwaltung der Mieter- und Objektakten in Papierform durch die Einführung einer „elektronischen Mieterakte" zu ersetzen. Bei der Verwaltung von mehreren tausend Mieterakten werden erhebliche Optimierungspotenziale mit der bisherigen Papierlösung - insbesondere bei der Effizienz der Sachbearbeiter in der Kundenbetreuung - z. B. beim Suchen nach den jeweiligen Akten, beim Nachschlagen nach den gerade relevanten Dokumenten in den Akten und beim Aktualisieren der Akten vermutet.

Sie sind als Berater von der Capital Real Estate AG zu einem ersten Gespräch eingeladen worden und werden nun gebeten, kurz ein erstes Vorgehenskonzept für die betriebswirtschaftliche Kosten-Nutzen-Betrachtung der Investition in die „elektronische Mieterakte" zu skizzieren. Ziel ist hierbei nicht, sofort einen komplett inhaltlich detaillierten Business Case zu präsentieren, sondern eine mögliche Struktur für die spätere Business-Case-Erstellung zu skizzieren und essenzielle Faktoren für die Gesamtbeurteilung einer derartigen Investitionsentscheidung anzusprechen.

Lösungsvorschlag

Wie bei vielen Aufgaben gibt es in diesem Fall auch mehrere Möglichkeiten und Herangehensweisen für die Lösung der Aufgabe. Prinzipiell handelt es sich um ein klassisches Problem der Investitionsrechnung, wobei nachfolgend der Fokus auf der management- und interviewgerechten Darstellung der Herangehensweise und der Ergebnisfindung statt auf den Details der Berechnung (statische vs. dynamische Investitionsrechnung, Kennziffern und Benchmarks zur Beurteilung zur Vorteilhaftigkeit der Investition etc.) liegt. Ziel bei der Lösung dieser Aufgabe ist es somit, der Geschäftsführung der Capital Real Estate AG und damit auch Ihrem Interviewpartner zu demonstrieren, dass Sie in der Lage sind, das Problem der Business-Case-Erstellung zu strukturieren und aufzuzeigen, wie Sie zu einer Gesamtbeurteilung der „elektronischen Mieterakte" gelangen wollen. Folgende Elemente und Diskussionspunkte sollten in der Erarbeitung der Gesamtbeurteilung in der einen oder anderen Form behandelt werden und sich ebenso in der Präsentation, z. B. nach der detaillierten Business-Case-Erstellung vor der Geschäftsführung, wieder finden. Gesondert vermerkt sind in dieser Darstellung zusätzlich mögliche Ansprechpartner (ASPA) für die Datensammlung.

Wie in der Abbildung 26 verdeutlicht, ist es zunächst sinnvoll, die für die Kosten-Nutzenbetrachtung relevanten Basisinformationen zusammenzutragen und festzuhalten. Es handelt sich hiermit also um die Auftragsklärung und stellt die Grundlage für die weiteren Analysen dar. Hierbei bietet es sich an, mit der Geschäftsführung der Capital Real Estate AG die

Abbildung 26: Kernelemente zur Erstellung und Diskussion von betriebswirtschaftlichen Kosten-Nutzenbetrachtungen (Business Cases)

Ausgangssituation (mehrere tausend zu verwaltende Akten in Papierform, ein zentraler Verwaltungsstandort, Wunsch zur Umstellung auf eine „elektronische Mieterakte" ...), die Zielvorstellung (betriebswirtschaftliche Kosten-Nutzenbetrachtung der Einführung eines IT-Systems, um die Aktenführung zu elektronifizieren) und die dabei gültigen Rahmenbedingungen (z. B. gegebene Kostenbudgets, Zeitrahmen, Gewährleistung des Datenzugriffs während der Umstellung) zu erörtern und festzuhalten.

Nachfolgend erfolgt die eigentliche Kosten-Nutzenbetrachtung. Hierbei bietet es sich an, den eigentlichen Business Case als quantifiziertes Rechenmodell, z. B. in Form eines Excel-Modells, von der Sammlung weiterer qualitativer Argumente für und wider die Einführung der Mieterakte zu trennen.

Bei der Erstellung des eigentlichen Business Cases in Form eines Rechensmodells gilt es vorab festzuhalten, dass der Vorteil der Berechnung z. B. eines Kapitalwertes oder der Amortisationsdauer einer Investition darin besteht, vermeintlich „schwarz auf weiß" Aussagen über die Vorteilhaftigkeit einer Investition zu erhalten. Dies ist jedoch nur partiell der Fall. Bei der Interpretation der Ergebnisse der angestellten Kalkulationen gilt es zu beachten, dass die als Basis-Annahmen in das Modell einfließenden Größen oft von entscheidender Bedeutung sein können (hier z. B. Anzahl der zu verwaltenden Akten, Anzahl der Sachbearbeiter und Bildschirmarbeitsplätze, Anzahl der Kundenkontakte und Zugriffe auf die Akten). Oftmals bleibt es nicht aus, dass man nur einen Teil der Annahmen genau ermitteln kann (z. B. durch eine Laufzettelanalyse bei einer Stichprobe der am häufigsten genutzten Mieterakten) und einen Teil von Experten näherungsweise bestimmen und plausibilisieren lassen muss. Dieses Vorgehen ist akzeptabel, solange man sich bewusst ist, dass man dabei eine Quasi-Quantifizierung vornimmt. Die Ergebnisse eines derartigen Business Cases dienen ohnehin primär als Hilfsmittel dazu, die Entscheidungsfindung transparenter zu machen und für die betriebswirtschaftlich bedeutendsten Hauptrisikofaktoren bei der Projektumsetzung zu sensibilisieren.

Hierfür bietet sich als mögliche Form der Strukturierung der zu diskutierenden Faktoren z. B. die Einteilung der Betrachtung in Faktoren auf der Ertrags- oder der Nutzenseite und auf der Kostenseite an. Die Kostenseite lässt sich hierbei wiederum in einmalige und laufende Kosten der Einführung der elektronischen Mieterakte unterteilen.

Allgemein gibt es unterschiedliche Kalkulationsphilosophien. Einerseits können z. B. die Kosten- und Nutzenpotenziale jeder Alternative einzeln und getrennt betrachtet werden. Eine weitere Betrachtungsmöglichkeit ist die Delta-Betrachtung, in der lediglich die Kosten- und Nutzenwerte, die vom Status quo abweichen, für die Berechnung angesetzt werden. Ein IT-Server, der z. B. bereits vorhanden ist und auch für die Einführung der elektronischen Mieterakte eingesetzt werden kann, verursacht demnach keine extra zu berücksichtigenden Kosten. Muss jedoch für die Einführung des Dokumentenverwaltungssystems, mit dem die elektronische Mieterakte realisiert werden soll, extra Hard- und Software gekauft werden, so sind diese Kosten voll anzusetzen. Im Vergleich zum Status quo bleibt ggf. lediglich die Möglichkeit, bestehende und nicht mehr benötigte Hardware zu verkaufen und dadurch in der Rubrik „Nutzen“ einen Erlös verbuchen zu können.

Konkret auf den Fall der Capital Real Estate AG bezogen ist ad hoc denkbar, drei unterschiedliche Alternativen mit der Geschäftsführung zu diskutieren. Einerseits sind Kosten-

Jahr	1	2	3	...	9	10	Gesamt	Gesamt diskontiert
Nutzenseite								
FTE-Einsparung (Stab / Linie / IT)							in Tsd. €	in Tsd. €
Vermiedener FTE-Anbau (Stab / Linie / IT)							in Tsd. €	in Tsd. €
Einsparung Sachkosten							in Tsd. €	in Tsd. €
Vermiedene Sachkosten							in Tsd. €	in Tsd. €
Sonstiger finanzieller Nutzen							in Tsd. €	in Tsd. €
Gesamtnutzen (jährl.)							in Tsd. €	in Tsd. €
Barwert Nutzen (jährl.)							in Tsd. €	in Tsd. €
Kostenseite								
Einmalige Kosten (Projekt)								
Projektaufwand (Stab / Linie / IT)								
Sachkosten								
Sonstige Kosten								
Projektkosten (jährl.)							in Tsd. €	in Tsd. €
Barwert Projektkosten (jährl.)							in Tsd. €	in Tsd. €
Laufende Kosten (Pflege/Wartung)								
Laufender Aufwand (Stab / Linie / IT)								
Laufende Sachkosten								
Laufende sonstige Kosten								
Gesamte laufende Kosten (jährl.)							in Tsd. €	in Tsd. €
Barwert laufende Kosten (jährl.)							in Tsd. €	in Tsd. €
Gesamtkosten (jährl.)							in Tsd. €	in Tsd. €

Abbildung 27: Möglicher Aufbau eines Kosten-Nutzen-Rechenmodells

und Nutzen der bisherigen Lösung zu betrachten. Die zweite zu bewertende Alternative könnte z. B. die Teil-Digitalisierung der Mietdokumente beinhalten, indem lediglich die Dokumente ab einem festzulegenden Stichtag direkt durch die zu implementierende Dokumentenmanagement-Software und ggf. Scan-Lösungen für die eingehenden Dokumente in die elektronische Mieterakte einfließen. Der Aufwand für das gesonderte Einscannen sämtlicher alter Dokumente in den Mieterakten bleibt dadurch zwar erspart, jedoch lässt sich durch eine derart inkonsistente Datenhaltung auch lediglich ein Teil des Nutzens (durchgehender Zugriff auf Daten, Platzeinsparung für Papierarchiv etc.) realisieren. Die dritte und letzte Option der Digitalisierung stellt die komplette Umstellung sämtlicher Akten zu einem Stichtag dar. Dadurch sind im Rechenmodell gesonderte Aufwendungen für das Einscannen alter Akten notwendig, allerdings lässt sich der Nutzen einer derartigen elektronischen Lösung auch im vollen Umfang realisieren.

Zusammenfassend können daher z. B. die folgenden Faktoren auf der Nutzenseite im Mittelpunkt der Diskussion stehen:

- Einsparung von Arbeitskapazität (FTE = Full Time Equivalent) durch vermiedene Arbeiten und Rüstzeiten (Aktensuche, Suche nach Dokumenten in Akten, Aktenablage ...) im Vergleich zur elektronischen Lösung. Einsparungen durch vermiedene Arbeiten sind vermutlich primär bei den Sachbearbeitern (= Linie) zu realisieren.
- Da es unwahrscheinlich ist, dass der den Kunden betreuende Sachbearbeiter direkt bei Kundenanfragen via Telefon die passende Mieterakte vor sich hat, ist in der Regel ein Rückruf des Kunden zu einem späteren Zeitpunkt notwendig. Durch einen elektronischen Zugriff auf die Kundendaten könnte dieser telefonkostenpflichtige Anruf ggf. entfallen. In welcher Größenordnung dieser Faktor zu potenziellen Kosteneinsparungen beiträgt, hängt von der üblichen Arbeitsweise der Sachbearbeiter und dem Bearbeitungsmedium (schriftlich/telefonisch) bei Kundenanfragen ab.
- Ein weiterer Kosteneinsparfaktor und damit eine als Nutzen anzusetzende Position sind die Mietkosten für das Archiv oder die Räume, in denen die mehreren tausend Akten gelagert werden.
- Nutzen in Form z. B. der Erhöhung der Anzahl der gemieteten Objekte bei gewerblichen Kunden aufgrund der effizienteren Betreuung des Kunden sind als unrealistisch und nicht quantifizierbar einzustufen, weshalb sie nicht in das Rechenmodell einfließen sollten. Die gesteigerte Betreuungsqualität durch den Einsatz der elektronischen Mieterakte ist jedoch sicherlich als zu beachtender Faktor bei der Analyse weiterer qualitativer Nutzenfaktoren zu erwähnen.

Bei allen diesen Faktoren, was ebenso für die Kostenfaktoren gilt, ist weiterhin zu beachten, ob der Nutzen jedes Jahr innerhalb der Betrachtungsdauer des Rechenmodells anfällt oder nur für einen gewissen Zeitraum – z. B. für zwei Jahre – kalkuliert werden darf. Insgesamt ist darüber hinaus genau abzuwägen, auf welchen Gesamtzeitraum sich die Investitionsrechnung bezieht. In der Regel werden Kalkulationszeiträume von drei bis zu zehn Jahren angesetzt.

Nach diesen exemplarischen Ausführungen zu Nutzenfaktoren sollen nun nachfolgend einige Kostenfaktoren exemplarisch angesprochen werden. Hierbei ist eine Unterteilung in Kostenfaktoren für das Projekt und für die nachfolgende laufende Pflege und Wartung der „Einführung einer elektronischen Mieterakte" durch die Entwicklung/Implementierung eines Dokumentenmanagement-Systems und die Reorganisation der betroffenen Arbeitsprozesse" zu unterscheiden. Zunächst werden Kostenpositionen für das Projekt betrachtet:

- Kosten für den Einkauf (Personal- und Sachaufwand für die Anbieterselektion, die Vertragsverhandlungen etc.) und die Implementierung der Software (Personalaufwand für die Installation der Software, die Adaption an die spezifischen Capital-Real-Estate-Bedürfnisse, das Testing und die Integration in die bestehende IT-Landschaft etc.) bzw. für die Entwicklung der Software (Personalaufwand bzw. Sachkosten für externe Erstellung eines Pflichtenheft, die Programmierung, das Testing etc. der Software)
- Kauf bzw. Ergänzung und Installation von zusätzlich notwendiger weiterer IT-Hardware (Server, PC-Aufrüstung, Bestellung neuer, größerer Bildschirme für die Arbeit mit eingescannten Dokumenten etc.)
- Einrichtung und ggf. Ergänzung der Büroinfrastruktur, die für den Einsatz des neuen Informationssystems notwendig ist (Datenleitungen, ggf. Einrichtung von Call-Center-Arbeitsplätzen etc.)
- Kosten für die Schulung der Anwender mit neuer Hardware (z. B. in der Scan-Stelle für eingehende Dokumente) und neuer Software (für die Sachbearbeiter die mit dem Dokumentenmanagement-System arbeiten müssen)
- Ggf. sind weitere Kosten für das Prozessoptimierungsprojekt einzuplanen
- ...

Der zweite, bereits kurz angesprochene Bereich der Kostenfaktoren beinhaltet die laufende Wartung/Pflege, nachdem das Projekt abgeschlossen ist und die „elektronische Mieterakte" in den laufenden Betrieb übergegangen ist:

- Personalaufwand für Software-Updates
- Kosten für das Software-Lizenzmanagement
- Aufwand (Personal- und Sachkosten) für die Pflege, die Reparatur und den Austausch von Hardware-Komponenten
- ...

Abschließend für diese rechnerischen Modellbetrachtungen gilt es, die Interpretation der Business-Case-Ergebnisse dezidiert vorzunehmen. Hierbei werden die quantifizierten Kosten- und Nutzenpositionen über den Zeitablauf betrachtet, um daraus durch das Ab- oder Aufzinsen der Jahresnetto-Beträge zu einem zu setzenden Betrachtungszeitraum einen Kapitalwert abzuleiten. Im Fall der Capital Real Estate AG ist es dabei z. B. denkbar, dass alle drei Optionen bei einer dynamischen Investitionsrechnung positive Kapitalwerte ergeben.

Dadurch ist bei einem vertretbaren Zinssatz lediglich gewährleistet, dass die Investition kein Geld „vernichtet". Erst der Vergleich der Kapitalwerte der Investitionsalternativen untereinander, die Bewertung alternativer Verwendungszwecke für das einzusetzende Kapital und die jeweilige Amortisationsdauer der Investitionen können ein besseres Gefühl für die vorteilhafteste Entscheidung liefern.

An dieser Stelle kann es durchaus sinnvoll sein, eine Sammlung weiterer relevanter, jedoch schwer bis nicht quantifzierbarer Faktoren der Kosten-Nutzenbetrachtung aufzuführen, da sie ebenso in die Investitionsentscheidung fließen müssen, um eine möglichst informierte Entscheidung treffen zu können. Die These, dass z. B. durch die Einführung der elektronischen Mieterakte auch die Cross-Selling-Rate bei bestehenden Mietern durch eine derart erhöhte Kundenzufriedenheit aufgrund der effizienteren Mieterbetreuung durch die Sachbearbeiter der Capital Real Estate AG erhöht wird, ist hierbei ein Negativbeispiel. Die Information, dass man sich als erster Anbieter gewerblicher Immobilien in Berlin durch ein effizientes IT-System und korrespondierende Prozesse nicht nur über den Mietpreis, sondern zusätzlich auch über die Serviceeffizienz am Markt positionieren kann, kann durchaus entscheidungsrelevant sein.

Abschließend bietet es sich an, die möglichen Entscheidungsalternativen (Fortführen der Papierakte, partielle elektronische Mieterakte, komplette elektronische Mieterakte) für die Geschäftsführung der Capital Real Estate AG zusammenzufassen und ggf. auf der Basis der ermittelten quantitativen und qualitativen Ergebnisse der Analyse eine Empfehlung hinsichtlich der attraktivsten Alternative abzugeben.

Um die vorliegende Aufgabe zu variieren und mit weiteren Details anzureichern, könnte alternativ z. B. auch davon ausgegangen werden, dass die Mieterakten nicht zentral, sondern dezentral in mehreren Regionalzentren von Sachbearbeitern „vor Ort" betreut werden. Dies hätte Implikationen auf das mögliche Nutzeninkasso durch die Atomisierung des Nutzens, wenn sich z. B. rechnerisch ermittelte Einsparpotenziale von 0,1 Arbeitskräften auf 3 vorhandene Standorte verteilen. Die Wahrscheinlichkeit, diesen errechneten Nutzen auch tatsächlichen realisieren zu können, ist in der Realität äußerst gering. Eine weitere Spielart, um die Kosten-Nutzenbetrachtungen zu erweitern, ergibt sich z. B. auch durch die Integration verschiedener Zentralisierungsszenarien in den Business Case. Diese Überlegungen könnten z. B. von der Zusammenlegung einzelner Regionalzentren bis hin zur kompletten Zentralisierung aller Mieterakten an einem Standort - wie in der ursprünglichen Aufgabenstellung - reichen. Ergänzende Kosten- und Nutzenkomponenten für die Standortreduktion, wie z. B. die Kosten für Umzüge oder die potenziellen Kosteneinsparungen durch eine effizientere Kundenbetreuung in einem Call-Center im Vergleich zu der Lösung mit mehreren Standorten, müssten in die Betrachtung integriert werden.

4.10 Businessplan-Aufgabe

Die Anfertigung eines Businessplans muss sehr individuell auf das jeweils zu gründende Unternehmen und die entsprechende Branche zugeschnitten werden. Der Businessplan soll Förderern, Kapitalgebern, Institutionen und möglicherweise auch ersten Kunden schnell Auskunft über das Unternehmen, die Idee und die Zukunftsaussichten geben. Deshalb ist es von elementarer Bedeutung, bei der Anfertigung der einzelnen Abschnitte die richtigen Fragen zu stellen.

Daher lautet die Aufgabe hier nur: Was muss ich bei den einzelnen Schritten der Erstellung eines Businessplans beachten?

Beispielfragen, die beantwortet werden sollten:[31]

1. Zusammenfassung

- Wie lautet die Geschäftsidee - in einem Satz?
- Was ist das Produkt?
- Was sind die entscheidenden Erfolgsfaktoren?
- Was sind die Ziele, und wie sollen diese erreicht werden?

2. Unternehmen

- Wie ist das Unternehmen strukturiert?
- Wer übernimmt welche Aufgaben, und wie ist derjenige qualifiziert?
- Wer sind die Gesellschafter oder Geschäftspartner?
- Welche Rechtsform soll das Unternehmen in Zukunft haben und warum diese?

3. Produkt/Dienstleistung

- Wie kann man das Produkt kurz beschreiben?
- Welchen besonderen Zusatznutzen bietet das Produkt dem Kunden?
- Wie sehen die Konkurrenzprodukte aus?
- Was hebt das eigene Produkt von denen der Konkurrenz ab?
- Ist der Unterschied dem Kunden sofort ersichtlich?
- Kann man selbst zuverlässig produzieren, liefern und warten?
- Welche ist die Zielgruppe für das Produkt?
- Was erwarten die Kunden von einem solchen Produkt?
- Bietet das Produkt dem Kunden alleine oder nur in Verbindung mit Komplementärprodukten den besonderen Nutzen?
- Müssen Allianzen eingegangen werden, damit der Zusatznutzen für den Kunden deutlicher wird?
- Was ist „State-of-the-Art“ für dieses Produkt?
- Mit welcher Entwicklungszeit wird gerechnet?
- In welchen Zeitabständen wird es neue Versionen geben?
- Welche Varianten des Produktes existieren?

- Besitzt der Gründer Patente oder Lizenzen zum Schutz des Produktes?
- Wie wird gefertigt?
- Haben die Fertigungsanlagen freie Kapazitäten?
- Ist eine Kapazitätserweiterung ohne weiteres möglich?
- Woher werden Rohstoffe bezogen?
- Wie sieht die Eingangs- und Ausgangslagerung technisch und mengenmäßig aus?

4. Branche

- Wie stark ist die Branche in den letzten Jahren gewachsen?
- Wie groß ist die Branche, und wie verläuft der Trend?
- Wie dynamisch ist die Branche?
- Welche externen Einflussgrößen gibt es?
- Bestehen Eintritts- oder Austrittsbarrieren?
- Wie entwickeln sich die Kosten für Rohmaterialien und für Fertigprodukte?
- Wer sind die direkten und indirekten Konkurrenten?
- Wie sehen deren Pläne aus?
- Welche Vertriebskanäle werden benutzt?
- Inwieweit beeinflussen Innovationen das Käuferverhalten?
- Kann die Besonderheit des eigenen Produktes imitiert werden?
- Bringt der Standort entscheidende Vorteile?
- Wie kann der Markt segmentiert werden?
- Auf welche Kundengruppe(n) will man sich konzentrieren?
- Wie groß ist das Absatzvolumen im anvisierten Markt?
- Welche Zusatzleistungen (z. B. Service) sind für die Kunden wichtig?
- Nehmen die Zielkunden große Mengen ab oder ist eher ein Einzelverkauf zu erwarten?
- Was ist der angestrebte Marktanteil?
- Wann und wie kann dieser Marktanteil erreicht werden?

5. Marketing/Vertrieb

- Wie sieht die Markteintrittsstrategie aus?
- Welche Barrieren existieren und wie werden diese überwunden?
- Was passiert nach dem Eintritt?
- Welche Gewinnspanne strebe ich an?
- Was sind die üblichen Spannen im Handel?
- Zu welchem Preis soll mein Produkt an den Kunden kommen?
- Welches Kundensegment wird über welchen Kanal erreicht?
- Werden Konkurrenzprodukte über die gleichen Kanäle geliefert?
- Wie kann ich das Vertrauen beziehungsweise die Solidarität der Kanäle erreichen?
- Welche Mittel der Absatzförderung werden eingesetzt?
- Vermittelt die Werbung das gewünschte Image und den Zusatznutzen?
- Wie verändert sich die Struktur der Absatzförderung nach der Markteinführung?

6. Unternehmensleitung

- Wer sind die Partner oder Gesellschafter?
- Wer wird welche Funktionen ausführen?
- Welche Qualifikationen kann die Geschäftsführung aufweisen, die sie für diese Aufgaben prädestiniert?
- Wie sieht die zukünftige Personalplanung aus?

7. Dreijahresplanung

- Welche Investitionen werden in naher Zukunft getätigt?
- Wie wird sich die Liquiditätssituation des Unternehmens in Zukunft gestalten?
- Wie werden sich die Umsätze entwickeln?
- Mit welcher Wachstumsrate ist zu rechnen?
- Ab wann wird man kostendeckend arbeiten?
- Ab wann werden anfangs aufgenommene Kredite zurückgezahlt?
- Steht ausreichend qualifiziertes Personal zur Verfügung?
- Welche grundsätzlichen Risiken bestehen für das Unternehmen?
- Wie reagiert man auf die unterschiedlichen Risiken?
- Wo können sich Chancen auftun, und wie können diese zum eigenen Vorteil genutzt werden?
- Welche zusätzlichen Maßnahmen sind dafür nötig?
- Wie wird sich das Unternehmen entwickeln, falls alle Einflussfaktoren negativ ausfallen (Worst Case Scenario)?
- Wie wird sich das Unternehmen entwickeln, falls alle Einflussfaktoren positiv ausfallen (Best Case Scenario)?

8. Kapitalbedarf

- Wie hoch ist der Kapitalbedarf, um die erste Geschäftstätigkeit aufnehmen zu können?
- Wie kann dieser Bedarf gedeckt werden?
- Was steht als Eigenkapital zur Verfügung?
- Welche Möglichkeiten zur Fremdfinanzierung bestehen?
- Welche Quellen der Fremdfinanzierung sind zu bevorzugen?

4.11 Projektstruktur-Aufgabe

Aufgabe

Eine Werbeagentur mit 15 festangestellten und zehn freien Mitarbeitern ist in den letzten drei Jahren extrem schnell gewachsen. Darunter hat die interne Effizienz bei der Auftragsbearbeitung gelitten, so dass die bearbeiteten Projekte nicht reibungsfrei ablaufen und ein geringeres Arbeitspensum als möglich erledigt wird.

Der einzige Geschäftsführer ist fast ausschließlich für die Auftragsakquisition zuständig, wobei er etwa zwei Drittel seiner wöchentlichen Arbeitszeit außer Haus verbringt und sich nur zu einem Drittel dem operativen Geschäft seiner Agentur widmen kann.

Sowohl der Geschäftsführer als auch die Mitarbeiter des Unternehmens sind nun daran interessiert, die Prozesse und Strukturen des Unternehmens kritisch zu betrachten und zu optimieren.

Der Bewerber befindet sich als Vertreter einer renommierten Beratungsgesellschaft in einem Kundengespräch mit dem Geschäftsführer der Werbeagentur und wird von diesem gebeten, einen Vorschlag zur Organisation und Struktur (Projektphasen, Mitarbeiter, Dauer) eines möglichen Projektes zur Restrukturierung des Unternehmens zu unterbreiten.

Lösungsansatz

Zur Strukturierung und Analyse der notwendigen zu untersuchenden Projektphasen-Aktivitäten, eignet sich für diese Fallstudie besonders das bei den Analyse-Werkzeugen besprochene QHAR-Konzept.

I. Q(uestion): Fragen definieren

Um Seriosität auszustrahlen und eine fundierte und reflektierte Projektplanung durchführen zu können, müssen weitere Fragen zu den essenziellen Eckdaten des zu planenden Projektes gestellt werden. Hier soll eine exemplarische (nicht auf Vollständigkeit bedachte) Liste angegeben werden:

- Wie ist die Werbeagentur bisher intern organisiert?
- Wie und von wem werden Aufträge angenommen und bearbeitet?
- Wie sind andere Werbeagenturen strukturiert?
- Welche grundsätzlichen Möglichkeiten gibt es für die Organisation von Werbeagenturen?
- Welche Restriktionen sind bei der Projektbearbeitung zu beachten (exemplarisch: Ressourcenknappheit an Mitarbeitern und Zeitrestriktionen)?

II. H(ypothesis): Hypothese formulieren

Um die Planung des Projektes auf validen Annahmen durchführen zu können, müssen Hypothesen, die die Fragestellung aus dem Q(uestion)-Teil beantworten helfen, formuliert werden.

Zum Kennenlernen des Kerngeschäftes, den Eigenheiten der Branche sowie der Aufnahme der wichtigsten Prozesse müssen zwei Wochen mit zwei Beratern veranschlagt werden.

Die Auswertungsphase beginnt parallel zur ersten Analysephase, wird durch weitere zu führende Interviews ergänzt und ab der dritten Projektwoche für insgesamt eine Woche intensiviert. Als Ergebnis werden die zusammenfassenden Ergebnisse der Analysephase ermittelt und konkrete Optimierungsvorschläge gemacht.

Die ständige Zusammenarbeit zwischen dem Beratungsteam und Mitarbeitern der Werbeagentur wird durch die Einbindung eines designierten Mitarbeiters in das Projektteam gefördert. Darüber hinaus wird ein wöchentlicher Jour fixe eingeführt, an welchem dem Geschäftsführer vom Projektfortschritt berichtet und ein konstanter Abgleich der Projekterwartungen betrieben wird.

Die Thesen müssen in Rückkopplung zu den „Questions“ mit dem Interviewer diskutiert werden, um zu einer realistischen Einschätzung der Projektsituation zu gelangen. Mögliche These wäre, dass die Kunden primär im Mittelstand zu finden sind.

III. A(nalysis): Analyse-Aktivitäten identifizieren

Nun müssen, aufbauend auf den für dieses Projekt zu beantwortenden Fragen und den Hypothesen über die Projektsituation, die zur Projektbearbeitung notwendigen Analysen und die damit verbundenen Tätigkeiten erkannt werden. Als mögliche Analysen sind hier exemplarisch zu nennen:

- Tagesgeschäftsanalyse durch Beobachtung des Tagesgeschäfts der Mitarbeiter sowie durch Interviews
- Analyse der wirtschaftlichen Kennzahlen (z. B. Auslastungsgrad und Fehlzeiten der Mitarbeiter und Projektarbeitszeit im Vergleich zur administrativen Arbeitszeit)
- Analyse der betrieblichen Rahmenbedingungen (z. B. Erfassung der Computersysteme und der Kommunikationsanlagen und Abgleich der zur effizienten Auftragsbearbeitung benötigten Rahmenbedingungen mit den aktuellen Ist-Bedingungen)
- Auswertung der Analysen und Vorbereitung der Zwischenpräsentation
- Analyse der Implementierungschancen und -probleme anhand von Ausarbeitungen zur Umsetzung der Restrukturierungsstrategie

IV. R(essources): Ressourcen identifizieren

In diesem letzten Punkt des QHAR-Konzeptes müssen nun die zur Projektdurchführung und damit für die identifizierten Analysen notwendigen Ressourcen festgelegt werden.

Zur Tagesgeschäftsanalyse durch Beobachtung benötigt ein Betrachter zwei Wochen. Parallel hierzu läuft die Tagesgeschäftsanalyse durch Interviews, die ebenfalls etwa zwei Wochen in Anspruch nimmt (mit Unterbrechungen) und vom gleichen Berater durchgeführt wird.

Die Dauer der Analyse wirtschaftlicher Kennzahlen ist vom Umfang der zu untersuchenden Themengebiete abhängig. Hier wird davon ausgegangen, dass die Analyse inklusive der Datenbeschaffung und -aufbereitung innerhalb einer Woche durch einen Berater aufgearbeitet werden kann.

Zur Analyse der Betriebsinfrastruktur und vor allem zum Abgleich der Ist-Struktur mit Benchmarks aus der Werbebranche wird inklusive der Datenbeschaffung aus -auswertung ein notwendiger Arbeitsaufwand von zwei Wochen für einen Berater und einen Mitarbeiter des Unternehmens veranschlagt.

Da die einzelnen Analysen zielorientiert bearbeitet werden, wird bereits während der Analysephase auf die Endpräsentation hingearbeitet.

Die Analyse der Implementierungschancen und -möglichkeiten sowie der Entwurf eines Implementierungskonzeptes müssen mit einer weiteren Beraterwoche veranschlagt werden.

Somit ergibt sich zusammenfassend folgendes Bild hinsichtlich der Projektstruktur:

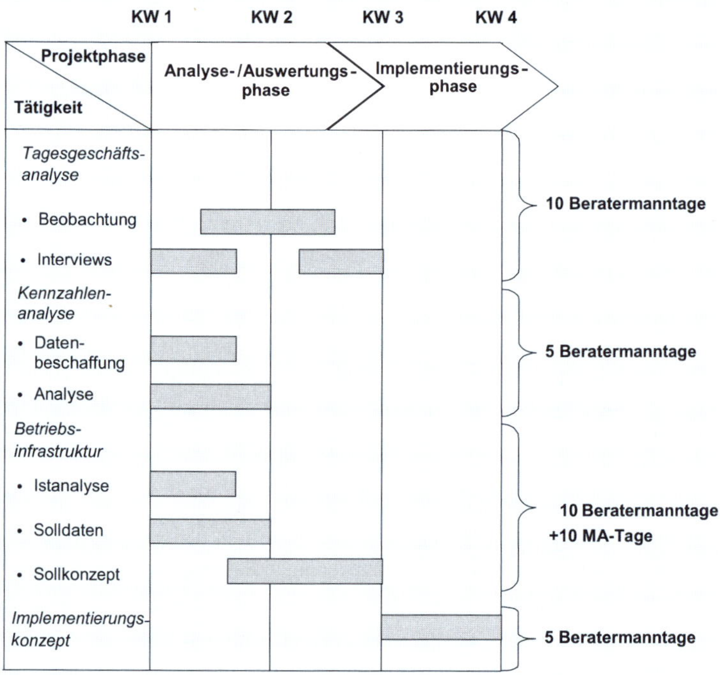

Abbildung 28: Möglicher Projektplan nach dem QHAR-Konzept

5 WEITERFÜHRENDE AUFGABEN

5.1 Glasmarkt in Polen

Aufgabe

Ein Glasverpackungsfabrikant ruft an und will möglichst schnell wissen, wie groß der Markt in Kilo für Glasverpackungen in Polen ist.

Lösungsvorschlag

Während der Erarbeitung der Lösung wird das Produktspektrum immer weiter eingegrenzt. Die Vorgehensweise gilt aber in gleicher Weise für die anderen Bereiche; die vollständige Bearbeitung würde allerdings den Rahmen eines Interviews sprengen.

Zuerst muss man sich vor Augen führen, was der Begriff Glasverpackung bedeutet und was er beinhaltet. Am besten läuft man in Gedanken durch den Stammsupermarkt und achtet auf Produkte, die in Glas verpackt sind. Um ein Marktvolumen oder -potenzial abschätzen zu können, muss man sich aller Segmente bewusst sein. In welchen Produktkategorien kommen Glasverpackungen vor (z. B. Arzneimittel, Getränke), und wie kann jede dieser Kategorien wiederum unterteilt werden, um am Ende eine konkrete Zahl für den Glasbedarf dieser Produktgruppe abschätzen zu können?

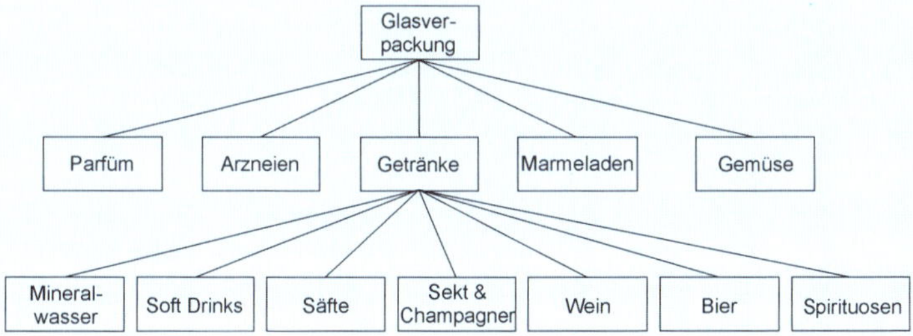

Abbildung 29: Produktkategorien von Glasverpackung

Abbildung 29 zeigt die verschiedenen Produktkategorien, wobei der Bereich Getränke weiter unterteilt werden muss. Hier beschränken wir uns nun auf die Betrachtung von Bier. (Der Weg kann jedoch für jede andere Produktgruppe in gleicher Weise beschritten werden.)

Natürlich müssen alle im Folgenden verwendeten Werte geschätzt werden. Solange die Schätzungen in einem gewissen erklärbaren, real möglichen Rahmen bleiben, dürfen sie ruhig etwas ungenau sein - es kommt hauptsächlich auf die Logik des Weges an.

Der Bierkonsum in Polen pro Kopf und pro Tag wird auf circa 0,5 Liter (l) geschätzt. Viele Leute trinken sicherlich mehr, aber andere auch weniger oder gar kein Bier, sodass dies ein realistischer mittlerer Wert ist. Bei circa 40 Millionen Polen und grob 350 Tagen pro Jahr (leichter zu rechnen als 365) ergibt das einen Gesamtbierkonsum von 0,5 l × 40 Millionen Einwohner × 50 Tage = 7 Milliarden l.

Nicht all dieses Bier wird zu Hause und in Flaschen getrunken; schätzungsweise 60 % werden zu Hause getrunken, 40 % dagegen in Kneipen. Das meiste des zu Hause verzehrten Biers wird aus Flaschen getrunken, von denen circa 80 % als Pfandflaschen zurückgebracht werden. Die restlichen 20 % gehen kaputt oder sind Einwegflaschen. In Kneipen wird circa 70 % des Biers aus Fässern gezapft, sodass nur 30 % in Flaschen serviert wird, von denen circa 10 % beschädigt werden, sodass 90 % dieser Flaschen als Pfandflaschen zurückgehen.

Es müssen nur Flaschen produziert werden, welche die nicht mehr verwendbaren Flaschen ersetzen. Somit erkennt man, dass jährlich nur Flaschen für einen Konsum von 0,924 Milliarden Liter (0,84 Milliarden zu Hause und 0,084 Milliarden in Kneipen) produziert werden müssen. Man könnte nun noch die durchschnittliche Haltbarkeit einer Pfandflasche in die Überlegungen einbeziehen; darauf wird in diesem Fall verzichtet.

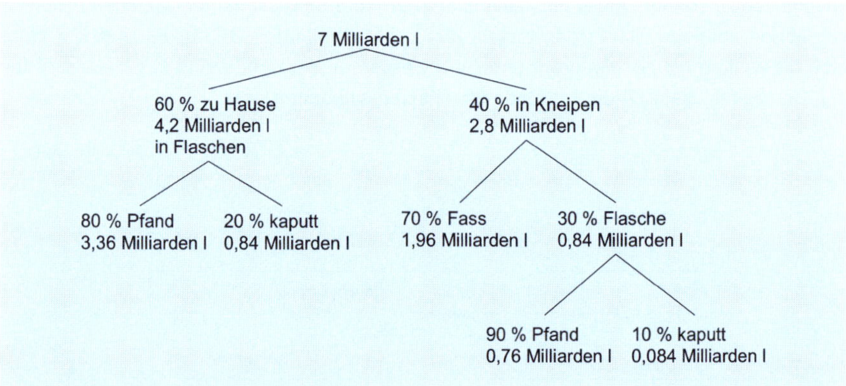

Abbildung 30: Bierkonsum in Polen

Die meisten Flaschen sind 0,5-l-Flaschen, so dass für die 0,92 Milliarden l getrunkenen Biers 1,84 Milliarden Flaschen produziert werden müssen. Eine 0,5-l-Flasche wiegt leer schätzungsweise 200 g, sodass dies einen Glasbedarf von 368 Millionen Kilo Glas (1,84 Milliarden Flaschen × 0,2 kg) ergibt.

5.2 Umsatzschätzung

Aufgabe

„Poopers" ist eine der führenden fiktiven Windelmarken in Deutschland. Poopers überzeugt die Babys (bzw. die Mütter) durch große Saugfähigkeit, ohne beim Spielen zu stören. Diese Marke hat einen fiktiven Marktanteil von 30 % auf dem hartumkämpften Windelmarkt in Deutschland. Welchen Umsatz erzielt der Hersteller der Marke Poopers?

Lösungsvorschlag

Bei diesem Fall handelt es sich um ein relativ geradliniges Abschätzungsproblem. Um es lösen zu können, muss man einige Zahlen schätzen oder bei einem hilfsbereiten Interviewer erfragen.

Wie viele Babys werden pro Jahr in Deutschland geboren?

- Deutschland hat 80 Millionen Einwohner. Ganz grob sind die Geschlechter 50:50 verteilt, sodass es 40 Millionen Paare geben kann. Davon sind circa 20 %, also 8 Millionen Paare, in einem Alter, in dem die Kinder geboren werden (18 bis 38 Jahre). Durchschnittlich bekommt jedes Paar zwei Kinder (der realistische Wert ist etwas geringer; der hier angenommene Wert dient der rechentechnischen Vereinfachung). Diese zwei Kinder werden jedoch irgendwann innerhalb der zwanzigjährigen Periode (Alter 18 bis 38 Jahre) geboren. Daraus ergibt sich die folgende Rechnung:
  Anzahl Geburten pro Jahr = Einwohnerzahl × Geschlechtsfaktor × Altersfaktor × Anzahl Kinder / Kinderperiode = 80 000 000 × 0,5 × 0,2 × 2 / 20 = 800 000

Wie lange, also bis zu welchem Lebensjahr, tragen Babys Windeln?

- Kinder tragen in der Regel bis zum Ende des dritten Lebensjahres Windeln, das heißt also drei Jahre.

Wie oft werden die Windeln pro Tag gewechselt?

- Windeln werden anfangs circa 4-mal, später circa 8-mal pro Tag gewechselt. Deshalb wird mit dem Durchschnitt von 6 Windeln pro Tag gerechnet.

Wie hoch ist der Großhandelspreis einer Windel?

- Eine Windel der gehobenen Qualität kostet im Handel circa 0,45 EUR. Grob geschätzt bleibt für den Hersteller ein Umsatz von 0,30 EUR pro verkaufter Windel.

Aus den nun bekannten Zahlen lässt sich der Jahresumsatz der Marke Poopers wie folgt errechnen (das Zeichen „#" steht im Folgenden für Anzahl):

Anzahl windeltragender Babys	= # Geburten × Länge des Windelalters = 800 000 × 3 = 2,4 Millionen
Anzahl Windeln pro Tag in BRD	= # windeltragender Babys × Wechsel pro Tag = 2,4 Millionen × 6 = 14,4 Millionen
Anzahl Windeln im Jahr	= # Windeln pro Tag × Anzahl Tage = 14,4 Millionen × 365 = circa 5,3 Milliarden
Jahresumsatz der Branche	= # Windeln im Jahr × Verkaufspreis des Herstellers = 5,3 Milliarden × 0,3 = 1,6 Milliarden
Poopers-Jahresumsatz	= Jahresumsatz der Branche × Marktanteil = 1,6 Milliarden × 0,3 = 480 Millionen.

Aus dieser auf Schätzungen basierenden Rechnung ergibt sich, dass der Poopers-Jahresumsatz circa 480 Millionen EUR beträgt.

5.3 McBurger

Aufgabe

Ermitteln Sie, wie viel Umsatz eine gut frequentierte Filiale des Fast-Food-Unternehmens McBurger im Jahr erzielt.

Lösungsvorschlag

Um den Jahresumsatz einer Filiale abzuschätzen, muss man von der kleinsten Einheit des Umsatzes ausgehen. In diesem Fall ist es der Kunde, der zu speisen gedenkt.

Wie viel Euro gibt der Durchschnittsbesucher bei McBurger aus?

- Die durchschnittliche Ausgabe beträgt circa 5 EUR pro Essen.

Wie viele Gäste besuchen pro Stunde eine Filiale?

- Geschätzte Personenzahl: 100.

Bei einer täglichen Öffnungszeit von 14 Stunden ergibt dies 1 400 Personen pro Filiale und Öffnungstag und somit einen Umsatz von 7 000 EUR pro Filiale und Tag. Da McBurger jeden Tag geöffnet hat, ergibt das einen Jahresumsatz von etwa 2,6 Millionen EUR pro Filiale und Jahr.

5.4 „Kugel-Brain-Teaser“

Aufgabe

Man hat neun Kugeln, von denen acht das gleiche Gewicht haben, eine jedoch schwerer ist. Wie viele Wiegevorgänge braucht man höchstens, um mit einer herkömmlichen Waage (2 Wiegearme) die schwere Kugel genau bestimmen zu können?

Lösungsvorschlag

Man teilt die neun Kugeln in drei Gruppen à drei Kugeln und legt zwei Gruppen auf die Waage. Wenn die Waage ausschlägt, weiß man, in welcher Gruppe sich die schwerere Kugel befindet. Schlägt die Waage nicht aus, so befindet sich die gesuchte Kugel in der dritten Gruppe. Von der Gruppe mit der schweren Kugel legt man nun wiederum zwei Kugeln auf die Waage. Schlägt die Waage aus, kann man sofort die schwere Kugel identifizieren, schlägt sie nicht aus, so ist die dritte Kugel dieser Gruppe die gesuchte.

So braucht man in jedem der möglichen Fälle nur zwei Wiegevorgänge.

5.5 Uhr

Aufgabe

Wie groß ist der Winkel zwischen den beiden Zeigern einer Uhr um viertel nach drei?

Lösungsvorschlag

Der große Zeiger steht genau auf der Drei. Der kleine Zeiger wandert innerhalb einer Stunde von der Drei bis zur Vier. Das ist ein Zwölftel der ganzen Umdrehung, d. h. 360° / 12 = 30°. In den vergangenen fünfzehn Minuten hat der kleine Zeiger schon ein Viertel dieser 30° zurückgelegt, also 30° / 4 = 7,5°. Somit beträgt der Winkel zwischen den beiden Zeigern genau 7,5°.

5.6 PaperCo.

Aufgabe

Die PaperCo. ist ein in den USA, speziell im Bundesstaat Ohio, operierendes Unternehmen der Papier- und Zellstoffindustrie, das sich auf die Herstellung von Wellpappe spezialisiert hat.

Die Firma PaperCo. ist dezentral derart organisiert, dass eine Holding-Gesellschaft, ansässig in B-Town, die sechs eigenständigen, als Profit-Center organisierten Produktions- und Vertriebsstützpunkte unterstützt und kontrolliert.

2004 erzielte das Unternehmen in dieser Form bei circa 2 700 Angestellten einen Umsatz von 2,5 Milliarden US-Dollar mit einem Vorsteuergewinn von 170 Millionen US-Dollar.

Die eigenständigen Profit-Center, ansässig in A-Town, C-Valley, D-Village, E-Town, F-Beach und G-Town, verfügen jeweils über eigene Vertriebsregionen, die durch Kundenbeziehungen historisch gewachsen sind. In diesen sind sie für die Wellpappeproduktion, den Vertrieb und die Distribution verantwortlich. Die einzelnen Vertriebsregionen werden in der folgenden Abbildung charakterisiert:

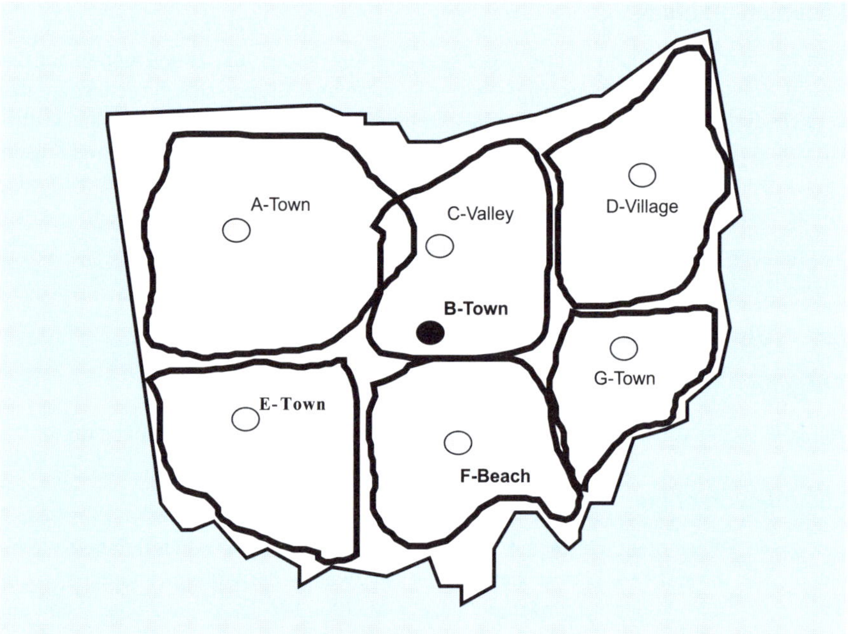

Abbildung 31: Historisch gewachsene Vertriebsregionen der PaperCo.

Die einzelnen Zentren sind so strukturiert, dass der Niederlassungsleiter direkt dem Werksleiter, dem Vertrieb und den Verwaltungsangestellten übergeordnet ist. Dem Werksleiter, der für den reibungslosen Ablauf der Wellpappeproduktion und deren Versand an die Kunden verantwortlich ist, unterstehen wiederum direkt 400 Produktions- und Versandangestellte.

Der Vertrieb der eigenen Produkte ist je Profit-Center mit circa 30 Mitarbeitern besetzt. Die Verwaltung, die sich ausschließlich mit administrativen Aufgaben befasst, beschäftigt jeweils drei Mitarbeiter.

Den sechs Profit-Centern ist die PaperCo.-Holding in B-Town übergeordnet, die aus dem Vorstand und einem kleinen Mitarbeiterstab besteht.

Da der Umsatz 2005 im Vergleich zu 2004 stagnierte, hat sich der Vorstand der PaperCo. dazu entschlossen, Topconsult GmbH, eine international führende Top-Management- und Strategieberatung, zu engagieren, um die Wettbewerbsfähigkeit von PaperCo. untersuchen zu lassen und, daran anschließend, zu steigern.

Eine Studie von Topconsult ergab, dass die für PaperCo. sinnvollste Neustrukturierung folgendermaßen aussehen sollte:

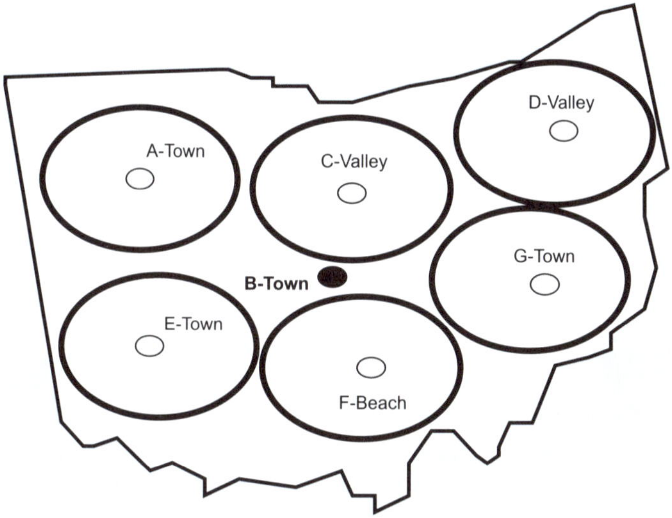

Abbildung 32: Reorganisierte Vertriebsregionen

Der Vertrieb der Wellpappe, der bisher dezentral den einzelnen Profit-Centern überlassen wurde, wird jetzt zentral in der Holding angesiedelt und von dort aus gesteuert.

Die Distributionsregionen der einzelnen Niederlassungen werden wie in Abbildung 32 konzentrisch um die einzelnen Standorte in einem 200-Meilen-Radius angeordnet.

Die sechs Niederlassungen sind nunmehr primär für die Produktion und die Distribution der Wellpappe zuständig und werden diesbezüglich von der Firmenzentrale in B-Town gesteuert. Der Bewerber muss die mit dem Vorstand der PaperCo. durchgeführte Studie dem Lenkungsausschuss für dieses Projekt präsentieren und hat dafür zu sorgen, dass die vorgeschlagenen Änderungen in die Praxis umgesetzt und nicht von unzufriedenen Mitarbeitern sabotiert werden.

Der Lenkungsausschuss besteht aus den Leitern der sechs Niederlassungen der PaperCo. und dem Vorstand der PaperCo.-Holding.

Das Wissen, dass mit dieser Präsentation vor dem Lenkungsausschuss über den Erfolg des Projektes und damit über eventuelle Folgeaufträge entschieden wird, ist von essenzieller Bedeutung.

Es ist also die Aufgabe des Bewerbers, mit der richtigen Vorgehensweise und den richtigen Argumenten dafür zu sorgen, vor allem die sechs hauptsächlich durch die drastischen, in der Studie vorgeschlagenen Änderungen betroffenen Niederlassungsleiter zu überzeugen und für die Reorganisation zu gewinnen.

Da die bereits erwähnten Standortleiter alle seit mehr als zehn Jahren in der Firma und mindestens genauso lang in der Papierbranche tätig sind, muss der Bewerber seine Ergebnisse fundiert untermauern können.

Folgendes Vorgehen bietet sich bezüglich der Fragestellung an:

- Welche Änderungen ergeben sich in der Organisationsstruktur der PaperCo.-Niederlassungen beziehungsweise der PaperCo.-Holding?
- Welche (eventuell personellen) Änderungen ergeben sich daraus?
- Welche Probleme treten hinsichtlich des „Profit-Center"-Begriffs auf?
- Welche Maßnahmen können, eventuell bereits vor der Lenkungsausschusssitzung, ergriffen werden, um die Akzeptanz der vorgeschlagenen Maßnahmen bei den Betroffenen zu erhöhen?

Lösungsvorschlag

An dieser Stelle soll zum wiederholten Male darauf hingewiesen werden, dass bei diesem Lösungsansatz Schlüsse und Vorschläge aufgezeigt werden, die sich aus den gegebenen Daten ableiten lassen. Es ist durchaus möglich, zu anderen Schlüssen zu gelangen beziehungsweise eine andere Vorgehensweise zu wählen.

Es werden nun kurz die in der Aufgabenstellung aufgeworfenen Fragen diskutiert:

Welche Änderungen ergeben sich in der Organisationsstruktur der PaperCo.-Niederlassungen beziehungsweise der PaperCo.-Holding?

Bis Ende 2005 lässt sich der Aufbau der einzelnen Profit-Center mit folgendem Organigramm charakterisieren:

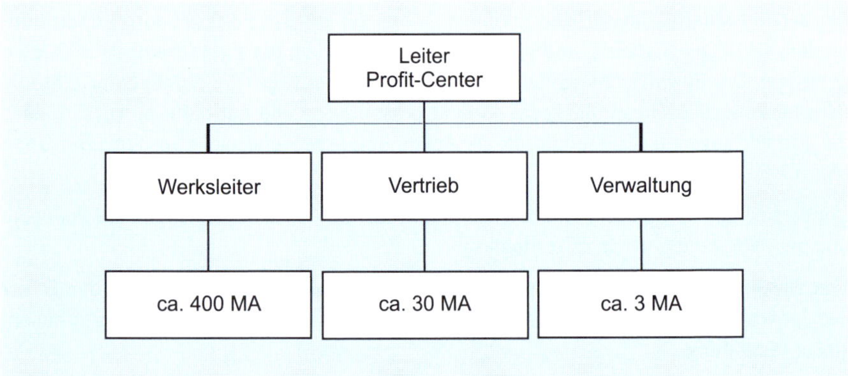

Abbildung 33: Organigramm der PaperCo.-Profit-Center bis 2005

Jedes Profit-Center war autonom für die Kundenbetreuung mittels Vertrieb, für die Produktion und die Distribution der Wellpappe und damit für den Gewinn zuständig. Der Profit-Center-Leiter musste/durfte somit ein eigenständiges Unternehmen führen und war letztendlich für alle drei Hauptbereiche verantwortlich.

Gemäß der Topconsult-Studie soll nun der Vertrieb zentral von der Holding übernommen werden, womit bei den Niederlassungen der Zweig des Vertriebs vollständig wegfällt.

Alle distributiven Tätigkeiten werden und wurden ohnehin von der Produktion miterledigt.

Nach Durchführung der strukturellen Änderungen gemäß Topconsult-Studie ergibt sich somit folgendes Organigramm:

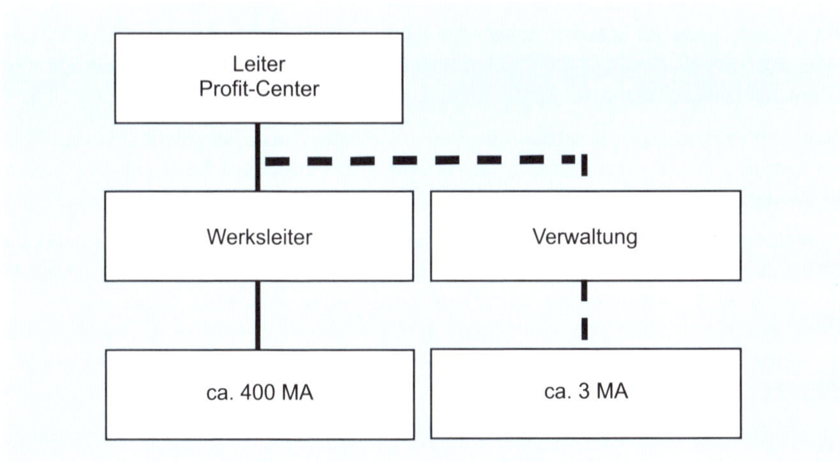

Abbildung 34: Organigramm der PaperCo.-Profit-Center nach der Reorganisation

Beim Betrachten dieses Aufbaus wird schnell deutlich, dass in dieser Form keine optimale Organisation gegeben ist. Diese Tatsache führt direkt zur zweiten Fragestellung:

Welche (eventuell personellen) Änderungen ergeben sich daraus?

Es wird deutlich, dass vor allem bei zusätzlichem Wegfall der Verwaltung der Leiter des Profit-Centers von allen Aufgaben enthoben ist. Um die laufende Produktion zu überwachen und zu optimieren, ist der Werksleiter jedoch auf jeden Fall der geeignete Mann, da er von jeher im „Tagesgeschäft" involviert und in dieser Hinsicht die kompetente Führungskraft ist.

Kundenkontakte und Kundenpflege kommen ebenfalls nicht als Aufgaben für die Niederlassungsleiter in Frage, da die Kundenbetreuung nun zentral von der Holding organisiert wird.

Hieraus wird bereits die Hauptschwierigkeit bei der bevorstehenden Präsentation vor dem Lenkungsausschuss ersichtlich:

Wie kann man die Umsetzung der Topconsult-Studie mit Unterstützung der Niederlassungsleiter sichern, obwohl ihnen dadurch ihre Daseinsberechtigung in bisheriger Form entzogen wird?

Diese Problematik wird später nochmals direkt aufgegriffen. Somit kommt man zur nächsten Fragestellung:

Welche Probleme treten hinsichtlich des „Profit-Center"-Begriffs auf?

Die hier angedeuteten Schwierigkeiten, die PaperCo.-Niederlassungen nach der Umstrukturierung noch als „Profit-Center" zu bezeichnen, sind ebenfalls ganz eng an die Struktur des neuen Organigramms der Niederlassung gekoppelt.

Da die Niederlassungen praktisch nur noch die Produktions- und Distributionsaufträge der PaperCo.-Holding ausführen, ist keine direkte Einflussnahme mehr auf den Gewinn der einzelnen Niederlassung möglich.

Da also dezentral keine Gewinnmaximierung angestrebt werden kann, ist es nunmehr für die einzelnen Niederlassungen nur noch möglich, autonom an der „Kostenschraube" zu drehen, also kostengünstiger zu produzieren und zu versenden. Somit werden die Niederlassungen zu „Cost-Centers". Diese Tatsache ist ebenfalls einer der Faktoren, die personelle Entscheidungen im Bereich der Produktion und Distribution mit sich bringen können.

Um abschließend wiederum auf das Implementierungsproblem der Topconsult-Studie zu sprechen zu kommen, ist eine Bearbeitung der letzten im Aufgabentext gestellten Frage nötig:

Welche Maßnahmen können, eventuell bereits vor der Lenkungsausschuss-Sitzung, ergriffen werden, um die Akzeptanz der vorgeschlagenen Maßnahmen bei den Betroffenen zu erhöhen?

Wie bereits an früherer Stelle angedeutet, dürfte es erhebliche Schwierigkeiten bei der Studienpräsentation vor dem Lenkungsausschuss geben, da die Lenkungsausschussmitglieder (Profit-Center-Leiter) kein Interesse daran haben, sich ihre eigenen Arbeitsplätze wegzurationalisieren.

Da diese Profit-Center-Leiter alle bereits lange im Geschäft sind und bisher die „unumstrittenen Könige" waren, dürfte es schwer werden, ihnen „Standardlösungen" in Bezug auf ihre neuen Einsatzmöglichkeiten innerhalb der PaperCo. schmackhaft zu machen.

Auf Grund dieser Tatsache wurde von Topconsult bereits vor der Lenkungsausschusssitzung erarbeitet, welcher Niederlassungsleiter, natürlich seinen persönlichen Stärken entsprechend, in welchem Aufgabenfeld zukünftig für PaperCo. tätig werden kann und von wem man sich besser trennen sollte.

Diese „Einsatzpläne" wurden mit dem Vorstand abgestimmt. Dieser hat dann in einem persönlichen Gespräch mit dem einzelnen Niederlassungsleiter die möglichen Formen der gemeinsamen Zusammenarbeit neu durchdacht.

Dadurch, dass jeder Niederlassungsleiter persönlich in die Entscheidung einbezogen wurde und gemeinsam Lösungen gesucht und gefunden wurden, wurde das „Eis" gegenüber der Studie gebrochen.

In der Lenkungsausschuss-Sitzung ergaben sich keine Schwierigkeiten; die meisten Teilnehmer waren mit den gemeinsam erarbeiteten Ergebnissen zufrieden.

Zusammenfassend kann festgehalten werden, dass in diesem Fall der Schlüssel zum Erfolg nicht nur die „Hard Facts", also die durch Zahlen fundierten Argumente der Topconsult-Studie, zum Erfolg des Projekts geführt haben, sondern dass die „Soft Facts", also das Miteinbeziehen der betroffenen Mitarbeiter, die Umsetzung der Studie maßgeblich gesichert haben.

5.7 Preisstrategie

Aufgabe

Ein Unternehmen, das ausschließlich Kühlschränke produziert, hat plötzlich Absatzprobleme. Die Produktion ihrer FCKW-freien Kühlgeräte war ständig ausverkauft, seit einiger Zeit jedoch stockt der Absatz. Eine Unternehmensberatung wird beauftragt, diese Entwicklung zu analysieren und eine neue Preisstrategie zu erarbeiten. Im Folgenden wird keine vollständige Lösungsstrategie entwickelt, sondern es werden Überlegungen dargestellt und Elemente diskutiert, die für die Definition einer Preisstrategie von Bedeutung sind.

Lösungsvorschlag

Zu Beginn dieser Fallstudie lassen sich vorab einige Grundüberlegungen zu der negativen Entwicklung des Unternehmens anstellen. Erst in jüngster Zeit wurde mit der Serienproduktion von FCKW-freien Kühlschränken begonnen, wobei die Fertigung dieser Geräte nur durch einige wenige Unternehmen ausgeführt wurde. Durch den Erfolg des Verkaufs dieser Kühlschränke angelockt, begann eine Vielzahl weiterer Unternehmen mit der Produktion dieser Geräte.

Zunächst befand sich das betrachtete Unternehmen auf einem Verkäufermarkt. Das Angebot war im Vergleich zur nachgefragten Menge dieser Kühlgeräte zu gering; nur eine geringe Zahl dieser Spezialgeräte wurde hergestellt. In dieser Situation war die Produktion ständig ausverkauft und das Unternehmen hatte einen gewissen Spielraum bei seiner Preisfestsetzung.

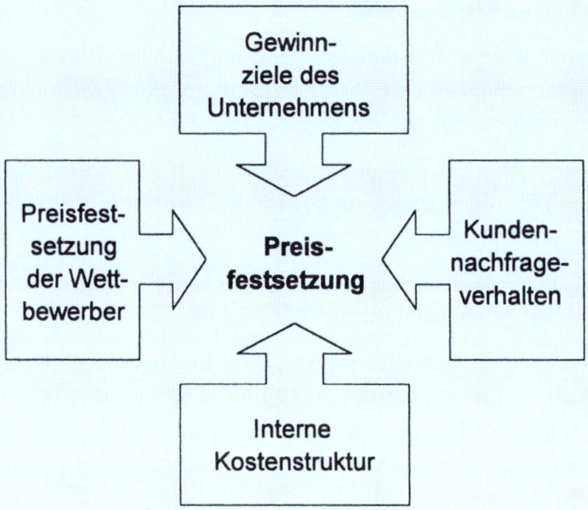

Abbildung 35: Einflussfaktoren auf die Preisfestsetzung

Dieser Verkäufermarkt wandelte sich zum Nachteil des betrachteten Unternehmens in einen Käufermarkt, da die Anzahl der Produzenten und der angebotenen Menge drastisch anstieg.

Bei den Überlegungen zu einer neuen Preisstrategie müssen einige Aspekte der wettbewerblichen Situation mit ins Kalkül gezogen werden; diese werden in der folgenden Abbildung visualisiert.

Bei der Analyse der vier relevanten Aspekte der Preisfestsetzung dürfen niemals die Interdependenzen zwischen diesen außer Acht gelassen werden.

I. Preisfestsetzung der Wettbewerber

In der Ausgangsposition war die Zahl der Konkurrenten sehr begrenzt, sodass das Unternehmen bei der Preisfestsetzung relativ frei agieren konnte. Durch die gestiegene Zahl der Anbieter ist der preisbezogene Spielraum des Unternehmens geringer geworden, und die Aktivitäten der Wettbewerber rücken bei der eigenen Preisfestsetzung verstärkt in den Vordergrund.

Eine Untersuchung des Marktes zeigt, dass einige Unternehmen, die beim Vertrieb von Kühlgerätvarianten preisführend auftreten, neu in den Markt eingetreten sind. Diese Preise werden unter anderem durch eine hohe Produktionsmenge ermöglicht. Die Produktionsanlagen des betrachteten Unternehmens sind für eine derartige Produktionsmenge nicht konzipiert.

II. Kundennachfrageverhalten

Bei der Festsetzung der Preisstrategie spielt das Kundennachfrageverhalten eine entscheidende Rolle. Zu dessen Ermittlung können viele Analyse-Werkzeuge, wie z. B. eine Feldstudie, angewandt werden. Bei der Betrachtung des Verhaltens spielen nicht nur der Preis der Ware, sondern auch der Service und psychologische Attribute eine entscheidende Rolle. Das Wissen um die Preiselastizität der Nachfrage unterstützt die optimale Ermittlung der Preispolitik. In diesem Fall ist die Nachfrage kaum elastisch.

III. Interne Kostenstruktur

Zu den grundlegenden Daten, die zur Preisfestsetzung herangezogen werden, gehört die Kostenstruktur des Unternehmens. Langfristig sollten die Produktionskosten durch die Verkaufserlöse der Kühlschränke gedeckt werden. In diesem Zusammenhang findet die bereits beschriebene Lernkurve ihre Anwendung. Von Seiten der internen Kostenstruktur hat das Unternehmen nicht die Möglichkeiten, sich gegenüber den großen Konkurrenten abzusetzen, da diese, unter anderem durch die hohe Produktionsmenge, kostengünstiger produzieren können.

IV. Gewinnziele des Unternehmens

Auch die Gewinnziele des Unternehmens spielen bei der Preisfestsetzung eine Rolle. Diese ist im vorliegenden Fall auf Grund des harten Wettbewerbs von untergeordneter Wichtigkeit und deshalb zu vernachlässigen.

Durch die möglichen Ergebnisse der Aufgabenbearbeitung kann der Betrachter die folgenden Schlussfolgerungen ziehen:

- Das wettbewerbliche Umfeld hat sich in den letzten Jahren stark verändert. Das Unternehmen muss reagieren.
- Die Konkurrenten streben eine Kosten- und Preisführerschaft an, weshalb das Unternehmen eine andere Strategie wählen sollte.
- Das Unternehmen sollte versuchen, seine Kühlschränke durch Produktinnovationen zu verbessern oder durch Produktvariationen neue Marktsegmente zu erschließen.

5.8 Logikbaum

Aufgabe

Ein Kunde hat festgestellt, dass der Operating Profit eines Werkes in England seit einigen Jahren konstant sinkt, konnte bisher allerdings keine eindeutige Ursache feststellen. Da alle Mitarbeiter zu sehr mit dem operativen Geschäft befasst sind, beauftragt er die Unternehmensberatung mit der Ursachenforschung. Wie lassen sich die Ursachen finden?

Lösungsvorschlag

Zuerst sollte man sich darüber klar werden, aus welchen Faktoren sich der Operating Profit zusammensetzt. Dies lässt sich anhand der Profit-&Loss-Statements des Unternehmens herausfinden. Der Operating Profit ist die Differenz zwischen der Gross Contribution und den Fixed Costs. Die Gross Contribution wiederum setzt sich zusammen aus den Total Sales abzüglich aller variabler Kosten (Production Variables). Die Production Variables errechnen sich als Summe von Production Material und Other Variables. Am Ende eines jeden Astes entsteht nun eine Liste von Faktoren, die den jeweils letzten Teil des Astes beeinflussen. So ergibt sich der Gesamtumsatz aus den Verkäufen der fehlerfreien und der fehlerhaften Ware.

Als variable Kosten gelten einerseits die von der Ausbringungsmenge der Produktion abhängigen Faktoren wie Rohmaterialien, Energie- und Verpackungskosten (Production Variables). Andererseits zählen auch Elemente wie der Intra-Konzernhandel, das heißt Warenverschiebungen zwischen den einzelnen Werken zu speziellen Verrechnungspreisen, Lagermengenanpassungen, das heißt Waren, die nicht direkt an den Kunden gegeben werden, sondern erst werksintern zwischengelagert werden, und produktspezifische ausgelagerte Tätigkeiten, wie z. B. eine Weiterbehandlung der Produkte, zu den variablen Kosten (Other Variables).

Im Block der fixen Kosten finden sich mengenunabhängige Faktoren wie Werkskosten (Produktionsfixkosten) und Instandhaltungskosten. Auch die Kosten, die nicht direkt durch die Produktion entstehen, gehören in den Block der fixen Kosten. Dazu zählen Personal-, EDV-/IT-, Marketing- und Vertriebs- sowie Verwaltungs- und F&E-Kosten (Forschung & Entwicklung).

Ist der Logikbaum vollständig und nach dem MECE-Prinzip aufgebaut, so kann die Analyse beginnen. Um die negative Entwicklung des Operating Profit innerhalb einer bestimmten Zeitspanne erklären zu können, geht man wie folgt vor: Wenn sich auf der zweiten Ebene ein Element in unerwarteter Weise entwickelt, geht man hier eine Ebene tiefer, um die Ursache dieser Entwicklung zu ergründen. Diesen Weg verfolgt man, bis man schließlich einige wenige Faktoren am Ende der Äste gefunden hat, die einen großen Teil des Abwärtstrends des Operating Profits erklären können. Nun versucht man zu erklären, warum sich diese Faktoren in dieser Form entwickelt haben und sucht eine Strategie, mit deren Hilfe die entsprechenden Faktoren wieder auf den gewünschten Entwicklungspfad zurückgeführt werden können.

Um eine fundierte Analyse zu gewährleisten, sollte man den Aufbau eines Logikbaumes nicht unterschätzen. Was auf den ersten Blick sehr banal wirkt, kann beim zweiten Hinsehen eine sehr sinnvolle Übung sein, um ein besseres Verständnis eines komplexen Sachverhaltes zu erhalten.

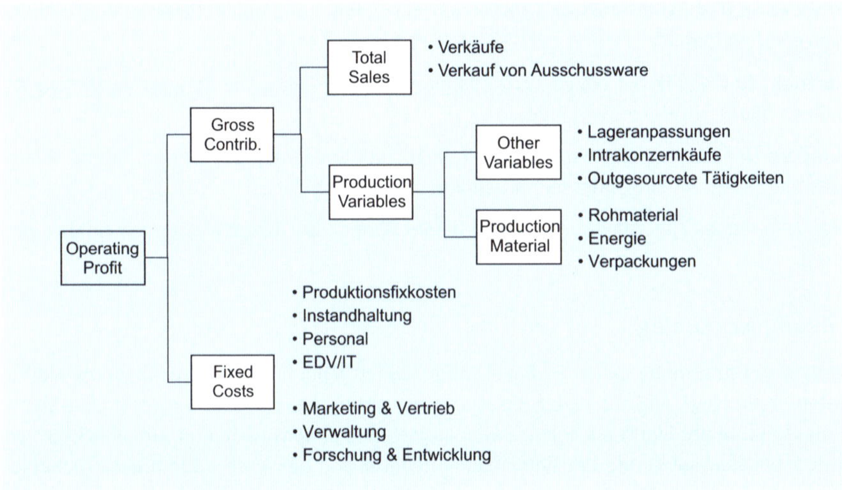

Abbildung 36: Zusammensetzung des Operating Profit

5.9 Strategieentwicklung

Aufgabe

Der Geschäftsführer eines Audiokassetten-Herstellers ruft in heller Aufregung bei der Unternehmensberatung an. Er hat gerade seine neuen Verkaufszahlen erhalten und entsetzt festgestellt, dass die guten Umsätze des letzten Jahres im laufenden Jahr bei weitem nicht wieder erreicht werden. Die Beratung wird damit beauftragt herauszufinden, weshalb die Verkaufszahlen so alarmierend schlecht sind und was man dagegen tun kann.

Zusatzinformationen auf Anfrage

Zuerst muss der Bewerber mehr Informationen über den Markt und die Kundenstruktur erfragen. Darin könnten dann wie in den folgenden Antworten wichtige Informationen enthalten sein:

Markt: Der Kassettenmarkt ist eine Industrie in der Abschwungphase (siehe Produktlebenszyklus), innerhalb derer es fünf bis sechs wichtige Anbieter gibt. Der Kunde hatte in den letzten Jahren immer einen recht konstanten Marktanteil von circa 30 % und war damit die Nummer zwei auf dem Markt. Momentan hat der Kunde allerdings einen Marktanteil von 44 %.

Produkte: Die Produktpalette des Kunden deckt alle Bereiche der Audiokassetten ab (von niederer Qualität bis zu Metallkassetten).

Produktion: Für die Produktion werden sehr ausgefeilte und qualitätsgetriebene Technologien verwendet.

Vertrieb: Der Kunde hat einige Vertriebsmitarbeiter verloren. Die übrigen Vertriebsleute melden allerdings Rekordverkäufe.

Kunden: Der Kunde penetrierte bisher primär zwei Konsumentengruppen: ältere Musikfans mit mittlerem Einkommen und Schüler.

Trend: In letzter Zeit hat der Kunde gerade im Bereich der jüngeren Kunden Anteile verloren.

Lösungsvorschlag

Anhand der Information, dass in dieser reifen Industrie bei fallenden Umsätzen der Marktanteil dennoch signifikant steigt, lässt sich vermuten, dass andere Anbieter den Markt verlassen und der Markt als solches kleiner wird. Die anderen Anbieter entschließen sich wahrscheinlich auf Grund der Entwicklung neuerer und besserer substitutiver Technologien (z. B. Compact Discs) zum Verlassen des Marktes.

Der Kunde hatte in den letzten Jahren einen konstanten Marktanteil, was für sehr loyale Kunden spricht, die kurzfristig nicht zu anderen Technologien wechseln. Angenommen, der Kunde will langfristig selbst Anbieter der neuen Technologie werden, um nicht ganz aus dem Markt zu kippen, und er hat die Kapazität, eine sehr gute Anbieterposition mit der herkömmlichen Produktpalette zu halten, dann sollte er das ältere Kundensegment kurzfristig forciert penetrieren. Zusätzlich müssen sich andere, bisher noch nicht belieferte Segmente finden lassen, die genau wie die älteren Kunden nicht gewillt sind, schon jetzt zur neuen Technologie überzugehen. Da die neue Technologie nicht aufzuhalten sein und möglicherweise langfristig die alte völlig verdrängen wird, sollte ebenfalls eruiert werden, welche Ressourcen eine Investition in die neue Technologie erfordert. Hierbei muss zwischen den Alternativen „Make“ (Eigenherstellung) und „Buy“ (Fremdbezug) abgewogen werden.

5.10 Exportarbitrage

Aufgabe

Es ist Sommer. Erdbeersaison. Ein niederländischer Agrarökonom baut köstliche Erdbeeren an, die er in den Niederlanden zum aktuellen Tagespreis von 1 EUR je Kilogramm verkaufen kann. Bietet er diese Erdbeeren in Deutschland an, so erhält er aufgrund der höheren Marktpreise durchschnittlich 1,30 EUR je Kilogramm.

Als Erdbeerbauer und Agrarökonom ist er profitorientiert und überlegt sich, ob er einen Teil seiner Waren – z. B. zunächst testweise 100 Kilogramm – im naheliegenden Ausland anbieten sollte, um dadurch mehr zu verdienen.

Aufgrund einer langjährigen Freundschaft mit einem Speditionsunternehmer kann der Erdbeerproduzent bestehende Frachtkapazitäten in Richtung Deutschland zunächst unentgeltlich nutzen, sodass bei kurzfristiger Betrachtung Frachtkosten bei den Überlegungen des Agrarökonomen nicht zu berücksichtigen sind.

Der befreundete Speditionsunternehmer merkt allerdings an, dass gemäß seiner Erfahrung aufgrund der sommerlichen Temperaturen damit zu rechnen ist, dass das frische Obst ein wenig unter dem Transport nach Deutschland „leidet". Dies äußert sich vereinfacht dargestellt derart, dass sich ein Teil des in den Früchten gespeicherten Wassers auf der Reise vom Erzeuger zum Großmarkt verflüchtigt. Besteht das Obst beim Verladen für den Transport erfahrungsgemäß durchschnittlich zu 99 % aus Wasser, so reduziert sich dieser Anteil bei der Ankunft in Deutschland auf nur noch 98 %.

Unterstützen Sie den Agrarökonom bei seinen Überlegungen und stellen Sie nachvollziehbar dar, ob sich der Verkauf der Erdbeeren in Deutschland bei betriebswirtschaftlicher Betrachtung rentiert.

Lösungsvorschlag

Bei dieser Aufgabenstellung lässt sich vergleichsweise schnell auf der Basis einfacher Kalkulationen ein quantifizierbares Ergebnis ermitteln. Bewertungsfaktoren für den Erfolg eines Bewerbers durch den Interviewer sind daher zunächst die Geschwindigkeit, mit der ein Betrachtungs- und Lösungsrahmen für die Aufgabe erstellt wird, sowie die Art und Weise, wie dieser danach transparent erläutert wird.

Die betriebswirtschaftliche Betrachtung auf der Basis der in der Aufgabenstellung angegebenen Informationen lässt sich für den Verkauf in den Niederlanden direkt anstellen:

100 Kilogramm (Erdbeeren) × 1,00 EUR je Kilogramm = 100 EUR

Da in dieser Aufgabe vereinfacht die Kosten für die „Produktion", den Transport oder ggf. Verkaufspersonal - z. B. auf einem Wochenmarkt - nicht betrachtet werden, ist lediglich der Vergleich der Umsätze für die Entscheidung des attraktiveren Marktes relevant. Für die Niederlande beträgt somit die zu vergleichende Kennziffer, also der Umsatz für den Verkauf von 100 Kilogramm Erdbeeren, 100 EUR.

Zur Betrachtung der Situation beim Fruchtexport nach Deutschland bietet es sich an, die im Text angegebenen Informationen zu den prozentualen und den mengenmäßigen Veränderungen des Wasser- und Fruchtanteils durch den Transport am Beispiel der 100 Kilogramm Erdbeeren darzustellen. In Abbildung 37 werden daher die Situationen für den Verkauf in den Niederlanden bzw. für den Verkauf in Deutschland, also nach dem Transport, visualisiert.

In dieser Betrachtung sind bereits sämtliche Daten enthalten, um die Berechnung zur Rentabilität anhand eines Dreisatzes zu erstellen. Aus der Aufgabenstellung lässt sich entnehmen, dass sich durch den Transport der Wasseranteil der Früchte verändert. Da keine gesonderten Aussagen zu einer potenziellen Änderung des Fruchtfleischanteils durch den Transport gemacht wurden, kann davon ausgegangen werden, dass dieser konstant bleibt. Daraus ergibt sich die in der zweiten Säule dargestellte Zuordnung von 1 Kilogramm Fruchtfleisch zum nach dem Transport gestiegenen 2-Prozentanteil an der gesamten Fruchtladung.

1 Kilogramm (Erdbeeren-Fruchtfleisch) = 2 % (der Gesamtladung nach dem Transport)

Für die Berechnung der vorhandenen und damit der potenziell verkaufbaren Menge an Erdbeeren lässt sich daher durch Dreisatzrechnung ableiten, dass der Wasseranteil der Gesamtladung an Erdbeeren lediglich noch 49 Kilogramm beträgt. Zusammen mit dem konstant gebliebenen 1 Kilogrammanteil an Fruchtfleisch beträgt somit das Gesamtgewicht der Erdbeerfracht nach dem Transport noch 50 Kilogramm, die in Deutschland verkauft werden können. Durch Preise bewertet ergibt sich daher:

50 Kilogramm (Erdbeeren) × 1,30 EUR je Kilogramm = 65 EUR

Betrachtet man zum Vergleich den bereits ermittelten Umsatz von 100 EUR bei einem Verkauf in den Niederlanden, so wird deutlich, dass sich unter den beschriebenen Bedingungen selbst bei dem erheblich höher liegenden Warenpreis in Deutschland der Export der niederländischen Früchte betriebswirtschaftlich nicht rentiert.

Bei einer Vollkostenbetrachtung ist davon auszugehen, dass dieses Ergebnis weiter bestätigt wird, da an dieser Stelle keine zusätzlichen Kosten (z. B. Frachtkosten, Personalkosten) berücksichtigt wurden.

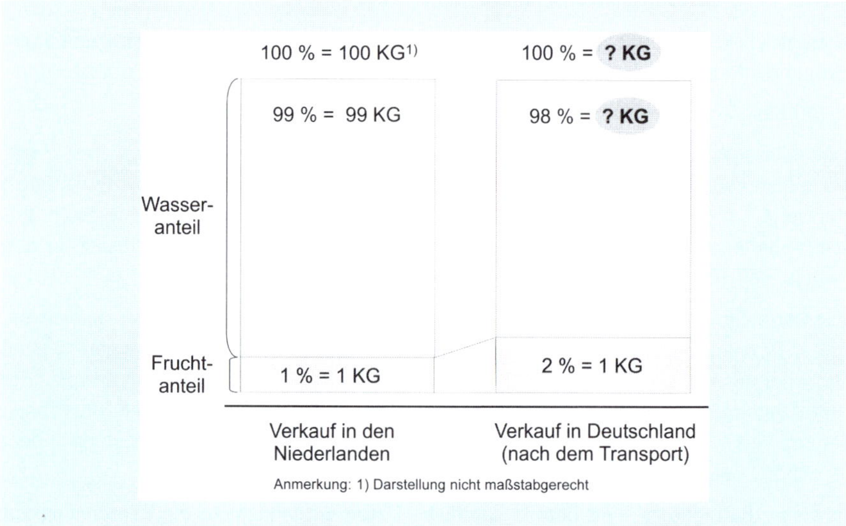

Abbildung 37: Prozentuale und mengenmäßige Betrachtung des Wasser- und Fruchtanteils der zu verkaufenden Erdbeeren vor (NL) und nach dem Transport (D)

Die gemeinsame Diskussion relevanter Faktoren für eine anschließende, detaillierte Kosten-Nutzenbetrachtung für den Fruchtimport (gekühlte Lagerung während des Transports, Transportkostenniveaus und Transportwege, Absatzkanäle und deren Kosten-Nutzenbetrachtung etc.) stellt eine mögliche Fortsetzung und Intensivierung des weiteren Interviews dar.

5.11 Bootsmarkt Deutschland

Aufgabe

Wassersport in Deutschland ist kein billiges Vergnügen und für viele Unternehmen ein äußerst interessanter Markt, denn Deutschland ist einer der größten Wassersport-Märkte der Welt. Drei der wichtigen Weltmessen - die Hanseboot in Hamburg, die Interboot in Friedrichshafen und die Boot in Düsseldorf - finden in Deutschland jedes Jahr statt. Dabei liegt die Bootsdichte mit 1:200 noch weit unter der anderer Länder wie Norwegen und Finnland, wo sich lediglich 3 Personen ein Boot teilen.

Erarbeiten Sie in maximal 20 Minuten das monetäre Marktvolumen (p. a.) in Deutschland für Segel- und Motorboote, Yachten, Zubehör, Dienstleistungen und Wartung.

Lösungsvorschlag

Zur Lösung dieser Aufgabe gibt es mehrere Startpunkte. Durch die Angabe der Bootsdichte bietet sich folgender strukturierte Kalkulationspfad an:

Schritt 1: Auf der Basis der angegebenen Bootsdichte 1:200 lässt sich die Gesamtzahl an Booten in Deutschland wie folgt errechnen: 83 Mio. Einwohner : 200 = 415 000 Boote in Deutschland.

Schritt 2: Die Gesamtzahl an Booten muss für folgende Kalkulationsschritte in verschiedene Gruppen unterteilt werden. Im Folgenden werden die folgenden 5 Gruppen differenziert betrachtet (einfache Schlauchboote werden nicht betrachtet):

a) Boote mit Außenbordmotor

b) kleine Segelboote (Jollen) bis 7 Meter Länge

c) große Segelboote über 7 Meter Länge

d) kleine Motorboote bis 7 Meter Länge

e) große Motorboote über 7 Meter Länge

f) Luxusyachten über 15 Meter Länge

Schritt 3: Für die Verteilung der Gesamtzahl müssen Annahmen getroffen werden: Ein Großteil aller Boote wird mit je 25 % entfallen auf die einfacheren Varianten für die Hobbykapitäne in Deutschland mit geringerem bis mittleren Einkommen: kleine Segelboote (in erster Linie Jollen), Boote mit Außenbordmotor und kleine Motorboote. Die restlichen 25 %

verteilen sich auf die großen und teuren Segelboote (10 %) und Motorboote (10 %) über 7 Meter Länge sowie Luxusyachten über 15 Meter (5 %), die je nach Einrichtung mehr als 0,5 Millionen EUR kosten können. Dies ergibt die folgenden Mengen:

a) 103 750 Boote mit Außenbordmotor

b) 103 750 kleine Segelboote (Jollen, bis 7 Meter)

c) 41 500 große Segelboote (über 7 Meter)

d) 103 750 kleine Motorboote (bis 7 Meter)

e) 41 500 große Motorboote (über 7 Meter)

f) 20 750 Luxusyachten

Schritt 4: Im nächsten Schritt wird der Umsatz in Deutschland mit neuen Booten errechnet. Dabei werden der Einfachheit halber Käufe ausländischer Personen im Inland sowie Käufe inländischer Personen im Ausland ausgeklammert. Zudem wird der Handel mit gebrauchten Booten nicht betrachtet.

Es wird die Annahme getroffen, dass die Lebensdauer eines Bootes im Schnitt 20 Jahre beträgt. Somit werden jährlich 5 % des existierenden Bestands durch neue Boote ersetzt. Dies gilt für alle Bootsgruppen und ergibt somit ein monetäres Marktvolumen von:

a) 103 750 × 0,05 × 10 TEUR durchschnittliche, geschätzte Anschaffungskosten = 52 Millionen EUR für Boote mit Außenbordmotor

b) 103 750 × 0,05 × 5 TEUR durchschnittliche, geschätzte Anschaffungskosten = 26 Millionen EUR für kleine Segelboote

c) 41 500 × 0,05 × 50 TEUR durchschnittliche, geschätzte Anschaffungskosten = 104 Millionen EUR für große Segelboote

d) 103 750 × 0,05 × 20 TEUR durchschnittliche, geschätzte Anschaffungskosten = 104 Millionen EUR für kleine Motorboote

e) 41 500 × 0,05 × 40 TEUR durchschnittliche, geschätzte Anschaffungskosten = 83 Millionen Millionen EUR für große Motorboote

f) 20 750 × 0,05 × 500 TEUR durchschnittliche, geschätzte Anschaffungskosten = 518 Millionen EUR für Luxusyachten

In Summe ergeben sich 887 Millionen EUR, die pro Jahr für neue Boote in Deutschland umgesetzt werden.

Schritt 5: Abschließend werden die Kosten für die Bootsnebenkosten wie Haltung, Versicherung, Liegeplatz und Reparaturen kalkuliert (ohne Treibstoffkosten). Da die durchschnittlichen Nebenkosten in der Regel nicht bekannt sind, muss wiederum annahmebasiert für die 6 Gruppen vorgegangen werden. Es werden die folgenden Summen errechnet:

a) 103 750 × 1 TEUR durchschnittliche, geschätzte Nebenkosten
= 104 Millionen EUR für Boote mit Außenbordmotor

b) 103 750 × 0,5 TEUR durchschnittliche, geschätzte Nebenkosten
= 52 Millionen EUR für kleine Segelboote

c) 41 500 × 2,5 TEUR durchschnittliche, geschätzte Nebenkosten
= 104 Millionen EUR für große Segelboote

d) 103 750 × 1 TEUR durchschnittliche, geschätzte Nebenkosten
= 104 Millionen EUR für kleine Motorboote

e) 41 500 × 2,5 TEUR durchschnittliche, geschätzte Nebenkosten
= 104 Millionen EUR für große Motorboote

f) 20 750 × 10 TEUR durchschnittliche, geschätzte Nebenkosten
= 207 Millionen EUR für Luxusyachten

In Summe ergeben sich 675 Millionen EUR, die pro Jahr für Nebenkosten in Deutschland umgesetzt werden.

Schritt 6: Den Annahmen und Einschränkungen des Lösungsvorschlags zufolge beträgt das monetäre Marktvolumen für den deutschen Bootsmarkt pro Jahr ca. 1,5 Milliarden EUR (= 887 Millionen EUR + 675 Millionen EUR).

5.12 Merger

Aufgabe

Eine Unternehmensberatung berät ein mittelständisches deutsches Unternehmen mit etwa 3 000 Mitarbeitern aus der Zulieferindustrie für Kraftfahrzeuge. Das Unternehmen liegt im weltweiten Vergleich der Jahresumsätze auf Rang vier. Ziel des Unternehmens ist es, die Weltmarktführerschaft zu erreichen.

Nach welchen Kriterien wird der beste Partner für einen Merger ausgewählt?

Lösungsansatz

Hinsichtlich der Lösung gibt es eine Reihe von Ansatzpunkten. Im Folgenden sollen exemplarisch einige wichtige diskutiert werden, darunter die Untersuchung von Finanzkennziffern, möglichen Synergien und Formen der Beteiligung.

Das erste Auswahlkriterium ist die Größenordnung der in Frage kommenden Unternehmen. Dazu sollten die Konkurrenten nach Umsatzzahlen in absteigender Reihenfolge betrachtet werden – mit dem kleinstmöglichen Partner sollte man noch Weltmarktführer nach Umsatz werden können. Damit werden zu kleine Unternehmen ausgeschlossen und die Zahl der in Frage kommenden Unternehmen begrenzt.

Dann werden die verbleibenden Unternehmen bezüglich Renditekennziffern, Umsatzwachstum (prozentual) und Kapitalsituation (ist das Verhältnis von Eigenkapital zu Fremdkapital ein gesundes?) untersucht. Sehr wahrscheinlich entfällt nach diesen Kriterien wieder das eine oder andere Unternehmen. Ebenso wichtig ist die Unternehmenspolitik der in der Auswahl verbliebenen Firmen. Hier gilt es zu untersuchen, ob beispielsweise eine „Cash-Strategie“ oder eine „Invest-to-Grow“-Strategie betrieben wird. Auch die marktpolitische Ausrichtung (Kundenorientierung) muss betrachtet werden. Für einen positiven Zusammenschluss zweier Unternehmen ist es von eminenter Wichtigkeit, dass in der Unternehmenspolitik eine ähnliche Zielsetzung verfolgt wird.

Nach den bisher genannten Auswahlkriterien dürfte sich die Zahl der verbleibenden Unternehmen auf ein übersichtliches Maß reduziert haben. Im Folgenden betrachtet man mögliche Synergieeffekte. Auch hier gibt es mit Sicherheit enorme Potenziale wie z. B. die Rationalisierung im Produktionsbereich oder die Zusammenlegung von Unternehmensbereichen. Erfahrungsgemäß gibt es sehr unterschiedliche Synergieeffekte bei möglichen Partnern. Die exakten Synergieeffekte können jedoch nur durch gemeinsame Gespräche zwischen den möglichen Merger-Partnern ermittelt werden.

Zur Identifizierung von Synergiepotenzialen sollte man die Produktpalette, die Produktionsstandorte, die Absatzgebiete mit den jeweiligen Marktanteilen und das technische Potenzial der Noch-Konkurrenten untersuchen. Die zentrale Frage hierbei ist, ob sich die Firmen ergänzen oder ob die Tätigkeiten zu große Überschneidungen erkennen lassen, sodass ein Zusammenschluss auf Grund enormer struktureller Änderungen uninteressant wird. Ein Unternehmen mit alten Anlagen, die in der nächsten Zeit erneuert werden müssen, lassen einen vorher interessanten Partner schnell uninteressant werden, da die Folgeinvestitionen eine zu hohe Belastung wären.

Die Tatsache, dass ein Unternehmen vielleicht auf dem Forschungssektor führend in den Bereichen Produkt- oder Produktionstechnologie ist, macht dieses sicherlich sehr viel interessanter, da hier Wettbewerbsvorteile klar quantifizierbar werden.

Eine ebenfalls in der Bedeutung nicht zu vernachlässigende Frage ist das Beteiligungsverhältnis der beiden Partner. Hier gibt es die Möglichkeit, in ein Minderheits- oder Mehrheitsverhältnis einzusteigen. Beides hat erhebliche Auswirkungen auf die Mitgestaltungsmöglichkeiten in dem neuen Unternehmen. Eine Mehrheitsbeteiligung bietet die Chance, die eigenen unternehmerischen Vorstellungen eher durchzusetzen. Dies ist im Falle der Minderheitsbeteiligung genau umgekehrt; eine negative Auswirkung auf die Motivation des eigenen Personals ist nicht auszuschließen. Trotzdem kann auch eine Minderheitsbeteiligung für ein erfolgreiches Bestehen der eigenen Firma in der Zukunft die richtige Entscheidung sein.

In die Überlegung über einen Zusammenschluss sollte mit eingehen, dass man den neuen Firmensitz z. B. in ein Land mit einer niedrigeren steuerlichen Belastung verlegen kann. Dies sollte sowohl für die Gewinnsituation des Unternehmens als auch für die Mitarbeiter ein Anreiz sein.

Auch für das Management der neuen Firma stellt die gestiegene Verantwortung einen besonderen Anreiz dar. Dies schlägt sich erfreulicherweise auch meist in einer höheren Vergütung nieder, was die Einstellung zum Merger erleichtert und so manche Veränderung, wie z. B. den eventuellen Wohnortwechsel, erträglicher erscheinen lässt.

Im Folgenden wird kurz auf den klassischen Ablauf eines Mergers eingegangen. Die üblichen Schritte sehen wie folgt aus:

1. Interne Überlegungen bezüglich möglicher Partner.
2. Identifikation von möglichen Partnern (Long List).
3. Prioritätenliste für Wunschpartner (Short List).
4. Kontaktaufnahme mit interessanten Unternehmen.
5. Bei beiderseitigem Interesse Geheimhaltungsabkommen mit einem (eventuell auch mehreren) Unternehmen zwecks Austausch gegenseitiger Kerninformationen, um die Sinnhaftigkeit eines Zusammenschlusses zu prüfen.
6. Bei positivem Ergebnis, Abschluss eines „Letter of Intents", das heißt eine für beide Partner verbindliche Absichtserklärung (eventuell Veröffentlichung des Vorhabens).
7. Beiderseitige „Due Diligence", das heißt tiefere Einsichtnahme in alle Geschäftsvorgänge des Partners, meist vor Ort.
8. Ausarbeitung der Detailverträge, Einholung der kartellrechtlichen Genehmigung sowie Festlegen der organisatorischen und betriebswirtschaftlichen Rahmenbedingungen des neuen Unternehmens.
9. Start des neuen gemeinsamen Unternehmens.

5.13 Marktsegmentierungscase

Aufgabe

Der Kunde ist Hersteller einer Luxusmarke in der Automobilbranche. Er hat Deutschland in 40 Vertriebsgebiete eingeteilt und in diesen sehr unterschiedliche Marktanteile realisiert. Er will die Ursachen für die Unterschiede verstehen und daraufhin sein Vertriebskonzept optimieren. In der besten Region beträgt der Marktanteil des Kunden 30 %, in 34 Gebieten 15-20 % und in den fünf letzten Regionen 8-12 %.

Wie kann man nun die groben Unterschiede zwischen den Regionen erklären, und wie können die 5 % Unterschied in den mittleren Gebieten zu Stande kommen?

Lösungsvorschlag

I. Beste Region

Aus den folgenden Gründen ist die beste Region aller Wahrscheinlichkeit nach das Gebiet um das Stammwerk:

- Ein Automobilhersteller bietet seinen Mitarbeitern besondere Konditionen, sodass diese günstig die eigene Marke kaufen können.
- Die Region ist stolz auf „ihre" Marke als Vorzeigeunternehmen der Region und zeigt besondere Loyalität.
- Durch Direktkäufe ab Werk umgehen die Kunden die Margen der Autohäuser.

II. Schlechte Regionen

Vermutlich befinden sich die niedrigen Marktanteile in den neuen Bundesländern:

- Der Kunde ist Hersteller einer Luxusmarke. Trotz des schnellen Angleichens der Lebensstandards in den neuen Bundesländern an das Westniveau werden hier wahrscheinlich noch kleinere Autos gefahren.
- Möglicherweise hat es der Kunde noch nicht geschafft, das gleiche Image wie in den alten Bundesländern aufzubauen. Vielleicht wird auch eine andere Marke als das Statussymbol angesehen.

III. Mittlere Regionen

Die Filialen betreffend:

- Anzahl der Vertriebsfilialen: Je mehr Filialen das Unternehmen hat, desto größer ist das Bewusstsein für die Marke.
- Anzahl der Mitarbeiter pro Filiale: Je mehr Mitarbeiter in der Filiale beschäftigt sind, desto besser kann man die Kunden betreuen, was zu deren Zufriedenheit und Folgekäufen führt.
- Marketing-Aktivitäten der einzelnen Filialen: Über Aktivitäten (z. B. Aktionswochen) kann man das Bewusstsein für die Marke beeinflussen und erhöhen.
- Zahlungskonditionen der Filialen: Attraktive Zahlungsmodalitäten ermöglichen mehr Kunden, Autos einer Luxusmarke zu kaufen.
- Modellportfolio der Filiale: Ein breites Produkt- oder Leistungsportfolio zeigt die Vielseitigkeit der Marke und gibt dem Kunden die Möglichkeit, seine individuellen Wünsche zu befriedigen.

Generelle Konkurrenzsituation:

- Je mehr Konkurrenzfilialen in der Region vorhanden sind, desto härter wird der Wettbewerb. Hierbei zählen nicht nur andere Luxusmarken als Konkurrenz, sondern auch Anbieter von Mittelklassewagen, da die Käuferschichten nicht überschneidungsfrei sind.

Demographische Gründe:

- Einkommensverhältnisse in der Region: Ist das Durchschnittseinkommen der Region eher hoch oder niedrig?
- Städtische oder ländliche Gegend: In ländlichen Regionen um ein Ballungszentrum wohnen möglicherweise viele Pendler, die wegen der vielen täglich gefahrenen Kilometer ein sicheres und komfortables Auto besitzen möchten.
- Altersstruktur in der Region: Junge Menschen sind nicht so sehr an einer Luxusmarke interessiert wie etabliertere Zeitgenossen. Dies liegt zum einen am Fahrstil und zum anderen an der finanziellen Situation.

Wenn man mögliche Ursachen für die unterschiedlichen Marktanteile in den einzelnen Regionen erarbeitet hat, kann man anhand dieser die zukünftigen Vertriebsaktivitäten organisieren. Hierzu sollten so genannte „Best-in-Class"-Filialen ausfindig gemacht werden. Dies sind Filialen, die bei bestimmten Aktivitäten außerordentlich gute Ergebnisse erzielen. Die Eigenschaften müssen auf ihre Übertragbarkeit und Anwendbarkeit auf andere Filialen geprüft werden.

5.14 Profitabilitätsverbesserung

Aufgabe

Ein Unternehmen aus der Körperpflegebranche mit zwölf Zweigstellen möchte in kurzer Zeit expandieren und seine Filialenzahl in zwei Jahren verdoppeln. Das Unternehmen konzentriert sich auf den reinen Vertrieb der Körperpflegeprodukte. Die Geschäftsidee hat sich als sehr erfolgreich herausgestellt. Im Zuge dieses Vorhabens wird die ganze Unternehmensorganisation in Frage gestellt. Eine Unternehmensberatung wird mit der Untersuchung der Möglichkeiten eines solchen Vorhabens beauftragt.

Lösungsvorschlag

Der Bewerber muss sich durch eine Vielzahl von Fragen an die mögliche Lösung der Fallstudie herantasten. Diese Fragen sollten auf einem hohen Abstraktionsniveau beginnen. Die Fragen und die Antworten des Interviewers könnten wie folgt aussehen:

- Hat das Unternehmen die finanziellen Mittel, um die Expansion selbst zu finanzieren?
  nein

- Ist das für das Vorhaben benötigte Kapital als Fremdkapital zu beschaffen?
  nicht in ausreichender Menge
- Bieten alle Zweigstellen die gleichen Leistungen an?
  ja
- Sind die Zweigstellen des Unternehmens unterschiedlich aufgebaut oder folgen der Aufbau und die Arbeitsweise einem einheitlichen Schema?
  es gibt keine signifikanten Unterschiede
- Werden verschiedene unternehmerische Aktivitäten von einer zentralen Stelle durchgeführt?
  die Zweigstellen arbeiten weitgehend autonom
- Ist die Zentralisierung von Geschäftsprozessen möglich?
  ja

Es lassen sich einige Möglichkeiten von organisatorischen Änderungen realisieren. Das schließt die Zentralisierung von verschiedenen Arbeitsprozessen wie beispielsweise des Einkaufs oder des Marketings mit ein. Diese Erkenntnis und die folgende strukturierte Betrachtung der Möglichkeiten stellen das Minimalziel dieser Fallstudie dar.

Eine Möglichkeit bei der Neuorganisation liegt in der Einführung eines Franchise-Systems. Der Interviewer kann die Bearbeitung dieser Fallstudie in die gewünschte Richtung lenken.

In diesem Fall sollten die Grundbegriffe des Franchise-Systems dem Bearbeiter des Falles geläufig sein. Dieses Wissen ist auch die Grundvoraussetzung für das Erkennen des Lösungsweges und die Konzipierung der Unternehmensstruktur.

Die Idee des Franchise-Systems wird an dieser Stelle nur kurz angeschnitten. Das System beruht auf einer Art Arbeitsteilung zwischen dem Franchise-Geber und dem Franchise-Nehmer. Diesen Zusammenhang verdeutlicht Abbildung 38.

Der Franchise-Geber entwickelt ein Unternehmenskonzept, testet dieses und reicht es bei erfolgreicher Umsetzung an Franchise-Nehmer weiter. Weiterhin sorgt er für die laufende Schulung der Franchise-Nehmer in allen betrieblichen Bereichen. Zu den Aufgabenfeldern gehört unter anderem auch die überregionale Werbung und die Hilfe bei der Filialgründung.

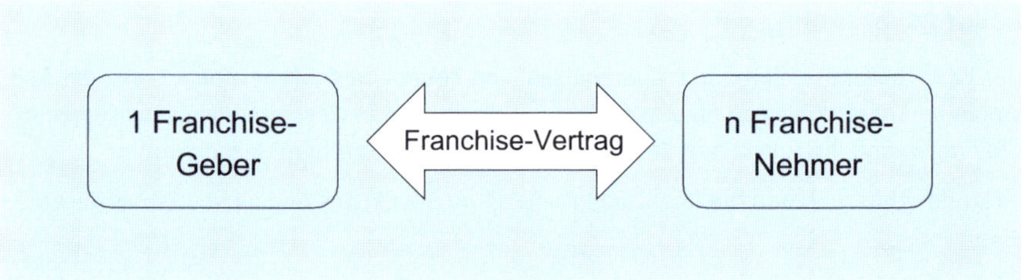

Abbildung 38: Grundstruktur eines Franchise-Systems

Im Gegenzug zahlen die Franchise-Nehmer neben Einstiegs- und Schulungsgebühren auch einen Anteil an ihrem Umsatz an den Franchise-Geber. Sie übernehmen dafür ein professionell geplantes und häufig erfolgreich angewendetes Unternehmenskonzept.

Aus dieser Arbeitsteilung ergeben sich vielfältige Vorteile für beide Seiten:

- Franchise-Geber:
  - streut das unternehmerische Risiko
  - kann schnell neue Märkte penetrieren
  - kann sich auf Kernaufgaben konzentrieren
  - löst somit das Problem der Finanzmittelbeschaffung für die Expansion
- Franchise-Nehmer:
  - übernimmt erfolgreiches Konzept
  - hat kalkulierbares Risiko bei Geschäftseröffnung und in der Regel überschaubare Investitionen
  - durch überregionale Werbung hoher Wiedererkennungswert des Unternehmens
  - häufig von Beginn an Gewinnerwirtschaftung
  - nutzt Schulungen und Unterstützung

Mit diesem Konzept wird eine Möglichkeit dargestellt, die Aufgabenstellung zu lösen. Dabei sollte man die Neuorganisation und die daraus entstehenden Implikationen für das Geschäft anhand eines Rahmenkonzeptes untersuchen. In dieser Fallstudie wird die Wertschöpfungskette von Michael Porter genutzt, die zwischen den primären und sekundären betrieblichen Aktivitäten unterscheidet.

An dieser Stelle sind viele Konstellationen zur Verteilung der Tätigkeiten zwischen den beiden Partnern denkbar. Abbildung 39 beinhaltet eine der möglichen Varianten.

Zunächst werden die fünf primären Aktivitäten betrachtet. Hier bieten sich einige Potenziale zur Zentralisation.

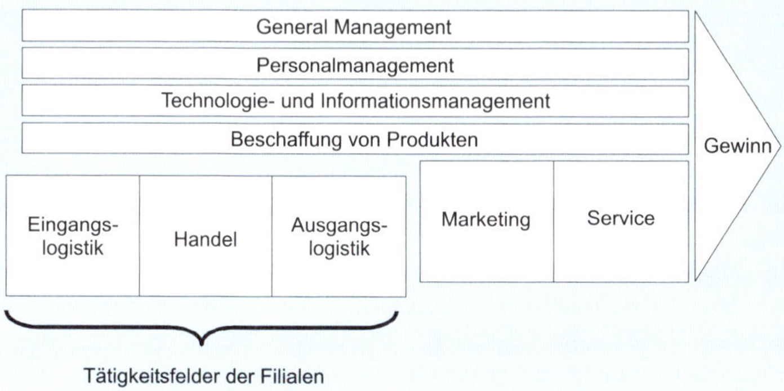

Abbildung 39: Übersicht über betriebliche Aktivitäten

I. Eingangslogistik

Die erste primäre Aktivität der Wertschöpfungskette wird in diesem Fall dem Tätigkeitsfeld der Filialen, also dem Franchise-Nehmer, zugerechnet. Dies beinhaltet unter anderem den Eingang und die Kontrolle der Ware. Diese Lösung ist zu empfehlen, wenn eine zentrale Lagerhaltung auf Grund von Lieferfristen oder in anderen Fällen auf Grund von Haltbarkeiten keinen Sinn macht.

II. Handel

In der ursprünglichen Wertschöpfungskette beinhaltet die zweite primäre Aktivität die Produktion. Da es in diesem Fall um einen reinen Handel mit Waren geht, wird dieser Aktivitätsbereich der Fallstudie angepasst. Dieses Aufgabenfeld wird der Filiale zugeordnet.

III. Ausgangslogistik

Ebenso wie die Eingangslogistik gehört die Ausgangslogistik in dieser Lösungsvariante zu dem Tätigkeitsbereich der Filiale. An dieser Stelle kann sicherlich auch eine Arbeitsteilung mit dem Franchise-Geber erfolgen.

IV. Marketing/Vertrieb

Das Marketing wird bei der Umstrukturierung der betrieblichen Aktivitäten zentralisiert und somit dem Franchise-Geber zugeordnet. Die zentral gestalteten Kampagnen können gegebenenfalls regional adaptiert werden. Der Vertrieb ist per se regional aufgestellt (Filialen).

V. Service

Der Service wird wie das Marketing von einer zentralen Stelle, also dem Franchise-Geber, organisiert und durchgeführt. Die Zentralisation dieser Aktivitäten ermöglicht den Einsatz von Spezialisten, die sämtliche servicebezogenen Tätigkeiten aller Filialen übernehmen. Dieser Unternehmensbereich kann mit voller Auslastung arbeiten.

Der zweite Teil der Wertschöpfungskette betrachtet die sekundären Aktivitäten eines Unternehmens. In diesem Fall werden sämtliche Aktivitäten von der zentralen Instanz des Franchise-Gebers übernommen. Dazu gehört neben dem General Management des Unternehmens auch die Unterstützung der Filialen bei personaltechnischen Fragen. Der Franchise-Geber ist zudem für die Entwicklung und Installation eines unternehmensinternen und -übergreifenden Informationssystems verantwortlich. Das beinhaltet unter anderem die Entscheidungen bezüglich des Technologieeinsatzes. Außerdem ermöglicht die zentrale Beschaffung von Produktionsfaktoren, die in diesem Fall Waren darstellen, erhebliche Kosteneinsparpotenziale für das gesamte Unternehmen.

Durch die in Interaktion mit dem Interviewer erhaltenen Informationen und die daraus abgeleiteten Lösungsansätze kann der Bewerber die folgenden Schlüsse ziehen:

- Zur Durchführung der Expansion ist eine Umorganisation des Unternehmens erforderlich.
- Durch den Einsatz eines Franchise-Systems erhält der Unternehmer das Kapital und die Manpower, um auf schnelle Weise sein Filialnetz zu erweitern.
- Durch die Zentralisation von bestimmten Aktivitäten und den Einsatz von Spezialisten können Kostenvorteile realisiert werden.
- Die Filialen können sich ganz auf ihr Kerngeschäft, den Handel von Körperpflegeprodukten, konzentrieren.

5.15 Globale Strategieentwicklung

Aufgabe

Ein Unternehmen, das als Weltmarktführer erfolgreich Produkte für den Profi- und Heimwerkerbereich herstellt, wird mit einem sinkenden Umsatz konfrontiert. Dies bewirkt einen Rückgang in der Profitabilität. Der Vorstand des Unternehmens sieht sich zum Handeln gezwungen und schaltet eine Unternehmensberatung ein, die eine neue globale Strategie entwickeln soll.

Lösungsvorschlag

Diese Aufgabenstellung bietet zu Beginn der Analyse ein breites Spektrum zur Betrachtung an. Eine systematische Vorgehensweise und der Einsatz eines Rahmenkonzeptes sind von elementarer Wichtigkeit. Wie in vielen anderen Fallstudien bieten sich mehrere der beschriebenen Frameworks an. In diesem speziellen Beispiel wird die SWOT-Analyse genutzt.

Der Bewerber sollte sich zu Beginn der Bearbeitung durch gezielte Fragen den Problempunkten der Fallstudie nähern. Der hier beschriebene Lösungsvorschlag beinhaltet lediglich einen Bruchteil der möglichen Fragen und Antworten. Dennoch könnte die Bearbeitung auf diese Weise verlaufen.

I. Interne Analyse: Strengths and Weaknesses

Die interne Analyse dient der Identifikation von Stärken und Schwächen des Unternehmens.

Kosten

- Hat sich die Kostenstruktur des Unternehmens in der Vergangenheit nachteilig entwickelt?
  nein

- Sind Kosteneinsparpotenziale realisierbar?
  eventuell
- Sind Kosteneinsparpotenziale in der Vergangenheit realisiert worden?
  nein

Markt/Strategie

- Welche Märkte werden von dem Unternehmen bedient?
  die Märkte 25 verschiedener Länder
- Werden die verschiedenen Märkte mit unterschiedlichen Produkten bedient?
  ja, aber die Basiskomponenten variieren nur geringfügig
- Worauf baut die Unternehmens- und Marktstrategie auf?
  auf Qualitätsführerschaft

Produktion

- Wo werden die Leistungen produziert und vertrieben?
  in 20 verschiedenen Ländern wird produziert und die Märkte beliefert
  auf diese Weise erfolgt eine optimale Anpassung an individuelle Markterfordernisse
- Wie werden diese Basiskomponenten entwickelt?
  dezentral in den einzelnen Werken
- Agieren die einzelnen Werke autonom oder werden sie von einer zentralen Instanz gesteuert?
  sie agieren weitgehend autonom
- Sind die Kommunikationswege zwischen den Standorten gut ausgebaut?
  nein
- Sind diese Werke kapazitätsmäßig ausgelastet?
  nein

Aus diesen Informationen erhält man einen ersten Überblick über relevante interne Faktoren, die für die Entwicklung des Unternehmens verantwortlich sind.

Die Kostenstruktur des Unternehmens hat sich nicht nachteilig entwickelt. Es wurden aber auch keine Kosteneinsparpotenziale realisiert. Diese Tatsache spricht sicher nicht für das betrachtete Unternehmen, da dieses immer bemüht sein sollte, seine Kostenstruktur zu verbessern. Dieser Punkt wird, da er nicht von zentraler Bedeutung für die Fallstudie ist, zunächst vernachlässigt.

Interessanter ist die Tatsache, dass die internationalen Märkte von weitestgehend autonom agierenden Niederlassungen bedient werden. Jeder Standort bestimmt eigenständig unter anderem über seinen Einkauf, das zu vertreibende Sortiment, die Art der Vertriebswege und die Forschung und Entwicklung. Dies dient dem Ziel, die Produktpalette optimal den individuellen Markterfordernissen anzupassen. Des Weiteren ist die Anzahl der Werke im Vergleich zu den Märkten erstaunlich.

Aus diesen Tatsachen kann man die Erkenntnis ziehen, dass die Unternehmensstruktur mit großer Wahrscheinlichkeit viele Redundanzen beinhaltet. Dafür spricht auch die geringe Kapazitätsauslastung der Produktionsstätten. Kosteneinsparpotenziale sind durch eine Neuorganisation der gesamten Unternehmensstruktur möglich. Das schließt die Zusammenführung und Schließung von einigen Werken sowie die Reduzierung der Mitarbeiterzahl und Betriebsmittel mit ein. All dies führt wiederum zu einer höheren Kapazitätsauslastung und dadurch zu geringen Kosten.

Außerdem könnten einige Unternehmensbereiche wie die Forschung und Entwicklung zentralisiert werden. Die Bündelung solcher Unternehmensaktivitäten wird sicherlich große Synergie-Effekte erzeugen. Auf diesem Wege können die Produkte stärker auf Basiskomponenten aufgebaut und als Varianten für die unterschiedlichen Markterfordernisse geringfügig modifiziert werden. Durch die zentrale Forschung erreichen Neuentwicklungen schneller die Märkte.

Die vielen verteilten Standorte erfordern den Einsatz moderner Kommunikationswege.

Neben der Betrachtung der vielen Schwächen sollte die elementare Stärke des Unternehmens nicht vernachlässigt werden. Immerhin agiert es als Qualitätsführer auf dem Weltmarkt. Bei der Neuorganisation der gesamten Unternehmensstruktur darf die Leistungsqualität nicht leiden; sie sollte im Vergleich zur Konkurrenz ausgebaut werden. Die Nachteile in der Organisationsstruktur könnten durch gezielte Maßnahmen in komparative Vorteile umgewandelt werden.

II. Externe Analyse: Opportunities and Threats

Bei der Betrachtung des externen Umfeldes werden die Möglichkeiten und Gefahren im Wettbewerb analysiert, wobei viele marktbezogene Aspekte betrachtet werden müssen. An dieser Stelle kann man zur strukturierten Vorgehensweise das Five-Forces-Modell nutzen; in diesem Fall wird jedoch ohne dieses Hilfsmittel vorgegangen, und anhand der Fragen und Antworten des Interviewers werden die Kernpunkte der Fallstudie eingegrenzt.

- Wie hat sich das gesamte Marktvolumen entwickelt?
  leicht abfallend
- Haben sich einzelne Märkte vom Umsatz her nachteilig für das Unternehmen entwickelt?
  es gibt keine großen Unterschiede zwischen den Ländern
- Liegen volkswirtschaftliche Gründe für den Umsatzrückgang vor?
  Rezession teilweise verantwortlich
  Wechselkurse haben sich zum Nachteil des Unternehmens verändert
- Verlieren die wichtigen Konkurrenzanbieter auch an Umsatz?
  nein, Hauptkonkurrent aus Japan hat sogar an Marktanteilen gewonnen
- Sind neue Wettbewerber hinzugekommen?
  nein

- Welche Strategie verfolgt der Hauptkonkurrent aus Japan?
  Preisführerschaft
  Produktion von Standardprodukten mit geringer Variantenzahl

Aus diesen wenigen Fragen ergeben sich einige prägnante Punkte: Der gesamte Weltmarkt verzeichnet einen Rückgang beim Umsatzvolumen, was teilweise auf eine Rezession in einigen der penetrierten Märkte zurückzuführen ist. Dies wiederum ist sicherlich für den Umsatzrückgang des betrachteten Unternehmens verantwortlich. Ein weiterer Grund für diesen Rückgang ist die Verschlechterung der Wechselkurse.

Erstaunlich ist die Tatsache, dass der Hauptkonkurrent aus Japan seinen Umsatz steigern und dadurch seine Marktposition verbessern konnte. In diesem Zusammenhang spielt mit Sicherheit die Preisführerschaft des Konkurrenten eine entscheidende Rolle, wogegen die Qualität der Leistungen im Vergleich zum Preis lediglich eine untergeordnete Rolle spielt.

In jedem Fall muss das Unternehmen auf die Veränderungen in den Märkten reagieren.

Aus diesen Aspekten der Fallstudie kann man die folgenden Schlüsse ziehen:

- Eine neue Unternehmensstrategie ist nötig, um im Wettbewerb bestehen zu können. Neben der Qualitätsführerschaft sollte das Unternehmen das Preisniveau seiner Produkte überdenken.
- Eine Neuorganisation mit der Bildung von Competence-Centern (z. B. Forschung und Entwicklung) sowie der Zusammenlegung und Schließung von Werken ist angebracht. Dazu gehört auch der Einsatz moderner Kommunikationsmedien.
- Die Anzahl der Basiskomponenten und deren Varianten sollte verringert werden.

5.16 Kostenstrukturanalyse

Aufgabe

Ein Unternehmen, das in der Verpackungsindustrie tätig ist, hat vor einigen Jahren einen profitabel agierenden ausländischen Mitkonkurrenten aufgekauft. Bis zum heutigen Zeitpunkt haben sich jedoch auf der Kostenseite keine nennenswerten Einsparungen ergeben. Die Unternehmensleitung engagiert eine Unternehmensberatung, um Kosteneinsparpotenziale aufzudecken.

Lösungsvorschlag

In diesem Fall wurde ein Mitkonkurrent aufgekauft, was eine horizontale Integration der Wertschöpfung in dieser Industrie darstellt. Diese Investition kann auf viele Gründe zurückgeführt werden. Dazu zählt sicherlich die gestiegene Leistungsfähigkeit und Marktmacht des neuen Unternehmens. Sicherlich werden durch die Integration verschiedener Unternehmensaktivitäten Synergiepotenziale möglich, wie die folgende Abbildung andeutet.

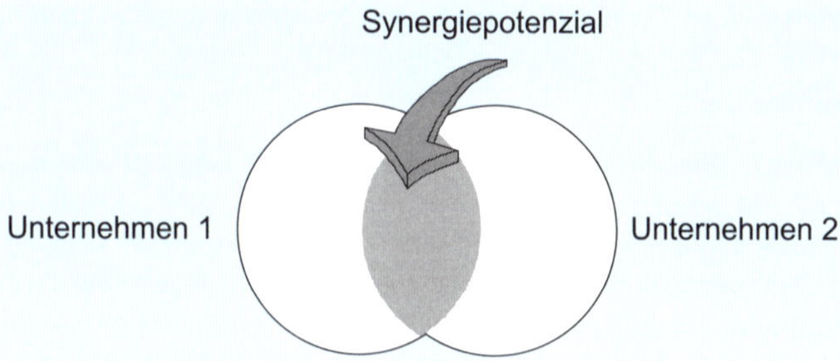

Abbildung 40: Identifikation der Synergiepotenziale

Bei der Integration sollen redundante Tätigkeiten, die in beiden Unternehmen ausgeführt wurden, vermieden werden. Die grundlegende Feststellung über Integrationspotenziale stellt das Minimalziel dieser Fallstudie dar. Darüber hinaus muss der Bewerber mögliche Potenziale lokalisieren. Eine strukturierte Vorgehensweise ist dabei von elementarer Bedeutung. Die Erarbeitung der relevanten Potenziale erfolgt wie in den meisten Fallstudien durch Interaktion mit dem Interviewer.

Bei der alleinigen Analyse der unternehmerischen Aktivitäten und den damit verbundenen Kostenstrukturen bietet sich die Wertschöpfungskette, die zwischen den primären und sekundären Aktivitäten differenziert, als Rahmenkonzept an.

Wie Abbildung 41 verdeutlicht, werden zwei zunächst eigenständig agierende Unternehmen zu einem Gesamtunternehmen zusammengefügt. Dabei werden verschiedene Aktivitätsbereiche zusammengefasst. Die Abbildung beschreibt eine mögliche Variante.

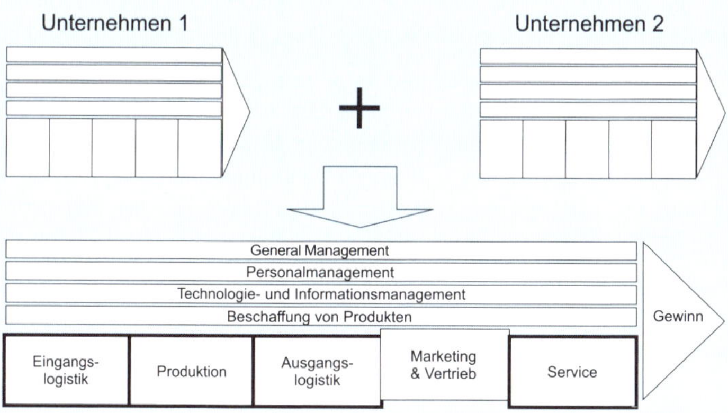

Abbildung 41: Realisierung von Synergien

Einige der wertschöpfenden Funktionen sollten nach wie vor in beiden Unternehmen separat ausgeführt werden. Diese Aktivitäten sind in der Abbildung fett umrandet.

I. Primäre Aktivitäten

Die erste von Porter identifizierte primäre Aktivität ist die Eingangslogistik. Dieser Tätigkeitsbereich birgt bei räumlicher Nähe der beiden Unternehmen sicherlich erhebliche Synergiepotenziale durch - unter anderem - eine Zusammenlegung der beiden Lager. Dieser Umstand ist in vorliegender Fallstudie nicht gegeben. Aus diesem Grund wird auf eine komplette Integration der Eingangslogistik und den damit verbundenen Aktivitäten wie der Wareneingangskontrolle verzichtet. Allerdings besteht die Möglichkeit, z. B. die Automation der Eingangslogistik beider Werke anzugleichen oder die Mindestlagerbestände zu minimieren.

Die Produktion ist die zweite primäre Aktivität der Wertschöpfungskette. Auch sie könnte in bestimmten Fällen zusammengeführt werden. Da in diesem Fall das zweite Unternehmen im Ausland produziert und dessen Markt in besonderem Maße beliefert, wird auf die Zusammenlegung der beiden Produktionsstandorte verzichtet. Deshalb ist diese Aktivität in Abbildung 41 fett umrandet. Im Bereich der Produktion ist der Einsatz eines zentral lokalisierten Leitstandes denkbar. Dieser hätte die Aufgabe, den optimalen Produktionsmix der beiden Standorte zu bestimmen. Dabei müssen unter anderem die Maschinenauslastung, der Leistungsgrad der Maschinen sowie die Transportkosten berücksichtigt werden. In diesem Zusammenhang ist die Bildung von Competence-Centern im Bereich der Produktion denkbar. Dabei würden sich die Standorte auf die Produktion bestimmter Produkte konzentrieren.

Die dritte primäre Aktivität beinhaltet die Ausgangslogistik. Eine Zusammenlegung der beiden Ausgangslager ist wegen der beiden Produktionsstätten auch in diesem Bereich kaum möglich. Bei der Distribution der betrieblichen Leistung sollten allerdings Synergiepotenziale realisierbar sein. Durch die gestiegene Marktmacht des Unternehmens sind günstigere Konditionen bei extern beauftragten Transportunternehmen möglich.

Der einzige primäre Aktivitätsbereich, der in diesem Lösungsansatz von einer zentralen Stelle durchgeführt wird, ist der Bereich Marketing & Vertrieb. Dieser Unternehmensbereich wird von einer zentral gelegenen Stelle für das Gesamtunternehmen optimiert. Durch die Optimierung der Arbeitsabläufe und die Verringerung von Redundanzen können Mitarbeiter der unteren Gehaltsgruppen und der mittleren Gehaltsgruppen freigestellt werden.

Die letzte primäre Aktivität beinhaltet den Service. Dieser wird in unserem Fall weiterhin von den beiden Produktionsstätten separat durchgeführt. Aus diesem Grund ist der Bereich in Abbildung 41 fett umrandet. Diese Entscheidung beruht zum großen Teil auf der räumlichen Distanz der beiden Werke und den unterschiedlichen Märkten, die von ihnen bedient werden. Dabei müssen länderspezifische Aspekte besondere Beachtung finden. Die Einsparpotenziale in diesem Bereich werden von dem Interviewer als zu vernachlässigen angegeben.

II. Sekundäre Aktivitäten

Zu den sekundären Aktivitäten zählt das General Management. In unserem Fall wird dieses sinnvollerweise zentralisiert. Aus den beiden oberen Managementebenen der Unternehmen wird das General Management gebildet, das für die gesamten Unternehmensaktivitäten verantwortlich ist. Durch die Zusammenführung werden einige Managementpositionen nicht mehr benötigt. Die betroffenen Personen werden mit sofortiger Wirkung freigestellt.

Im Personalmanagement, das wie das General Management zu den sekundären Aktivitäten der Wertschöpfungskette gerechnet wird, sind durch die Integration der beiden Abteilungen auch Kosteneinsparpotenziale realisierbar. Eine Zentralisierung der personalbezogenen Aktivitäten ermöglicht die Freistellung von Mitarbeitern der Personalabrechnung und -betreuung. Diese sind der mittleren Gehaltsstufe zuzurechnen.

Der Arbeitsbereich des Technologie- und Informationsmanagements bietet in diesem Fall weitere Möglichkeiten der Integration. Die Informationssysteme der beiden Unternehmen sollten vereinheitlicht werden. Dies kann durch betriebswirtschaftliche Standardanwendungssoftware erfolgen. Diese Forderung lässt sich sinnvollerweise auch an die vertikale Wertschöpfungskette stellen. In diesem Zusammenhang werden Datenformate angeglichen und ein einheitlicher Transfer von Daten und Wissen wird ermöglicht. Im vorliegendem Fall wurde die Implementierung eines einheitlichen Informationssystems noch nicht durchgeführt. Kurzfristig werden dem Unternehmen daher erhebliche Kosten durch die Implementierung dieses Systems entstehen. Da mittelfristig realisierbare Einsparpotenziale zu diesem Zeitpunkt nur schwer abschätzbar sind, wird diese sekundäre Aktivität bei der Berechnung eines Gesamteinsparpotenzials nicht berücksichtigt.

Die letzte sekundäre Aktivität der Wertschöpfungskette beinhaltet die Beschaffung der Produktionsfaktoren. Durch den Zusammenschluss der beiden Unternehmen hat sich die Verhandlungsposition gegenüber den Lieferanten deutlich verbessert. Für das Unternehmen können günstigere Konditionen bei der Beschaffung der Produktionsfaktoren ausgehandelt werden.

Diese Darlegung zeigt, dass in den unterschiedlichen Bereichen signifikante Potenziale zu erzielen sind. Der interessierte Leser kann nun die Kostenstruktur des Unternehmens abschätzen und die Einsparpotenziale quantifizieren.

5.17 Produktivitätsvergleich

Aufgabe

Das Jahresergebnis eines Unternehmens der Werkzeugindustrie hat sich im letzten Geschäftsjahr dramatisch verschlechtert. Die Gesamtkosten betrugen 3,4 Millionen EUR, es wurden 40 000 Produkte zu einem durchschnittlichen Preis von 100 EUR verkauft. Das Unternehmen beschäftigt 500 Mitarbeiter. Die Geschäftsführung plant eine größere Spezialisierung ihrer Produktpalette. Eine Unternehmensberatung wird beauftragt, die negative Entwicklung zügig zu untersuchen und die Planung der Geschäftsführung kritisch zu betrachten. Als Ausgangspunkt sollte ein Vergleich zum Branchendurchschnitt erfolgen.

Lösungsvorschlag

Bei der Betrachtung der gegebenen Daten sollte die Ermittlung der Wirtschaftlichkeit und der Produktivität den Ausgangspunkt bilden. Die relevanten Vergleichsdaten anderer Unternehmen dieser Branche erhält der Bewerber auf Anfrage:

Die durchschnittliche Wirtschaftlichkeit der Branche liegt bei einem Wert von 1,3 (Umsatz dividiert durch Kosten) und die durchschnittliche Arbeitsproduktivität der Branche beträgt 90 Stück pro Mitarbeiter.

Bei der Analyse der gegebenen Daten ergeben sich bei korrekter Berechnung die folgenden Kennziffern für das betrachtete Unternehmen:

$$\text{Wirtschaftlichkeit} = \frac{100 \times 40\,000}{3\,400\,000} = 1{,}176$$

$$\text{Arbeitsproduktivität} = \frac{40\,000}{500} = 80$$

Aus diesen Kennziffern lassen sich zunächst einige Schlüsse bezüglich der unternehmerischen Leistung ziehen.

Die Wirtschaftlichkeit des Unternehmens liegt unter dem Branchendurchschnitt. Das kann mehrere Ursachen haben. So können beispielsweise die Gesamtkosten der betrieblichen Leistung zu hoch sein. Außerdem kann die erzielte Leistung des Unternehmens, die sich aus der Ausbringungsmenge und dem erzielten Preis zusammensetzt, im Vergleich zum Branchendurchschnitt zu hoch sein.

Bei der Betrachtung der Arbeitsproduktivität ergeben sich ähnliche Ergebnisse. Im Vergleich zum Branchendurchschnitt ist die Arbeitsproduktivität von 80 Stück/Mitarbeiter zu niedrig. Dabei stimmt das Verhältnis zwischen der Ausbringungsmenge und der Mitarbeiterzahl des Unternehmens nicht.

Eine tiefergehende Spezialisierung der Produktion kann einige realisierbare Vorteile zur Folge haben:

- Steigerung der Ausbringungsmenge
- Senkung der Fertigungskosten
- Rationalisierungspotenzial im Fertigungsprozess
- Steigerung der Qualität, Senkung der Ausschussproduktion

Eine mögliche Spezialisierung bringt allerdings einen wesentlichen Nachteil mit sich: Die Berücksichtigung individueller Kundenwünsche bei der Produktion wird unter Umständen stark eingeschränkt. Dies kann jedoch durch das Baukastenprinzip in der Produktion weitestgehend vermieden werden.

Die Spezialisierung im Rahmen einer Vereinheitlichung des Fertigungsgegenstandes ist nur eine Möglichkeit der Rationalisierung. Die Geschäftsleitung des Unternehmens sollte die tiefergehende Normung und Typisierung ihrer Produkte in Erwägung ziehen.

Diese kurze Analyse führt zu den folgenden Schlüssen:

- Die Arbeitsproduktivität und Wirtschaftlichkeit des Unternehmens liegen unter dem Branchendurchschnitt.
- Die Ursachen hierfür sollten in der Kostenstruktur, der Mitarbeiterzahl, der Ausbringungsmenge und dem Stückerlös gesucht werden - gegebenenfalls könnte man die Produktion stärker spezialisieren.

5.18 Businessplan eines Computereinzelhändlers

Vorbemerkung

Im Folgenden soll anhand der bei den Analyse-Werkzeugen diskutierten Vorgehensweise zur Erstellung eines Businessplans der Fall einer Unternehmensgründung im Computerhandels- und Dienstleistungsbereich besprochen werden. Die einzelnen Fragestellungen sollen beispielhaft mit Leben gefüllt werden, um dem Bewerber ein Gefühl für die einzelnen Problem- und Fragestellungen zu geben.

Aufgabe

Supertronics[32] ist ein Unternehmen, das sich auf den Handel mit Hard- und Software für kleine und mittlere Unternehmen spezialisieren will und darüber hinaus den Aufbau und die Wartung von unternehmensinternen Netzwerken sowie die EDV-technische Schulung der Unternehmensmitarbeiter übernehmen möchte. Sämtliche Produkte und Leistungen von Supertronics werden in einem konkurrenzfähigen Preis-Leistungs-Verhältnis stehen. Es ist geplant, sowohl ein mittelgroßes Ladengeschäft in L-Town als Anlaufstation für Laufkundschaft zu betreiben als auch darüber hinaus vor Ort beim Kunden Dienstleistungen rund um den Computer zu erbringen. Die Unternehmensgründer, Diplom-Informatiker M. Meier und Diplom-Kaufmann H. Müller, beide mit mehrjähriger Erfahrung in der Computerbranche, haben sich dazu entschlossen, eine erfahrene Existenzgründerberatung zu konsultieren, um mit dieser die einzelnen zu beachtenden Schritte und Probleme der Existenzgründung zu besprechen.

Der Bewerber soll für den Klienten einen Businessplan erstellen!

Lösungsansatz

Der Lösungsansatz orientiert sich an den bereits diskutierten „klassischen" Fragestellungen zur Erstellung eines Businessplans. Im Folgenden wird jeweils nur kurz auf die einzelne Fragestellung eingegangen, da lediglich ein Gefühl für die Dimension und Schwierigkeit der einzelnen Fragestellungen vermittelt werden soll.

Der Businessplan sollte folgende Themengebiete enthalten:

1. Zusammenfassung
2. Informationen zur Unternehmensgründung
3. Informationen zum Produkt beziehungsweise zur Dienstleistung
4. Informationen zur Branche
5. Informationen zum Marketing/Vertrieb
6. Informationen zur Unternehmensleitung
7. Angaben zur Dreijahresplanung
8. Angaben zum Kapitalbedarf

All dies sind wichtige Gesichtspunkte, mit denen sich der Plan befassen sollte. Als nächster Schritt ist es nun notwendig, diese weitgefassten Themengebiete mittels gezielter Fragen zu strukturieren und näher zu untersuchen. Somit ergeben sich folgende tiefergehende Fragestellungen:

I. Zusammenfassung

Frage	Antwort
Formulieren Sie die Geschäftsidee in einem Satz.	Bei dieser Unternehmensgründung kann die Geschäftsidee wie folgt beschrieben werden: „Das Angebot von Hard- und Software sowie der Aufbau und die Betreuung von Netzwerken speziell für kleine und mittlere Unternehmen zu vergleichsweise attraktiven Preisen.“
Was sind die Produkte?	Die Produkte sind einerseits Hard- und Software speziell für den Einsatz in kleinen und mittleren Betrieben, andererseits werden auch der Aufbau von unternehmensinternen Netzwerken, die Schulung der Mitarbeiter und die Wartung der Netzwerke als Dienstleistung angeboten.
Was sind die entscheidenden Erfolgsfaktoren?	Entscheidend für den Erfolg des Unternehmens sind einerseits das Angebot kompetenter und dem Service-Gedanken verschriebener Dienstleistungen, andererseits ist auf die Konkurrenzfähigkeit des Preis-Leistungs-Verhältnisses zu achten.
Was sind die Ziele, und wie sollen diese erreicht werden?	Als Zielsetzung der Unternehmung muss die Etablierung des Firmennamens als Garant für erstklassige Qualität der verkauften Hard- und Software und hoch qualifizierte Dienstleistungen im regionalen Markt bei kleinen und mittleren Unternehmen gesehen werden. Zusätzlich gilt als Nebenbedingung das Erreichen des „Break-Even” innerhalb von zwei Jahren nach Eröffnung der Geschäftstätigkeit.

II. Informationen zur Unternehmensgründung

Frage	Antwort
Wie ist das Unternehmen strukturiert?	Da sich das Unternehmen erst im Aufbau befindet, ist die formale Struktur des Unternehmens (noch) einfach. Die Unternehmensgründer sind beide vertretungsbefugt und gleichberechtigt. Zu Beginn sind sie die einzigen Mitarbeiter, wobei mit zunehmender Geschäftstätigkeit Neueinstellungen vorgesehen sind. Die beiden Existenzgründer sind im Sinne einer „Allroundtätigkeit" für alle geschäftlichen Belange zuständig, wobei sich eine gewisse Spezialisierung/Arbeitsteilung gemäß des vorhandenen Backgrounds automatisch ergibt.
Wer übernimmt welche Aufgaben, und wie ist derjenige qualifiziert?	Herr Meier wird sein Wissen als Diplom-Informatiker durch die Betreuung der kleinen und mittleren Unternehmen, den Service vor Ort und den Zusammenbau beziehungsweise die Reparatur der verkauften Hardware in Supertronics einbringen, während Diplom-Kaufmann Herr Müller die Geschäftstätigkeit im Ladengeschäft, die Kundenakquisition und die EDV-Schulungen übernehmen wird.
Wer sind die Gesellschafter oder Geschäftspartner?	Zu jeweils gleichen Anteilen sind Herr Meier und Herr Müller gleichberechtigte Gesellschafter.
Was ist die Rechtsform des Unternehmens?	Die zu Anfang gewählte Rechtsform der Firma Supertronics ist die Gesellschaft mit beschränkter Haftung (GmbH). Beide Partner sind gleichberechtigte Geschäftsführer und vertreten die Firma nach außen.

Generell können an diesem Punkt Vor- und Nachteile der verschiedenen Rechtsformen bei Unternehmensgründung diskutiert werden.

III. Informationen zum Produkt/Dienstleistung

Frage	Antwort
Wie kann man die Produkte kurz beschreiben?	Bei den angebotenen Produkten handelt es sich um die notwendige Hard- und Software, welche für den Geschäftsbetrieb von kleinen und mittleren Unternehmen unterschiedlichster Branchen benötigt werden. Neben dem Verkauf dieser Produkte werden eine Reihe von Dienstleistungen, wie z. B. die Wartung und Reparatur der Systeme von Geschäftskunden oder EDV-Schulungen, für Mitarbeiter mittelständischer Unternehmen angeboten.
Welchen besonderen Zusatznutzen bietet das Produkt dem Kunden?	Das Gesamtpaket der von Supertronics angebotenen Produkte und Dienstleistungen stellt den Zusatznutzen einer kompetenten Rundumbetreuung in sämtlichen Computerfragen zu einem konkurrenzfähigen Preis dar.

Wie sehen die Konkurrenzprodukte aus?	Im Einzugsgebiet von L-Town gibt es eine ganze Reihe von Computerhändlern und Schulungsunternehmen; allerdings sind diese entweder auf Endverbraucher abgestimmte Billigmärkte, auf Geschäftskunden spezialisierte Anbieter der Premiumpreisklasse oder sie sind nicht in der Lage, eine Gesamtbetreuung des Kunden in sämtlichen Bereichen seiner Computersysteme vorzunehmen.
Was hebt das eigene Produkt von denen der Konkurrenz ab?	Die Kombination von hervorragendem Service, individuellen Computerlösungen und einem attraktiven Preis-Leistungs-Verhältnis ist einzigartig in der gesamten Region.
Ist der Unterschied dem Kunden sofort ersichtlich?	Durch verstärkte Werbeanstrengungen und vor allem Empfehlungen zufriedener Kunden muss auf die Einzigartigkeit der Produkt- und Leistungsbündelung hingewiesen werden. Bei genauem Vergleich der Leistungen von Supertronics mit den Angeboten der Konkurrenz wird der Unterschied deutlich.
Kann man selbst zuverlässig produzieren, liefern und warten?	Die mehrjährige Erfahrung der Unternehmensgründer im kaufmännischen wie auch im computertechnischen Bereich und die bereits getroffenen Liefervereinbarungen mit einer Reihe von Hard- und Softwarelieferanten können sowohl das Zusammenstellen der einzelnen Komponenten als auch die Lieferung und deren Wartung sicherstellen. Lediglich seitens des Kunden-vor-Ort-Services und der Schulungen kann es zu Engpässen kommen, die durch rechtzeitige Personalbedarfsplanung antizipierend umgangen werden müssen.
Wer ist die Zielgruppe für dieses Produkt?	Die Zielgruppe der Geschäftstätigkeit von Supertronics sind sämtliche kleine und mittelständische Unternehmen des Großraumes L-Town, die „Stand-Alone"-Computer oder sogar Unternehmensnetzwerke benötigen.
Was erwarten die Kunden von einem solchen Produkt?	Kunden erwarten von ihrer Hard- und Software vor allem, dass sie zuverlässig und fehlerfrei arbeitet und dabei möglichst unkompliziert zu bedienen ist.
Bietet das Produkt dem Kunden alleine oder nur in Verbindung mit Komplementärprodukten einen besonderen Nutzen?	Speziell die Kombination von individuell zusammengestellten Hard- und Softwarekomponenten in Verbindung mit einer effizienten Wartung und Pflege bietet in diesem Fall den besonderen Nutzen.
Müssen Allianzen eingegangen werden, damit der Zusatznutzen für den Kunden deutlicher wird?	Die Allianzbildung ist nicht unbedingt zwingend, allerdings kann durch Exklusivverträge mit verschiedenen Hard- und Softwareherstellern, sofern dies möglich ist, für die Region um L-Town ein entscheidender Wettbewerbsvorteil gesichert werden.
Was ist „State-of-the-Art" für dieses Produkt?	Der aktuelle Stand der Technik und die Entwicklung für die einzelnen Komponenten des Angebotes von Supertronics ist sehr unterschiedlich. Um einen Überblick zu bekommen, müssten alle Komponenten des Angebotes einzeln betrachtet werden, wovon an dieser Stelle abgesehen wird.

In welchen Zeitabständen wird es neue Versionen geben?	Bei den Hardwareprodukten wird in der Regel mit Erneuerungszyklen von circa neun bis zwölf Monaten gerechnet, während auf der Softwareseite zwischen etablierten Standardprogrammen (z. B. Microsoft Office, SAP R/3) mit längeren Innovationszyklen und einer Vielzahl von ständig auf den Markt drängenden Programmvarianten und -verbesserungen unterschieden werden muss.
Wie wird gefertigt?	Die individuellen Hard- und Softwarekombinationen werden in ihren Basiseinheiten in einer im Ladengeschäft von Supertronics befindlichen Werkstatt zusammengestellt. Die Installation der Geräte wird dann vor Ort beim Kunden vorgenommen.

An dieser Stelle wird auf die weitere Diskussion von Fragen zum Themengebiet der Produkte/Dienstleistungen verzichtet, um die Länge des Falles in einem vernünftigen Rahmen zu halten.

IV. Branche

Frage	Antwort
Wie stark ist die Branche in den letzten Jahren gewachsen?	Der Markt für Computer ist in den letzten Jahren im zweistelligen Prozentzahlenbereich gewachsen. Diese Entwicklung hat zur Gründung einer wahren Flut von Unternehmen, die in der Computerhandels- und Beratungsbranche tätig sind, geführt. Diese Entwicklung hat sich auch in der Region um L-Town vollzogen. Aufgrund der großen Konkurrenz hat allerdings seit geraumer Zeit ein Verdrängungswettbewerb auf dem Markt eingesetzt.
Wie dynamisch ist die Branche?	Die Branche des Hard- und Softwarehandels und der computernahen Dienstleistungen ist als äußerst dynamisch einzustufen, was z. B. alleine schon an den extrem kurzen Innovationszyklen der Computerprozessoren festzumachen ist.
Wie groß ist die Branche, und was ist der Trend?	In und um L-Town gibt es 30 Unternehmen, die sowohl Computerhard- und -software als auch Schulungen und weiteren Service in diesem Bereich anbieten. 10 dieser 30 Unternehmen sind Ein- bis Drei-Mann-Unternehmen mit Umsätzen von durchschnittlich einer Million EUR. 15 Unternehmen beschäftigen 4 bis 10 Mitarbeiter mit einem durchschnittlichen Jahresumsatz von 5 Millionen EUR, während nur 5 Unternehmen mehr als 10 Mitarbeiter beschäftigen. Diese Unternehmen setzten im Schnitt 9 Millionen EUR um. Die Entwicklung in dieser Branche tendiert eindeutig zur Konzentration des Lieferprogrammes und Ausweitung des Services, weswegen die Kleinstunternehmen zunehmend aus dem Markt gedrängt werden.
Unter welchen Einflussgrößen steht die Branche?	Die zunehmende wettbewerbliche Konkurrenz, die kurzen Innovationszyklen der Hard- und Softwarehersteller und das steigende Kosten- wie auch Service-Bewusstsein auf Kundenseite sind als Haupteinflussfaktoren dieser Branche zu erwähnen.

V. Marketing/Vertrieb

Frage	Antwort/Reaktion
Wie sieht die Markteintritts-stratgie aus?	Beim Markteintritt sollen bereits bestehende Kontakte der Firmengründer zu verschiedenen Unternehmen der Region genutzt werden, um Referenzkunden zu werben, die durch das Weiterempfehlen von Supertronics an eigene Geschäftspartner zur weiteren Kundenakquisition beitragen. Der Markteintritt wird von einem auf den Zielmarkt und die Zielkunden abgestimmten Werbeprogramm begleitet und durch verstärktes Engagement von Supertronics bei Verbänden, Kammern und Kongressen zur Demonstration des Experten-Know-how erleichtert.
Welche Barrieren existieren, und wie werden diese überwunden?	Eine der Barrieren für den Markteintritt stellt die Schwierigkeit der Kundenakquisition auf einem an sich bereits stark umkämpften Markt dar. Das äußert sich z. B. durch schnell schwindende Margen, die den Markteintritt unter Umständen nicht attraktiv erscheinen lassen.
Welche Mittel der Absatzförderung werden eingesetzt?	Durch gezielte Mailing-Aktionen an kleine und mittlere Unternehmen, die durch Printanzeigen in Fachmagazinen, Gewerbeanzeigen, Verbands- und Handelskammerblättern bis zu Radiospots vor allem zu Zeiten des Berufsverkehrs ergänzt werden, bieten sich vielfältige Möglichkeiten. Diese einzelnen Maßnahmen werden durch die hohe Qualität der geleisteten Arbeit flankiert, die im Sinne von Kundenzufriedenheit und einer somit langfristigen Kundenbindung sowie einer hohen Neuakquisitionsquote auf Grund von Empfehlungen ebenfalls absatzfördernd wirken.

VI. Unternehmensleitung

Frage	Antwort
Wer sind die Partner oder Gesellschafter, welche Qualifikationen können sie für diese Unternehmensgründung vorweisen?	Der Erste der Partner ist M. Meier. Er hat nach dem Abitur eine Lehre zum Industriekaufmann mit einer Spezialisierung in Informatik gemacht und nach der Lehre mit einem Informatikstudium in L-Town begonnen. Dieses Studium wurde von ihm nach zehn Semestern mit Prädikatsexamen abgeschlossen. Im Anschluss daran arbeitete Herr Meier drei Jahre in der EDV-Abteilung eines internationalen High Tech-Konzerns in L-Town. Herr H. Müller, der zweite Partner bei Supertronics, studierte direkt im Anschluss an sein Abitur in L-Town Betriebswirtschaftslehre mit den Schwerpunkten Wirtschaftsinformatik und Marketing. Auch er schloss sein Studium mit Prädikatsexamen ab. Nach seinem Abschluss arbeitete Herr Müller sechs Jahre lang bei dem gleichen Unternehmen wie Herr Meier und hatte zuletzt die Position des Marketing-Leiters inne.

Wer wird welche Funktionen ausführen?	Auf diesen Aspekt der Geschäftstätigkeit wurde bereits im Unterpunkt II „Informationen zur Unternehmensgründung" eingegangen.
Wie sieht die zukünftige Personalplanung aus?	Für die Startphase ist lediglich die Arbeitskraft der beiden Unternehmensgründer eingeplant, wobei zum Ausgleich von Arbeitsspitzen vor allem im Ladengeschäft kurzfristig auch auf qualifizierte Studenten aus den Studiengängen Informatik und Wirtschaftswissenschaften der in L-Town ansässigen Universität zurückgegriffen werden soll. Mittelfristig ist geplant, das Personal vor allem um qualifizierte Service-Kräfte zu erweitern.

VII. Dreijahresplanung

Frage	Antwort
Welche Investitionen werden in naher Zukunft getätigt?	Zunächst stehen Investitionen in die Ladenausstattung, die Büroeinrichtung und die Grundausstattung des Lagers an. Es ist zu erwägen, inwiefern Transportmöglichkeiten (PKW-Variant und/oder Kleintransporter) zur Erbringung des Kunden-vor-Ort-Services notwendig sind.
Wie werden sich die Umsätze entwickeln, mit welcher Wachstumsrate ist zu rechnen?	Für das erste Jahr der Geschäftstätigkeit werden aus dem reinen Hard- und Softwareverkauf Umsätze in einer Größenordnung von 200 000 EUR erwartet. Bei der Wartung und Betreuung von PC-Systemen werden weitere Umsätze in Höhe von 350 000 EUR als realistisch eingeschätzt, während sich durch EDV-Schulungen 50 000 EUR an Umsatz ergeben. Es wird erwartet, dass in den folgenden beiden Jahren Wachstumsraten von 15 % in allen Bereichen des Geschäftes erreicht werden, was im dritten Jahr der Geschäftstätigkeit einen Gesamtumsatz von etwa 800 000 EUR bedeuten würde.
Welchen grundsätzlichen Risiken steht das Unternehmen gegenüber?	Als eines der größten Risiken von Supertronics ist das Problem der kritischen Größe zu erwähnen. Auf dem durch zunehmende Konzentrationsprozesse gekennzeichneten Anbietermarkt von Office-Systemen muss es eine der primären Zielsetzungen neben den Gewinn- und Profitabilitätszielen sein, so stark zu expandieren, dass die Gefahren einer Marktverdrängung abgewendet werden können. Ein weiteres Risiko ist die Haftungsfrage, denn bei einem Systemabsturz einer von Supertronics gewarteten Anlage und den damit verbundenen Datenverlusten könnten Regressionsansprüche von Kundenseite gestellt werden.

VIII. Kapitalbedarf

Frage	Antwort
Wie hoch ist der Kapitalbedarf, um die erste Geschäftstätigkeit aufnehmen zu können?	Um die bereits oben besprochenen Anfangsinvestitionen tätigen zu können, wird mit einem Kapitalbedarf von insgesamt 200 000 EUR gerechnet. Dabei entfällt auf die Laden- und Büroausstattung ein Betrag von 100 000 EUR, auf die Lagererstausstattung ein Betrag von 60 000 EUR, während für Beratungsleistungen, wie z. B. für die Erstellung eines Businessplans und die Anfertigung einer Marktstudie für den Raum L-Town, 40 000 EUR entfallen.
Wie kann dieser Bedarf gedeckt werden, was steht als Eigenkapital zur Verfügung?	Die beiden Unternehmensgründer verfügen zusammen über Ersparnisse in Höhe von 40 000 EUR; weitere 60 000 EUR können durch private Darlehen von Familienangehörigen und Freunden beschafft werden, während die restlichen 100 000 EUR anderweitig finanziert werden müssen.

5.19 Flugbranchenbetrachtung

Hintergrund

Die Branche der Fluggesellschaften ist durch geringe Renditen und starken Wettbewerb gekennzeichnet. Vor allem am Anfang, nach der Deregulierung des amerikanischen Luftfahrtverkehrs, schossen so genannte Billigfluglinien aus dem Boden. Doch schon wenige Jahre danach haben die meisten dieser Fluglinien die Geschäftstätigkeit wieder eingestellt.

Aufgabe

Wie konnten in einer solch hartumkämpften, preissensiblen Branche so genannte Hochkostenfluglinien überleben, während die Niedrigkostenanbieter (Billigfluglinien) dazu nicht in der Lage waren?

Lösungsvorschlag

Um sämtliche Aspekte sowohl des Kerngeschäftes der Fluglinien als auch der gesamten Branche zu betrachten, bieten sich zwei bereits besprochene Analyse-Werkzeuge an, nämlich das Vier-C-Konzept (4 C) und das Five-Forces-Modell von Porter. Trotz oder gerade wegen auftretender Überschneidungen der durch die beiden Methoden analysierten Bereiche sollen sie hier chronologisch, in sich konsistent abgearbeitet werden.

An dieser Stelle beginnen wir mit der Betrachtung des Kerngeschäftes der Fluglinien anhand der 4 C (vgl. Abbildung 42).

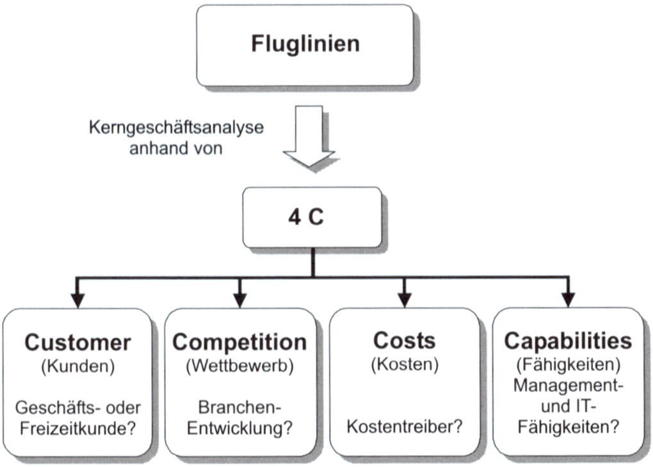

Abbildung 42: Fluglinien-Kerngeschäftsentwicklung anhand der 4 C

I. Kunden (Customer)

Welche Kundentypen gibt es, und wie ist deren Verhalten?

Der erste zu untersuchende Bereich betrachtet die Kunden und deren Verhalten. Um bei dieser Fallstudie zu befriedigenden Ergebnissen zu kommen, ist es ausreichend, eine grobe Klassifizierung der Kunden in Freizeitkunden und Geschäftskunden vorzunehmen. Um die strategischen Bewegungen der einzelnen Fluglinien besser beurteilen zu können, soll an dieser Stelle nochmals kurz auf die Hauptcharakteristika der beiden Kundengruppen eingegangen werden:

Freizeitkunden:

- hauptsächlich zu Freizeitzwecken (besonders Urlaubszeiten, sprich saisonal und/ oder Wochenenden) unterwegs
- stark preisgetriebene Kunden, weniger an Service oder am Ausbau des angebotenen Flugnetzes interessiert, Häufigkeit der Flüge von geringerem Interesse

Geschäftskunden:

- geschäftlich Reisende, in der Regel werktags unterwegs, keine besondere Saison
- weniger preisgetriebende Kunden, achten stärker auf Service und vor allem auf Ausbau des Flugnetzes, Häufigkeit und Anschlussmöglichkeit der Flüge

II. Wettbewerb (Competition)

Durch welche Einflussgrößen ist der Wettbewerb (Markt) charakterisiert?

Die Betrachtung des Wettbewerbs und seiner maßgeblichen Einflussgrößen soll an späterer Stelle mittels Porters Modell der Five Forces stattfinden.

III. Kosten (Costs)

Was sind die Hauptkostentreiber bei Fluggesellschaften?

Die einzelnen Anbieter unterscheiden sich teilweise erheblich in ihrem Kostenniveau; dies äußert sich z. B. in den Kosten für die Flugzeugflotte. Hier macht es einen erheblichen Unterschied, ob man ausschließlich neue Maschinen einsetzt oder lediglich mit bei anderen Fluggesellschaften bereits ausgedienten Maschinen fliegt. Ein weiterer Kostenfaktor ist die Häufigkeit und Intensität der Wartungen und Sicherheitsschecks. Nicht zu vernachlässigen sind die Kosten für sowohl geschultes Boden- als auch fliegendes Personal. In all diesen Faktoren liegen in der Regel bei den Billigfluglinien eindeutige Preisvorteile, wobei Know-how, z. B. bei IT-Systemen oder hoch qualifiziertem und damit teurem Personal, bei der Preisfestsetzung der Flugtickets sicherlich auf der Kostenseite nachteilig wirkt, jedoch auf der Ertragsseite umso stärkere positive Effekte haben könnte. Zusammengefasst muss für die beiden Fluggesellschaftsarten Folgendes festgehalten werden:

Billigfluglinien:

- geringere Kosten, dadurch in der Regel günstigere allgemeine Flugtarife
- eingeschränkter Service sowohl am Boden als auch in der Luft
- häufig schlechteres Streckennetz

Hochkostenfluglinien:

- höhere Kosten, dadurch im Durchschnitt teurere Flugtarife
- besserer Service (Boden und Luft, wie z. B. Lounges, Essen, Zeitschriften)
- gut ausgebaute Flugnetze

IV. Fähigkeiten (Capabilities)

Welche Wettbewerbsvorteile haben die jeweiligen Unternehmen?

Die jeweiligen Fähigkeiten im Sinne von Wettbewerbsvorteilen sind einerseits zur Erledigung der Aufgaben des Unternehmens notwendig, andererseits werden diese Fähigkeiten auch direkt oder indirekt von den Kunden wahrgenommen und tragen somit zum Bild der Fluggesellschaft in der Öffentlichkeit bei.

Hier gilt es wiederum zwischen den beiden Gegenpolen der Flugzeuganbieter zu unterscheiden:

Billigfluglinien:

- niedrigere Kosten und damit niedrigere durchschnittliche Tarife als Wettbewerbsvorteil

Hochkostenfluglinien:

- guter Service und gut ausgebautes Streckennetz
- hoch qualifiziertes Personal, z. B. im Pricing (Flugtarifkalkulation), das in Verbindung mit hoch entwickelten IT-Systemen Angebot und Nachfrage auf dem Flugticketmarkt überwachen und darauf reagieren kann

An dieser Stelle soll nun die Betrachtung des Wettbewerbs und der Bewegungen in der Branche mittels des Five-Forces-Modells von Porter diskutiert werden.

I. Branchenwettbewerber

Die diese Fallstudie determinierenden Faktoren sind der Branchenwettbewerb und die strategischen Bewegungen innerhalb dieses Sektors. Durch die Deregulierung kamen zu den Hochkostenfluglinien, die bis zu dem Zeitpunkt auf dem regulierten Wettbewerbsmarkt alleinig aktiv waren, verstärkt Billiganbieter hinzu. Dem generellen Druck auf die Preise begegneten die etablierten Airlines durch die Positionierung über Sicherheit und Service in Verbindung mit speziell auf die beiden Zielgruppen zugeschnittenen Angeboten. So konnte durch geeignete Informationstechnologiesysteme nahezu jeder Platz zu einem anderen Preis abgesetzt werden. Freizeitflieger wurden durch vereinzelte Billigaktionen zu Grenzkosten geködert, während Vielflieger durch Service-Leistungen und gute Flugnetze bedient wurden. Durch diese strategischen Bewegungen konnten die Hochkostenfluggesellschaften den Discountanbietern den Markt streitig machen.

II. Neue Wettbewerber

Die Gefahr des Eintritts neuer Wettbewerber soll in diesem Fall nicht vertieft besprochen werden. Um dieses Themengebiet kurz anzudiskutieren, soll hier lediglich angemerkt werden, dass der Eintritt neuer Discountanbieter durch die bereits beschriebene strategische Antizipation der klassischen Fluglinien erschwert wird. Der Eintritt neuer Wettbewerber im Sinne von Hochpreisfluglinien ist im Allgemeinen eher unwahrscheinlich, da gigantische Kosten durch z. B. eine neue Flugzeugflotte, geschultes Personal oder den Aufbau eines weiten Flugnetzes - falls die Start- und Landeerlaubnis für bestimmte Flughäfen überhaupt erteilt wird - anfallen würden.

III. Substitutionsprodukte

Da es in dieser Fallstudie um eine spezielle Analyse der Wettbewerbssituation innerhalb der Fluglinienbranche geht, soll das Vorhandensein oder das Hinzukommen von Substitutionsprodukten, wie z. B. Neuentwicklungen im Bahnsektor, nicht weiter untersucht werden.

IV. Lieferanten

Hier muss zwischen den einzelnen Lieferanten für die beiden Grundtypen der Fluggesellschaften unterschieden werden:

Billigfluglinien:

- Wenn überhaupt Catering durch die Fluggesellschaft angeboten wird, dann erfolgt die Auswahl der Anbieter über den Preis
- Die Auswahl von Partnergesellschaften zur Flugnetzvergrößerung findet ebenfalls hauptsächlich über den Preis statt

Hochkostenfluglinien:

- Bei Catering für Freizeitflieger findet die Auswahl der Lieferanten ebenfalls über den Preis statt, wobei ein Mindeststandard gesichert sein muss
- Beim Catering für Vielflieger muss auf Qualität geachtet werden, da diese Kosten durch Premiumpreise gedeckt werden
- Bei der Auswahl von Partnerairlines wird ebenfalls auf die Qualität der angebotenen Leistungen und der Ausweitung des Flugnetzes geachtet

V. Kunden

Die Kunden wurden bei dieser Fallstudie bei der Diskussion des Konzeptes der 4 C besprochen.

Abschließende Betrachtung

Letztendlich gelang es den etablierten Fluglinien, die Flugtickets durch hervorragende Buchungs- und Fluginformationssysteme marktnah zu verkaufen. Da hierbei stets Angebot und Nachfrage auf dem Reisemarkt beachtet wurden, war es diesen Fluggesellschaften möglich, nahezu jeden Sitz zu Sonderkonditionen zu verkaufen: Freizeitkunden wurden durch gezielte Aktionen zu niedrigen Discountpreisen angelockt, während an Geschäftskunden mehr verdient wurde, da diese Wert auf den ausgezeichneten Service der Fluggesellschaft legen und z. B. durch Vielfliegerprogramme zusätzlich an das Unternehmen gebunden wurden. Somit schafften es die etablierten Fluggesellschaften, den Billiganbietern das Geschäft kaputtzumachen oder es ihnen zumindest erheblich zu erschweren.

Zusammenfassend kann für diesen Fallstudientyp festgehalten werden, dass es nicht auf das durch Zufall bei dem Interviewten vorhandene Wissen über Zusammenhänge oder Tatsachen in der Flug- und Reisebranche ankommt, sondern vielmehr auf das strukturierte Erfassen der Fragestellung des Falles. Das bedeutet, dass anhand der beiden erwähnten Modelle (4 C und Five Forces) sämtliche relevanten Aspekte der Fallstudie andiskutiert werden und somit ein Rahmen zur globalen Betrachtung der Fragestellung geschaffen wird.

5.20 Expansionsfall

Aufgabe

Ein Unternehmen, das im Vertrieb von Computerkomponenten tätig ist, denkt darüber nach, in einer weiteren Stadt eine Filiale zu eröffnen und sein Angebot um Bürotechnologie als einen zusätzlichen Produktbereich zu erweitern. Dazu wurden bereits Gespräche mit Zulieferern und einzustellenden Spezialisten geführt. Eine Unternehmensberatung wird beauftragt, die Pläne des Unternehmens auf Sinnhaftigkeit zu überprüfen.

Lösungsvorschlag

Diese Fallstudie lässt sich mit einer Vielzahl der bereits erläuterten Analyse-Werkzeuge bearbeiten. Es empfiehlt sich, ausgehend von dieser groben Beschreibung der Aufgabenstellung, in einer Top-down-Betrachtung alle relevanten Aspekte zu diskutieren und die jeweiligen Schlüsse aus den Analyse-Ergebnissen zu ziehen. Das Vier-C-Konzept findet in dieser Fallstudie seine Anwendung.

Die vier Kernbereiche des verwendeten Konzeptes werden zunächst separat betrachtet. Allerdings muss man sich stetig die Interdependenzen der vier analysierten Kriterien vor Augen halten.

Bei der Bearbeitung der Fallstudie sollte man sich in besonderem Maße über die Interaktion mit dem Interviewer an die Kernpunkte herantasten. Viele Informationen sind nicht auf den ersten Blick ersichtlich und werden dem Betrachter erst durch gezieltes Nachfragen offenbart. Aus den gegebenen Informationen sollten die richtigen Schlüsse gezogen werden.

I. Customer

Zu dem Konzept der vier C gehört zunächst die Betrachtung des Kundenpotenzials, auf das das Unternehmen nach der Filialeröffnung in dem neuen Markt treffen würde. Bei der Analyse sollte der Betrachter zunächst die folgenden Fragen stellen:

- *Wer* sind die Kunden?
- *Was* sind deren Bedürfnisse?
- *Warum*, *wo*, *wann* und *wie* befriedigen sie ihre Bedürfnisse?

Für die Bearbeitung der Aufgabenstellung ist die Ermittlung des Marktvolumens von zentraler Bedeutung:

- *Wie viele* potenzielle Kunden beinhaltet der Markt?
- *Welche* Menge an Produkten und Dienstleistungen wird konsumiert?
- *Wie oft* wird zurzeit und in der Zukunft konsumiert?

WER? Ausgehend von diesen Grundfragen werden die Kunden zunächst in Gruppen unterteilt. In diesem Fall ergeben sich zwei große Kategorien:

- Private Haushalte
- Unternehmen und Institutionen

WAS? Wichtig ist die Untersuchung der nachgefragten Güter und Dienstleistungen. Dabei ergibt sich auf die Frage folgende Auflistung:

- Computer-Einzelsysteme
- Netzwerke
- Telefonanlagen
- Weitere Bürokomponenten wie Kopierer und Faxgeräte

Viele Nachfrager wünschen Komplettlösungen aus einer Hand. Aus dieser Auflistung kann der Schluss gezogen werden, dass das Unternehmen auf dem Markt neben den Einzelkomponenten auch Komplettlösungen für die Büroausstattung anbieten sollte. Bevor man nun eilige Schlussfolgerungen zieht, sollte man allerdings die Ergebnisse der folgenden drei C abwarten.

WARUM, WO, WANN, WIE? Dem individuellen Kundenverhalten wird in besonderem Maße Rechnung getragen. Bei der Beantwortung dieser Fragen ergeben sich in dieser Fallstudie die folgenden Punkte:

- Die Kunden kaufen für private und arbeitsbezogene Zwecke. Bei der Bedienung der gewerblichen Kunden ist unter Umständen ein hoher Grad an Service erforderlich, um die Betriebsbereitschaft der Anlagen zu gewährleisten. Diese Tatsache muss bei der Konzeption berücksichtigt werden.
- Ein Teil der potenziellen Kundschaft möchte in einem Geschäft einkaufen. Der andere, vorwiegend gewerbliche Teil der Kunden bevorzugt den Verkauf und Service vor Ort. Dabei steht der Wunsch nach flexiblen Installations- und Wartungszeiten im Vordergrund. Neben den normalen Arbeitszeiten sollten Kunden nach Dienstende und am Wochenende bedient werden. Dieser Service würde von den potenziellen Kunden gerne in Anspruch genommen werden.

Neben der Betrachtung dieser Kernfragen zur Beschreibung des aktuellen und zukünftigen Kundenpotenzials sollte der Betrachter einige Kerngrößen zur Abschätzung des Marktes hinterfragen:

- Die wertmäßige Marktgröße in der Region:
  Umsatzvolumen 50 Millionen EUR

- Der zu erwartende Trend des Marktes:
  jährliche Umsatzsteigerungsrate circa 5 %

- Der aktuelle und geplante Marktanteil des Unternehmens:
  Start bei 0 %; nach zwei Jahren Tätigkeit 25 % geplant

An dieser Stelle werden die Überschneidungen zwischen den einzelnen Bereichen des Vier-C-Konzeptes deutlich. Diese Angaben sind unter anderem auch für die Analyse des Wettbewerbes erforderlich.

II. Competition

Ein weiterer Kernbereich des Konzeptes betrachtet die wettbewerbliche Situation im anvisierten neuen Markt.

Jede Branche ist anders aufgebaut. Aus diesem Grund unterscheiden sich die wettbewerblichen Strukturen der betrachteten Geschäftswelten.

Ein möglicher Startpunkt bei der Analyse des Wettbewerbes ist die Fragestellung, ob es sich bei dem betrachteten Markt um einen fragmentierten oder konzentrierten Markt handelt. Die eigentlich zu erwartende Antwort ist, dass es sich in diesem Fall um einen stark fragmentierten Markt handelt:

- viele verschiedene Wettbewerber
- viele verschiedene Kunden
- eine große Produktvielfalt

Zur weiteren strukturierten Analyse der wettbewerblichen Situation kann man das Five-Forces-Modell von Porter zu Hilfe nehmen (vgl. Abbildung 15, Kap. 3.2).

I. Markteinsteiger

Zur Analyse der wettbewerblichen Situation gehört unter anderem die Betrachtung der Markteintritts- und -austrittsbarrieren. Diese stellen sich in diesem Fall als relativ gering heraus, da Unternehmen mit vergleichsweise geringem Kapitaleinsatz Produkte und Dienstleistungen in diesem Markt anbieten können. Dies kann quasi von zu Hause aus geschehen. Für das Unternehmen bedeutet das, dass es leicht in den anvisierten Markt eintreten kann, die Konkurrenz allerdings auch entsprechend groß sein wird.

II. Kundenstärke

Die Betrachtung der Kunden erfolgte größtenteils im ersten Teil des Vier-C-Konzeptes. An dieser Stelle sollte die relativ hohe Kraft der Nachfragenden erwähnt werden. Der Markt ist in jedem Fall ein Käufermarkt.

III. Lieferantenstärke

Die Einflussmöglichkeiten der Lieferanten sind vergleichsweise gering, da auch Unternehmen dieser Stufe der vertikalen Wertschöpfungskette mit einem harten Wettbewerb zu kämpfen haben.

IV. Gefahr durch Substitute

Den Nachfragern dieser Produkte und Dienstleistungen bietet sich eine breite Palette an Substituten in diesem Markt. Aus diesem Grund sollte das Unternehmen versuchen, eine möglichst große Auswahl an Leistungen bereitzustellen oder diese derart zu modifizieren, dass die Gefahr der Substitution sinkt. Das könnte beispielsweise durch spezielle Features oder eine herausragende Qualität erreicht werden.

V. Wettbewerb zwischen den Anbietern

Die Analyse des Wettbewerbs zeigt, dass dieser Markt aus sehr vielen Unternehmen aller Größenordnungen besteht. Diese kämpfen mit unterschiedlichen Strategien um Marktanteile.

Zunächst einmal sollte das Angebot der Wettbewerber analysiert werden. Deshalb sollte die Frage nach dem aktuellen Angebot der Anbieter gestellt werden. Auf diese wird der Interviewer die folgende Auskunft geben:

Es zeigt sich, dass viele Unternehmen Computerssysteme anbieten. Ebenso vertreiben einige mittelgroße bis große Anbieter ergänzende Bürotechnologie. Auf dem Markt findet sich allerdings kein einziger Anbieter, der Komplettlösungen anbietet, obwohl diese von den Kunden gefordert werden. Dies ist ein noch nicht besetztes Marktsegment und kann von unserem Unternehmen besetzt werden.

Neben der Frage nach der Zahl, der Größe und dem Angebot der Wettbewerber muss man deren aktuelle und zukünftige Positionierung und Strategien im Markt untersuchen. Sollte der Interviewer dem Interviewten zu erkennen geben, dass diese Aspekte im Vordergrund der Fallstudie stehen, kann auf die SWOT-Analyse zurückgegriffen werden.

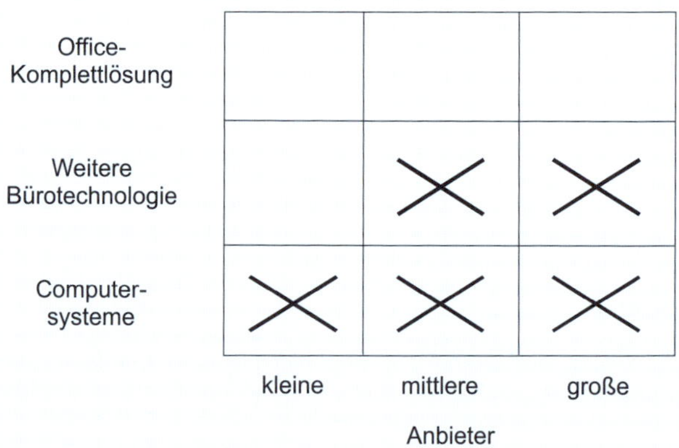

Abbildung 43: Größenklassen und Angebotsspektrum der Wettbewerber

Ein mögliches Ergebnis dieser Fragestellungen könnte folgendermaßen lauten:

Die direkten großen Konkurrenten in diesem Markt streben die Preisführerschaft an. Dies bietet unserem Unternehmen die Möglichkeit, die Qualitäts- und Service-Führerschaft im Markt anzustreben. Bei der Analyse der Kundenwünsche zeigte sich besonders bei Unternehmen die Nachfrage nach flexiblem und gutem Service.

III. Costs

Von elementarer Bedeutung für die Entscheidung über eine Erweiterung des Filialnetzes und der Produktpalette ist die Kostenstruktur der neuen Zweigstelle. In diesem Zusammenhang muss die Erweiterung der Produktpalette von der Kosten- und Erlösseite betrachtet werden.

Der Betrachter kann, da das Unternehmen bereits in verschiedenen Städten ein Filialnetz aufgebaut hat, aus Erfahrungswerten der Vergangenheit auf die mögliche Kostenstruktur der neuen Filiale schließen. Diese Vorgehensweise ist allerdings bei der Betrachtung der Integration neuer Produkte zur Diversifikation des Angebotes nicht möglich.

Ein möglicher Startpunkt ist die Frage nach besonderen Kostentreibern. Diese liegen hier nicht vor. Wie in typischen Ladengeschäften können unter anderem unwirtschaftliches Verhalten bei der Wareneinlagerung und hohe Personalkosten die Gesamtkosten in die Höhe treiben. Dieser Aspekt ist hier ebenfalls nicht von elementarer Bedeutung.

Da das betrachtete Unternehmen eine größere Filialkette zum Vertrieb seiner Leistungen besitzt, kann es gegenüber kleineren und mittleren Anbietern Kostenvorteile unter anderem im Einkauf realisieren.

Durch die Realisierung der Qualitäts- und Service-Führerschaft müssen allerdings Kostennachteile gegenüber dem Preisführer in Kauf genommen werden. Zusätzlich wird die Erweiterung des Leistungsspektrums das Kostenniveau zumindest kurzfristig anheben.

Neben diesen Fragen zur Betrachtung der Kostenstruktur kann man finanzwirtschaftliche Aspekte, wie die durchschnittlichen Rendite einer Filiale, in den Mittelpunkt stellen. In dieser Fallstudie sind sie allerdings nicht von Interesse für deren Bearbeitung.

IV. Capabilities

Im vierten Kernbereich der vier C sollte der Bewerber die Wettbewerbsfähigkeit des Unternehmens auf dem anvisierten neuen Markt betrachten. Das schließt die bestenfalls vorhandenen Wettbewerbsvorteile mit ein. An diesem Punkt werden die Interdependenzen zum Bereich des wettbewerblichen Umfeldes deutlich. Das Ziel sollte sein, neben den Stärken auch die Schwächen eines Unternehmens zu erkennen. In Verbindung mit der Betrachtung der Konkurrenz und der Kunden können komparative Wettbewerbsvorteile und Verbesserungspotenziale lokalisiert werden. Diese sollten als Basisdaten für die Entscheidung über den Sinn der Zweigstelleneröffnung und der Aufnahme der neuen Produkte genutzt werden.

Sollte der Schwerpunkt der Fallstudie auf diesem Bereich liegen, bietet sich wiederum der Einsatz der SWOT-Analyse an.

Zunächst muss die Kompetenz zur Umsetzung der Pläne hinterfragt werden. Durch das erfolgreiche Agieren im Computertechnologiebereich auf anderen Märkten zeigt sich die Kompetenz des Unternehmens. Zur Erweiterung der Leistungspalette plant das Unternehmen die Einstellung von Spezialisten. Kontakte zu Lieferanten wurden geknüpft. Durch die Größe des Unternehmens sind unter anderem Kostenvorteile auf der Einkaufsseite zu realisieren.

Letztendlich kann der Schluss gezogen werden, dass das Unternehmen die Fähigkeiten zur erfolgreichen Umsetzung der Pläne besitzt.

Aus den erarbeiteten Aspekten der unternehmerischen und wettbewerblichen Situation kann der Bewerber folgende Schlüsse ziehen:

- Das Marktsegment der Office-Komplettlösungen ist von dem Unternehmen zu besetzen.
- Das Unternehmen kann sich durch besondere Service-Leistungen auf dem Markt von seinen Konkurrenten differenzieren.
- Das Unternehmen besitzt das Know-how zur Erweiterung der Produktpalette.
- Die Expansion in den neuen Markt kann befürwortet werden. Dies schließt die Errichtung einer neuen Zweigstelle und die Erweiterung des Sortimentes um zusätzliche Bürokomponenten ein.

5.21 Profitbetrachtung

Aufgabe

Ein Unternehmen aus der Fleischverpackungsindustrie stellt fest, dass der Profit über die zurückliegenden Geschäftsjahre stetig gefallen ist. Der Umsatz steigt allerdings. Die Unternehmensberatung wird beauftragt, dieses Phänomen zu ergründen.

Lösungsvorschlag

Zur Analyse der Situation, in der sich der Kunde befindet, ist die Anwendung von Porters Five Forces angebracht. Von jeder dieser Marktkräfte kann theoretisch ein Preisdruck ausgehen, dem dann entgegengewirkt werden muss. Im Gespräch mit dem Interviewer werden nun die Kräfte einzeln abgearbeitet.

Lieferanten: Die Lieferanten des Kunden sind unabhängige Farmer, die nicht organisiert sind, und so nur geringe Lieferantenmacht gegenüber dem Fleischverpackungsunternehmen haben.

Rivalität: Die Rivalität in der Branche kann den Preisverfall auch nicht ausgelöst haben, da der Markt recht regional konzentriert ist, sodass sich die Transportkosten und der

Wettbewerb nicht wesentlich geändert haben. Die eigenen Produktionskosten waren in der letzten Zeit recht konstant.

Substitute: Die Industrie ist sehr spezialisiert, und die bisherigen Anbieter entwickeln die Technik eigenständig weiter, so dass bisher noch kein Substitut für die Verpackung Markanteile genommen hat.

Neue Anbieter: Die Markteintrittsbarrieren in dieser Branche sind sehr hoch, da anfangs hohe Investitionen in hochautomatisierte Verpackungsanlagen getätigt werden müssen. Außerdem sind gute Lieferanten- und Kundenbeziehung von großer Bedeutung. Die Bauern machen seit Jahren Geschäfte mit den vorhandenen Verpackern und haben eine Vertrauensbasis aufgebaut. Dies hat bisher neue Anbieter vom Eintritt in diese Branche abgeschreckt.

Kunden: Da die Umsätze steigen und die Kosten konstant waren, bleibt nur der Preis als Variable, die den sinkenden Profit verursacht. In diese Richtung vorgestoßen, wird der Bewerber feststellen, dass die Abnehmer große Käufermacht haben. Bei den Abnehmern hat eine Konzentrationswelle stattgefunden; die Großhändler und Supermarktketten nehmen so immer größere Mengen ab und versuchen, den Preis über die Quantität zu beeinflussen. Die Kunden sind zum Teil überregionale Ketten und haben so auch die Möglichkeit, von anderen Verpackern zu kaufen. Dadurch können sie die einzelnen Wettbewerber gegeneinander ausspielen.

5.22 Fußballhotel

Aufgabe

Ein großer Fußballverein der 1. Bundesliga denkt über eine Erweiterung seines Angebotes für Vereinsfans nach. Die Geschäftsleitung möchte in ein Fußballhotel neben dem Trainingsgelände investieren. Die ersten Eckdaten des Investitionsobjektes liegen bereits vor. Eine Unternehmensberatung wird beauftragt, das Vorhaben unter dem Gesichtspunkt der Rentabilität zu untersuchen.

Lösungsvorschlag

Zunächst werden einige Grundüberlegungen angestellt. Zur Vereinfachung der Ausgangsüberlegungen wird angenommen, dass sich nur deutsche Fußballfans für ein derartiges Angebot interessieren würden.

Es gibt ungefähr 80 Millionen Einwohner in Deutschland, von denen etwa die Hälfte weiblich und die andere Hälfte männlich sind.

Von den männlichen Deutschen interessieren sich etwa 50 % für den Fußball, von den weiblichen Deutschen etwa 12,5 %. Die restlichen Anteile sind zu jung beziehungsweise zu alt oder interessieren sich einfach nicht für diesen Sport. Durch diese Überlegung erhalten wir 20 Millionen männliche und 5 Millionen weibliche Fußballfans.

Von diesen 25 Millionen Fußballfans haben 80 %, also 20 Millionen, einen Lieblingsverein in der 1. Bundesliga. Bei der Aufteilung der 20 Millionen auf 18 Vereine dieser Spielklasse ergeben sich durchschnittlich 1,1 Millionen Fans pro Verein.

Von diesen Vereinsfans sind etwa 30 % aktiv am Vereinsleben interessiert und besuchen regelmäßig oder sporadisch Fußballspiele. Von diesen 370 000 aktiven Fans werden 50 % in der Umgebung ansässig sein. Das ergibt 185 000 aktive Vereinsfans, die ein Interesse an einer Reise zu ihrem Lieblingsverein haben könnten.

In der folgenden Betrachtung wird auf die geplante Investition eines Fußballhotels näher eingegangen. Dabei soll aus Gründen der Vereinfachung nur ein Geschäftsjahr betrachtet werden.

Aus den bereits erarbeiteten Eckdaten erhält der Betrachter die Information, dass das Fußballhotel eine Bettenzahl von 500 haben soll. Die geplanten Investitionskosten betragen insgesamt 50 Millionen EUR.

Eine Fußballsaison hat inklusive der Pokalspiele durchschnittlich 40 Spieltage. Davon sind in der Regel 20 Heimspiele. An all diesen Wochenenden ist mit einer vollen Auslastung des Hotels zu rechnen, da die Zahl der aktiven Vereinsfans groß genug ist. An den anderen Wochenenden ist mit einer geringeren Kundenzahl zu rechnen, da die Fußballelf auswärts unterwegs oder in Ferien sein kann. Ebenso wird die Auslastung über die Woche verteilt geringer sein als an den Wochenenden.

Um die Auslastung des Fußballhotels zu steigern, können zusätzliche Angebote erarbeitet werden, die teilweise an weitere Zielgruppen gerichtet sind. Zu diesen möglichen Attraktionen und Initiativen zählen unter anderem die folgenden:

- Fußballcamps für Einzelpersonen und Vereine
- Schiedsrichterkurse
- Trainerkurse
- Hallen- und Fußballturniere im Winter
- Benefizspiele

Durch die Integration von Zusatzangeboten sollte eine durchschnittliche Auslastung von 70 % realisierbar sein. Das ergibt eine durchschnittliche Übernachtungszahl pro Jahr von: 500 Betten × 365 Tage/Jahr × 0,7 = 127 750.

Bei einem durchschnittlichen Preis von 120 EUR pro Übernachtung und Halbpension ergeben sich nach Abzug der Aufwendungen für die Verpflegung (20 EUR) Einnahmen von 100 EUR/Übernachtung. Das ergibt einen vorläufigen, teilweise bereinigten Umsatz von 12,78 Millionen EUR.

Der erste große Kostenblock beinhaltet die Personalaufwendungen. Ein Hotel dieser Größenklasse benötigt etwa 70 Mitarbeiter für den Service, die Küche, die Administration und das Management. Bei durchschnittlichen Kosten von 90 000 EUR pro Jahr pro Mitarbeiter ergeben sich Gesamtpersonalkosten von 6,3 Millionen EUR.

Zusätzlich fallen Kosten für Versicherungen, Reparaturen, Diebstahl, Wasser, Strom und weiteres Material an. Für diesen Kostenblock wird eine Pauschale von 2 Millionen EUR angesetzt.

Bei den geplanten Investitionskosten von 50 Millionen EUR und einer Abschreibungsdauer von 20 Jahren werden 2,5 Millionen EUR als Abschreibungen pro Jahr angesetzt.

Abschließend muss man noch die Kapitalkosten berücksichtigen. Ein Kredit über 50 Millionen EUR wird mit 10 % pro Jahr verzinst. Dies bedeutet eine Zinsbelastung von 5 Millionen EUR im ersten Geschäftsjahr.

Letztendlich ergibt sich ein Verlust von 3,02 Millionen EUR im ersten Geschäftsjahr.

Aus den erhaltenen Informationen und den selbst erstellten Berechnungen kann Folgendes geschlussfolgert werden:

- Das Fußballhotel würde sicherlich eine attraktive Ergänzung für das vom Verein gebotene Leistungsspektrum darstellen.
- Die Zahl der Übernachtungsgäste dürfte allerdings aufgrund der im Stadion anwesenden Zuschauer und der durch die Zusatzangebote angesprochenen Gäste keine ausreichende Auslastung ergeben.
- Das Fußballhotel kann nicht mit Gewinn betrieben werden. Ein Rentabilitätsvergleich kann wegen einer fehlenden alternativen Investitionsmöglichkeit zu diesem Zeitpunkt nicht erfolgen.

5.23 Brain-Teaser: Die Aufteilung des Piratenschatzes (Spieltheorie)

Aufgabe

Die 5 Piraten A, B, C, D, E haben einen sagenhaften Schatz gefunden. Die Suche wurde in vorbildlicher Teamarbeit realisiert, doch als es an das Aufteilen des Schatzes geht, versteht keiner Spaß. Also vereinbaren die fünf Regeln: Nach alphabetischer Reihenfolge soll jeder einen Vorschlag machen, wie der Schatz aufgeteilt wird. Findet der erste Vorschlag, also der von A, keine Zustimmung von mindestens 50 % der Piraten, so wird A über Bord geworfen und geht leer aus. Danach gilt gleiches für den nächsten, also für B. Welchen Anteil des Schatzes wird A für sich fordern, um 50 % der Piraten von der Güte seines Planes zu überzeugen? Zunächst bitte eine geschätzte Antwort geben und danach logisch überlegen!

Lösungsvorschlag

Die meisten schlagen spontan eine Zahl zwischen 10 % und 33 % vor. 20 % wäre die Lösung, wenn alle gleich viel erhalten sollen, 10–20 %, wenn A für sich selbst den anderen zuliebe etwas weniger verlangt. Um 50 % der Stimmen zu erhalten muss er zwei weitere Piraten überzeugen, dann könnte eine Drittelung, also 33 % für jeden, Sinn machen.

Diese eher spontanen Antworten liegen allerdings ziemlich daneben. Setzt A absolut rationales Entscheiden der anderen Piraten voraus, so wird er zwei Teile (z. B. Ringe oder goldene Becher) abgeben und den restlichen Schatz für sich fordern. Wie kommt er zu dieser scheinbar maßlosen Forderung?

Die Reihenfolge der Vorschlagenden ist 1. A, 2. B, 3. C, 4. D, 5. E. Zäumen wir das Pferd von hinten auf. Angenommen, die Vorschläge von A, B und C wären abgelehnt worden, es wären also nur noch D und E vorhanden. D würde dann den ganzen Schatz für sich fordern und gleichzeitig - bei zwei übriggebliebenen Piraten - die benötigten 50 % stellen. E ginge also leer aus. Dies weiß C, wenn er seinen Vorschlag macht. Er würde also E einen Ring anbieten und den Rest für sich fordern. Da E im anderen Falle leer ausginge, würde er C in diesem Falle seine Stimme geben (ein Ring ist mehr als keiner). Gemeinsam würden sie damit 66,6 % Zustimmung erreichen. In dieser Konstellation würde D leer ausgehen. Dies weiß B, wenn er seinen Vorschlag macht. Er würde also - ähnlich wie im gerade geschilderten Fall - dem D einen Ring anbieten, damit seine Zustimmung (B und D als 50 % versus C und E) erhalten und den restlichen Schatz für sich behalten. In diesem Falle gingen C und E leer aus. Dieser Situation ist sich A, der als erster vorschlagen darf, bewusst. Er weiß genau, dass, wenn er - aufgrund eines nicht akzeptierten Vorschlags - über Bord geht, C und E leer ausgehen. Also bietet er beiden jeweils ein Teil aus dem Schatz an, sodass diese ihm ihre Stimme geben, und behält den restlichen Schatz für sich.

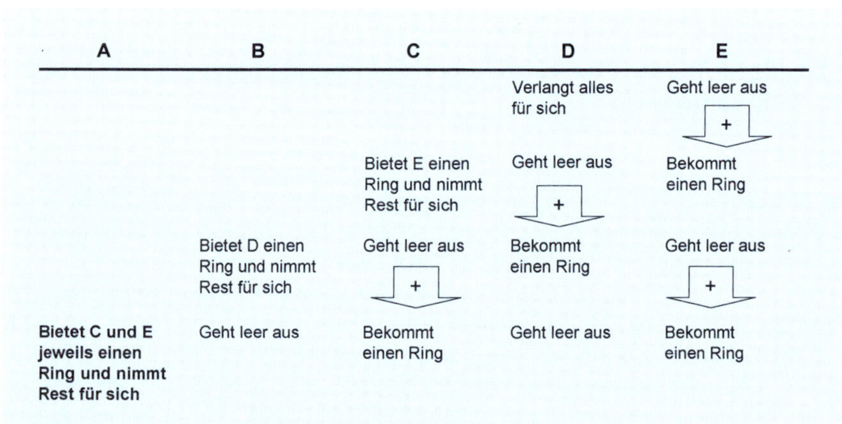

Abbildung 44: Aufteilung des Piratenschatzes

5.24 Outsourcing/Off-Shoring

Aufgabe

Der Vorstand eines großen Unternehmens in Deutschland trägt sich schon lange mit einem Gedanken herum: Ist es für uns sinnvoll, eine eigene IT-Abteilung mit 300 Mitarbeitern zu halten, da die Entwicklung, der Betrieb und die Wartung von IT-Infrastruktur und -systemen nicht zu unserem Kerngeschäft gehören. Sie sollen nun evaluieren, welche anderen Möglichkeiten es für dieses Unternehmen gibt.

Lösungsvorschlag

Es war lange Zeit üblich, dass sich ein Unternehmen selbst mit Querschnittsfunktionen versorgte, d. h., jedes Unternehmen hatte voll funktionsfähige Abteilungen für (Lohn-) Buchhaltung, IT, HR-Services usw. Die Fokussierung auf die eigenen Kernkompetenzen sowie der dauerhaft anhaltende Kostendruck haben jedoch dazu geführt, dass Unternehmen zunehmend Dienstleistungen von außen einkaufen oder die eigenen Dienstleistungen nach außen anbieten. Schlagworte wie Outsourcing oder sogar Off-Shoring sind keine Modeworte mehr, sondern ein Teil des Alltags im Wirtschaftsleben. Optionen, über die der Vorstand nachdenken könnte, wären die folgenden:

1. Fremdbezug der IT-Dienstleistungen
   a) von einem lokalen Anbieter (Outsourcing)
   b) von einem Anbieter aus einem Niedriglohn-Land (Off-Shoring)
2. Ausgründung (Eigenbezug und Ausbau zu neuem Geschäftszweig)

Diese Optionen sollen im Folgenden kurz qualitativ bewertet werden:

1a) Outsourcing

Outsourcing heißt, dass die Dienstleistungen, die bisher intern erbracht werden, von einem externen Dienstleister zugekauft werden. Dies kann sich auf einzelne Elemente der Wertschöpfung oder auf das gesamte Leistungsspektrum im Bereich IT-Dienstleistung beziehen. Elemente der Wertschöpfung sind Leistungen wie Lösungsentwicklung (Design), Programmierung/Implementierung (Build), Betrieb und Wartung (Run) von Software. Dienstleister wie die T-Systems oder Siemens Business Services bieten das gesamte Spektrum an – kleinere Anbieter haben sich teilweise auf einzelne Elemente spezialisiert. Externe IT-Dienstleister können gegenüber internen IT-Abteilungen meist Kostenvorteile anbieten. Diese sind darauf zurückzuführen, dass

a) IT das Kerngeschäft des Dienstleisters ist und man vermuten sollte, dass man Leistungen im Kerngeschäft meist besser und schneller anbieten kann verglichen mit einer Abteilung außerhalb des Kerngeschäfts

b) die meisten Dienstleister Größenvorteile realisieren können – z. B. Capacity/Load Balancing, Platform Sharing, Technischer Außendienst

Über einen IT-Dienstleister im eigenen Land lassen sich durchaus Kostenvorteile von 10 bis 20 % realisieren. Bei der Bewertung dieser Option muss allerdings auch diskutiert werden, wie mit den existierenden Mitarbeitern in der IT-Abteilung umgegangen werden soll. Sicherlich benötigt man auch nach Abschluss eines Outsourcing-Vertrages einen Grundstock an IT-Mitarbeitern im eigenen Hause – allerdings wird diese Zahl deutlich geringer sein. Für die redundant gewordenen Mitarbeiter gibt es die Möglichkeit des Einsatzes in anderen Abteilungen (falls Bedarf besteht und der Qualifizierungs-/Umschulungsaufwand nicht zu hoch ist), des Angebots einer Abfindung oder der Kündigung. Die Wahrscheinlichkeit, dass sich eine solch große Zahl an Mitarbeitern einfach in anderen Bereichen des Unternehmens unterbringen lässt, ist relativ gering. Insofern sind die entsprechend härteren personalwirtschaftlichen Maßnahmen zu realisieren (Kündigungen, Abfindungen, Vorruhestandsregelungen). Diese sind allerdings in der Regel mit hohen Kosten verbunden – in manchen Fällen ist ein Abbau der Mitarbeiter auf Grund der Tarifsituation kaum möglich. Die mit dem Outsourcing verbundenen Kostenvorteile lassen sich nur ausschöpfen, wenn das Unternehmen selbst die eigenen Kosten in diesem Bereich entsprechend realisiert. Der Optionenraum muss hier entsprechend hart durchkalkuliert werden. Bei großen Deals werden Mitarbeiter oftmals an den externen Dienstleister überführt – dies ist in vielen Fällen sogar Bedingung für die Vergabe eines solchen Auftrages.

1b) Off-Shoring

Die Personalkosten sind in ganz Westeuropa, insbesondere aber in Deutschland, relativ hoch verglichen mit vielen anderen Regionen auf der Welt. Insofern haben sich viele Niedriglohn-Länder auf das Angebot von Dienstleistungen spezialisiert, bei denen egal ist, wo auf der Welt sie „produziert“ oder „verwendet“ werden. Wichtig ist dabei, dass bestimmte Voraussetzungen erfüllt werden. So erwartet der Kunde, dass sich der Dienstleister mit Arbeitszeiten, Sprachkenntnissen u. Ä. an den im Heimatland notwendigen Anforderungen orientiert. Unter Near-Shoring versteht man die Verlagerung von Dienstleistung in näher gelegene Länder wie die Türkei oder Polen, unter Off-Shoring die Verlagerung in ferner gelegene Länder wie Indien oder China. Near-Shoring wird oftmals genutzt für Dienstleistungen, bei denen Sprachkenntnisse erforderlich sind (z. B. Call Center), da diese in benachbarten Ländern eher verfügbar sind – Off-Shoring wird primär für Dienstleistungen verwendet, bei denen es keine intensive Kommunikation zwischen Kunden oder Mitarbeitern des Kunden und den Mitarbeitern des Dienstleisters gibt (z. B. Software-Programmierung). Die Lohnkosten in Indien sind bis zu 80 % niedriger als in Deutschland – entsprechende Kostenvorteile lassen sich realisieren (allerdings müssen entsprechende Kosten für die Kommunikation in die Überlegungen mit einbezogen werden).

Entsprechend der Überlegungen bei der Option 1a (Outsourcing) müssen auch in diesem Falle die Möglichkeiten bewertet werden, die Kosten im eigenen Unternehmen so zu senken, dass die Kostenvorteile des Off-Shorings realisiert werden können.

2) Ausgründung

Kommt der Vorstand nach reiflicher Überlegung zu dem Schluss, dass die Performance der eigenen IT-Abteilung durchaus marktfähig ist und/oder sich ein Personalabbau ohnehin nicht realisieren lassen würde, so besteht die Möglichkeit, die eigene IT-Abteilung auszugründen und zu einem eigenen Geschäft auszubauen. Durch eine Ausgründung lassen sich eher die arbeitsrechtlichen Rahmenbedingungen schaffen, wettbewerbsfähig am Markt aufzutreten, bzw. die Rahmenbedingungen lassen sich an die Anforderungen des IT-Marktes anpassen. Dem ausgegründeten Unternehmen könnte man eine Schonfrist von beispielsweise 5 Jahren gewähren. Für diesen Zeitraum garantiert das Mutterunternehmen dem Tochterunternehmen Aufträge in Höhe des bestehenden Volumens - allerdings muss es das Tochterunternehmen in diesem Zeitraum auch schaffen, sich am Markt zu etablieren und damit aus der Abhängigkeit von der Mutter zu lösen. Auch dieses Modell wurde bei verschiedenen Unternehmen schon erfolgreich realisiert.

Grobkalkulation

Pro Mitarbeiter können ca. 70 000 EUR an Personalvollkosten, d. h. Gehalt und Nebenkosten, veranschlagt werden. Dies bedeutet bei 300 Mitarbeitern 21 Millionen EUR. Über einen Outsourcing-Partner kann mit einer Einsparung von 10 bis 20 % der jährlichen Kosten, also 2,1-4,2 Millionen Millionen EUR, kalkuliert werden - angenommen, dass sich das Personal abbauen oder überführen lässt. Über Off-Shoring können sicherlich Einsparungen im Bereich von 30 bis 40 % der jährlichen Kosten realisiert werden, also ca. 6,3-8,4 Millionen EUR.

Fazit:

Alle Optionen machen in einer entsprechenden Situation Sinn. Welche von einem Unternehmen letztendlich ausgewählt wird, hängt von zwei Faktoren ab:

- Welche Dienstleistungen sind betroffen (z. B. wird ein Vor-Ort-Service für Reparaturen benötigt oder geht es primär um Software-Entwicklung oder Call-Center-Dienstleistungen, die auch durchaus in englischer Sprache akzeptiert werden)?
- Lassen sich die internen Kosten entsprechend reduzieren (z. B. Personalkosten, Infrastrukturkosten)?

5.25 Merger Management

Aufgabe

Sie sitzen gerade im Café und schauen auf die Headline einer Tageszeitung: „Unternehmen A und B gaben gestern ihren Zusammenschluss bekannt!", als das Handy klingelt und eine sonore Stimme mit ungewohntem Akzent sagt: „Hi, my name is Mr. X and I am responsible to drive the integration of company A and B. Are you the leader of the Post Merger Integration Practice of the consulting firm Z?" Ja, der sind Sie. Herr X bittet Sie, am kommenden Montag zu einem ersten Gespräch zu kommen und zu diskutieren, worauf es bei einem solchen Merger ankommt.

Lösungsvorschlag

Zunächst gilt es, mehr Informationen über die beiden Unternehmen herauszufinden - das Internet ist für die ersten Fakten die richtige Quelle: Beide Unternehmen sind mit jeweils ungefähr 15 000 Mitarbeitern gleich groß und beide sind weltweit aktiv - in jeweils ca. 40 Ländern. Ein Merger unter Gleichen - das ist komplexer als die Integration eines kleineren Unternehmen in ein großes. Die weltweite Aufstellung hat eine eigene Dimension der Komplexität. Jetzt geht es darum, einen geeigneten Ansatz für die Integration zu finden. Bis zur Freigabe durch die Regulierungsinstanzen/Kartellbehörden darf ohnehin noch nichts wirklich integriert werden. Man sollte daher drei Phasen unterscheiden: 1. Integrationsplanung (bis zum Approval durch den Regulierer/die Kartellbehörde), 2. Integrationsvorbereitung (nach Approval bis zum operativen Start) und 3. Implementierung nach dem operativen Start (Day 1) des gemeinsamen Unternehmens. Die Phasen 1 und 2 unterscheiden sich dadurch, dass vor dem Okay durch den Regulierer keine marktrelevanten Daten zwischen den beiden Seiten ausgetauscht werden dürfen und man nichts operativ ändern darf (z. B. Konsolidierung von IT-Systemen). Durch die bekanntgegebene Struktur des Vorstandes mit einem CEO (Chief Executive Officer), COO (Chief Operating Officer), CTO (Chief Technology Officer), CMO (Chief Marketing Officer), CSO (Chief Sales Officer) und CFO (Chief Financial Officer) ist die Struktur von Teilprojekten schon quasi vorgegeben. Das heißt, für jeden Vorstandsbereich sollte jeweils ein Teilprojekt aufgesetzt werden, das die Integrationsplanung für den jeweiligen Bereich plant und die Integration später implementiert. Ein starkes Programm-Office muss die Klammer um diese Teilprojekte bilden und übergreifende Themen wie z. B. Kommunikation, rechtliche Themen usw. verantworten. Damit haben wir schon einmal die Struktur. Was sind die Aufgaben und Ziele der einzelnen Teilprojekte? Jedes Teilprojekt hat im Grunde genommen drei Themen zu verantworten:

- **Design**: Da in diesem Falle nicht ein kleineres Unternehmen in ein großes „hineingefaltet" wird, sondern zwei gleich große Unternehmen zusammengehen, kann die Zielstruktur des Unternehmens neu definiert werden. Dabei kann man die Struktur des Unternehmens A oder die von B übernehmen - oder es kann eine völlig neue Struktur definiert werden. Die Aufgabe des Sales-Teilprojektes ist es also, zu bestimmen, wie die Organisation unter dem CMO aussehen soll, d. h., in wie viele Regionen die Welt aufgeteilt wird, für welche Kunden ein Key Account Management eingerichtet wird. Zum Thema Design zählt auch die Definition der Kernprozesse in dem jeweiligen Vorstandsbereich sowie die Abstimmung sämtlicher Abhängigkeiten mit anderen Vorstandsbereichen in Prozessen oder Governance-Fragen.

- **Synergien**: Ein Zusammenschluss von zwei Unternehmen hat meistens das Ziel, auf der einen Seite die Marktposition zu verbessern und auf der anderen Seite Skaleneffekte und Effizienzvorteile, d. h. Synergien, zu realisieren. Die zweite wichtige Aufgabe für jedes Teilprojekt ist also die Identifikation, Detaillierung und später Umsetzung von Synergiemaßnahmen. Kernelement hierbei ist die Quanitifzierung des erwarteten Impacts, d. h., wie viele Euros durch die jeweilige Maßnahme eingespart werden können. Der Impact aller Maßnahmen muss dann in einem übergreifenden Business Case im zentralen Programmbüro konsolidiert werden. Der Impact der Maßnahmen muss entsprechend auf Regionen oder einzelne Organisationsbereiche heruntergebrochen werden, um später in der Implementierung auch messbar/nachvollziehbar zu sein. Als Daumengröße kann man mit Einsparungen von 15 bis 30 % der gemeinsamen Kosten der beiden Unternehmen rechnen.
- **Vorbereitung Day 1**: Die dritte entscheidende Aufgabe für jedes Teilprojekt ist die Vorbereitung des operativen Starts des neuen Unternehmens. Dies beinhaltet operative Punkte wie Schaltung der neuen E-Mail-Adressen, Live-Schaltung des Intranets oder Drucken von Visitenkarten, Live-Schaltung der operativen IT-Systeme bzw. Sicherstellung von Übergangslösungen, Vorbereitung der ersten Berichterstattung nach der neuen Struktur, Information der Mitarbeiter, in welche Organisationseinheit sie gehören, und vieles mehr. Nach Erstellen der Liste mit notwendigen Maßnahmen muss ein entsprechender Zeitplan erarbeitet werden, um sicherzustellen, dass das Unternehmen zum geplanten Termin startklar ist.

Entscheidend für eine erfolgreiche Integration ist – neben den beschriebenen inhaltlichen Punkten – das Thema Kultur und Change Management. Ein solcher Merger ist meist mit signifikantem Personalabbau verbunden – in vielen Bereichen gilt: aus 2 mach 1. Das betrifft sowohl Führungskräfte als auch einfache Mitarbeiter. Insofern ist ein solcher Zusammenschluss mit großen Unsicherheiten für die Mitarbeiter verbunden. Diese Sorgen müssen sehr aktiv und offen angesprochen werden. Entscheidend ist eine kontinuierliche intensive Kommunikationsarbeit, die immer wieder auf das Rationale des Zusammenschlusses hinweist, eine gemeinsame Vision für das Unternehmen aufzeigt sowie transparent über den Status und die weiteren Schritte der Integrationsaktivitäten informiert. Da die beiden Unternehmen einen unterschiedlichen nationalen Ursprung haben und sehr durch die nationale Kultur des jeweiligen Stammlandes geprägt sind, muss dieses Thema sehr sensibel behandelt werden. Alle Teilprojekte müssen mit Mitarbeitern aus beiden Unternehmen besetzt werden. In der Anfangszeit muss durchaus damit gerechnet werden, dass man Skepsis begegnet und es zu Friktionen kommen kann. Zum einen ist die eine Seite häufig davon überzeugt, dass man im eigenen Unternehmen alles richtig gemacht hat und man von der anderen Seite nichts lernen kann, zum anderen stehen viele Projektmitglieder im direkten Wettbewerb um die späteren Positionen. Die Unterstützung durch eine externe Beratung kann auch vor diesem Hintergrund durchaus sinnvoll sein, um einen neutralen Moderator am Tisch zu haben, der an der inhaltlich richtigen Lösung interessiert ist.

Zunächst gilt es, das zentrale Integration Management aufzusetzen, die Teilprojekte inhaltlich zu definieren, die Teams zu benennen - und schon kann es losgehen. Die einzelnen Teams sollten dann ca. zwei Wochen Zeit bekommen, um ihren inhaltlichen Umfang (Scope) und die Abhängigkeiten mit anderen Teilprojekten zu definieren sowie den Zeitplan für die eigenen Aktivitäten festzulegen, der dann durch das Integration Management auf Konsistenz mit den Zeitplänen der anderen Teilprojekte geprüft werden. Nach diesem Masterplan muss das Integration Management die Integration rigoros steuern.

So, der Termin am Montag kann kommen – für eine allererste Diskussion sind Sie vorbereitet.

5.26 Geparktes Vermögen

Aufgabe

In einem 150 Meter hohen Bürogebäude ist die Zentrale eines renommierten deutschen Unternehmens beheimatet. In dem Gebäude arbeiten 1 600 Personen verteilt auf 40 Etagen. Unterhalb des Gebäudes befinden sich fünf Untergeschosse, davon beinhaltet ein Untergeschoss die Technik und vier Untergeschosse Parkplätze.

Ihre Aufgabe ist besteht in der Ermittlung des monetären Neuwagenwertes der auf den vier Untergeschossen geparkten Autos.

Lösungsansatz

Zunächst ist zu ermitteln, wie viele Autos auf den vier verfügbaren Untergeschossen geparkt werden können.

Es wird die Annahme getroffen, dass auf jeder Etage 40 Personen arbeiten und dass auf 9 Mitarbeiter eine Führungskraft (mit erhöhtem Platzbedarf) kommt. Demzufolge arbeiten auf jeder Etage 36 Mitarbeiter und 4 Führungskräfte.

Unter der Annahme, dass im Durchschnitt einer Führungskraft ein Büro mit 20 qm Fläche - Platz für ein Schreibtisch, Flipchart, Regale und ein kleiner Besprechungstisch - zur Verfügung steht, ergibt sich ein Raumbedarf von 80 qm (= 4 Personen x 20 qm). Mitarbeitern steht hingegen lediglich im Durchschnitt 10 qm Raum als Arbeitsbereich zur Verfügung; dies ergibt einen Raumbedarf von 360 qm (= 36 Personen x 10 qm). In Summe beträgt der erforderliche Raum für Bürofläche 440 qm (= 360 qm + 80 qm) ohne Berücksichtigung von Mauerwerk, Flur und weiteren Räumen (unter anderem Kaffeeküche, Kopier-/Lagerraum) und Treppen.

Der Einfachheit halber wird ein Faktor von 1,5 eingesetzt, um den Anteil des Mauerwerks, der Flure sowie weiterer Räume und Treppen in der Kalkulation zu berücksichtigen. Somit ergibt sich eine Gesamtfläche je Arbeitsetage von 660 qm (= 440 qm x 1,5).

Weiterhin wird angenommen, dass der Raum der Untergeschosse das 1,5fache der Arbeitsetagen beträgt, um den Raum unterhalb der Gebäude-Außenanlagen sinnvoll zu nutzen. Dies ergibt in Summe eine Gesamtfläche von 990 qm je Untergeschoss (= 660 qm x 1,5).

Um die Anzahl der maximal auf einem Untergeschoss zu parkender Autos zu ermitteln, wird angenommen, dass der Raumbedarf je Parkplatz 15 qm beträgt (3 m x 5 m). Weiterhin wird angenommen, dass 20 % des vorhandenen Raums für Zufahrtswege, Mauerwerk und nicht nutzbare Fläche (z. B. vor Türen) gebraucht wird (990 qm x 0,2 = 198 qm). Es verbleibt Platz für ca. 53 Pkws (= 792 qm / 15 qm) auf einem Parkgeschoss.

In Summe können demnach 212 Pkws auf den vier nutzbaren Untergeschossen parken (= 53 Pkw x 4 Untergeschosse). Das heißt, dass nur ein Bruchteil der im Bürogebäude arbeitenden Personen (1 600) unterhalb des Gebäudes parken kann.

Es wird die Annahme getroffen, dass aufgrund des Engpasses an „bequem nutzbaren" Parkplätzen im Bürogebäude die 160 Führungskräfte (mit vergleichsweise hohem Einkommen und Zugang zu Firmenwagen) bevorzugt beim Zugang zu diesen exklusiven Parkplätzen behandelt werden. Demgemäß wird der Anteil höherwertiger Pkws den der vergleichsweise günstigeren überschreiten. Von folgender Verteilung kann ausgegangen werden:

- 10 % Oberklasse (= 21 Pkws);
  durchschnittlicher Neuwagenwert 100 TEUR
- 25 % gehobene Mittelklasse (= 53 Pkws);
  durchschnittlicher Neuwagenwert 50 TEUR
- 40 % Mittelklasse (= 85 Pkws);
  durchschnittlicher Neuwagenwert 35 TEUR
- 25 % untere Mittelklasse/Kleinwagen (= 53 Pkws);
  durchschnittlicher Neuwagenwert 15 TEUR

Somit ergibt sich in Summe, unter Annahmen einer Vollbelegung auf den vier Untergeschossen, ein Neuwagenwert von 8,52 Millionen EUR (= 21 Pkws x 100 TEUR + 53 Pkws x 50 TEUR + 85 Pkws x 35 TEUR + 53 Pkws x 15 TEUR).

5.27 Transformation eines Mobilfunkunternehmens in den Emerging Markets

Aufgabe

Sie nehmen gerade an einer Round-Table-Diskussion mit einigen CEOs aus der Telekommunikationsindustrie teil. Einer der Teilnehmer wurde gerade zum CEO eines Unternehmens in Osteuropa nominiert. Alle gratulieren ihm – er selbst ist jedoch eher skeptisch. „Der Markt wächst zwar immer noch mit zweistelligen Wachstumsraten – wir verlieren allerdings als Nummer 2 im Markt seit einigen Quartalen Marktanteile. Die Nummer 1 wächst kontinuierlich, die Nummer 3 holt auf. Der Aufsichtsrat wird wenig Geduld mit mir haben. Ich werde nun einige Maßnahmen definieren. Bis diese Wirkung zeigen, werden 8 bis 9 Monate vergehen. Ich muss aber in 4 Monaten vor den Aufsichtsrat treten und mein Programm vorstellen. Habt ihr irgendwelche Ideen?“ Der Typ ist sympathisch. Sie schlagen vor, sich nach dem Essen an der Hotelbar zu treffen, um die Story für den Aufsichtsrat gemeinsam grob zu skizzieren. Da der CEO keine Daten dabei hat, kann das nur qualitativ sein (die notwendigen Analysen muss sein Team im Anschluss durchführen) – entscheidend ist eine stringente und überzeugende Geschichte.

Lösungsansatz

Zunächst stellt sich die Frage, aus welcher Perspektive der Aufsichtsrat den CEO bewerten wird. Die Antwort liegt eigentlich auf der Hand: Der Aufsichtsrat möchte in 4 Monaten sehen, dass 1. das Unternehmen wieder auf dem richtigen Weg ist, d. h., dass erste Maßnahmen ihre Wirkung zeigen, 2. ein klarer Weg zur weiteren Verbesserung der operativen Performance definiert ist und 3. gleichzeitig eine konkrete Vision für das Unternehmen existiert. „Klasse, genau so müssen wir die Geschichte strukturieren“, sagt der CEO. Als Nummer 2 kann es eigentlich nur eine Vision geben: die Nummer 1 zu werden. Dafür müssen wir für die Punkte 1 bis 3 sehr konkrete Maßnahmen definieren:

1. Kurzfristmaßnahmen

Wir müssen einige Maßnahmen definieren, die schon in 4 Monaten Wirkung zeigen. Call-Center-Skripte zu ändern könnte zu lange dauern. Anreizschemata greifen sofort.

- 50 % der Verkäufe laufen über das Händlernetz, d. h. Handelsketten für Elektronikware wie in Deutschland der Media-Markt. Die Verkaufszahlen in diesem Kanal sind sehr sensitiv gegenüber Anreizen – d. h., eine kurzfristige Erhöhung der Händlerprovisionen wird zu einem Boost der Zahlen führen.
- Darüber hinaus könnte man über eine Kampagne mit kurzfristiger Senkung der Minutenpreise einen höheren Anteil an Neukunden an sich binden. Um die Wechselraten (Kunden, die zu anderen Operatoren wechseln) zu reduzieren, könnte man gleichzeitig die Vertragslaufzeiten verlängern. Bei allen preisbezogenen Maßnahmen muss man allerdings sehr vorsichtig vorgehen, da diese zu einer ungewollten Preisdynamik im Markt führen könnten.

- Eine weitere Möglichkeit als Kurzfristmaßnahme ist die Nutzung von Agenten zum Vertrieb von Mobilfunkverträgen. In vielen Städten Osteuropas herrscht ein Bauboom. Tausende von Arbeitern aus benachbarten ärmeren Ländern strömen in unser Zielland, um auf den Baustellen zu arbeiten. Die meisten dieser Arbeiter besorgen sich ein Pre-Paid-Handy, um den Kontakt in die Heimat zu halten. Es ist deshalb durchaus üblich, die entsprechenden Bauleiter als Agenten zum Vertrieb von Pre-Paid-Handys zu nutzen. Ähnlich kann dies mit weiteren Berufsgruppen funktionieren.
- Anreize sollten nicht nur extern geschaffen werden - auch die eigene Vertriebsmannschaft lässt sich durch einen kurzfristigen Bonus motivieren. Um kurzfristig die Verkaufszahlen signifikant zu steigern, könnten deshalb Zusatzzahlungen für herausragende Leistungen gewährt werden - idealerweise inkl. eines kompetitiven Elements, d. h., der Bonus richtet sich nicht nur nach dem absoluten Verkaufserfolg einer Vertriebsregion, sondern relativ nach dem Erfolg gegenüber den Kollegen in anderen Regionen.

2. Mittelfristige Verbesserung der operativen Performance

Der kurze Zeithorizont der unter Punkt 1 genannten Maßnahmen macht strukturelle oder prozessorale Anpassungen unmöglich. Genau dies ist hingegen das Ziel der Mittelfristmaßnahmen.

- **Vertrieb:** Mittelfristig können Call-Center-Skripte überarbeitet werden, um die Argumentation der Vertriebsmitarbeiter noch effektiver zu gestalten und die Marke sowie die Produkte gegenüber dem Wettbewerb noch besser zu positionieren. Darüber hinaus kann man auch bisher nicht ausreichend genutzte Kanäle nutzen, z. B. den Aufbau eines in Osteuropa noch nicht weit verbreiteten Online-Kanals, die Errichtung eigener Kiosks in den U-Bahn-Stationen oder das Partnering auch mit lokalen Elektronikshops.
- **Pricing:** Während unter Punkt 1 das Pricing primär auf kurzfristige Kampagnen ausgelegt war, geht es bei den mittelfristigen Maßnahmen darum, das Preismodell holistisch zu überarbeiten und an das evtl. geänderte Marktumfeld anzupassen. Hierfür müssen umfangreiche Sensitivitätsanalysen durchgeführt werden, um das Verhalten der Nutzer bezüglich der Gesprächszeiten (MoU, Minutes of Use) - abhängig von Minutenpreisen (APPM, Average Price per Minute) - zu antizipieren. Die Preise müssen so ausgeregelt werden, dass über verschiedene Aspekte wie Preise, Gewinnung von Neukunden, Gesprächszeiten usw. ein Optimum für das Unternehmen erzielt wird.
- **Operations:** Nach den ersten beiden Hebeln, die primär auf die Top-Line (Umsatzseite) ausgelegt waren, gilt es nun auch die Bottom-Line (über Kosten) zu adressieren. Hierzu muss die Performance entlang von End-to-end-Prozessen, die durch unterschiedliche funktionale Einheiten im Unternehmen laufen, untersucht werden. Viele Unternehmen optimieren Prozesse rein aus einer funktionalen Perspektive, was aus der End-to-end-Perspektive zu einem Suboptimum führen kann. Die Kernprozesse eines Operators sind der Bereitstellungsprozess (d. h. das Freischalten eines Neukunden) sowie die Entstörung (d. h. das Beseitigen von Problemen oder Beschwerden). Entlang dieser Prozesse

gilt es die operativen Prozesse zu verbessern und entsprechende Kostensenkungspotenziale zu heben.

- **Einkauf:** Auch wenn die meisten Unternehmen von sich behaupten, den Einkauf schon weitgehend optimiert zu haben, so lassen sich in diesem Bereich meist noch signifikante Potenziale heben, z. B. über die Konsolidierung von Herstellern oder die Nutzung von Herstellern aus Niedriglohnländern. Die Beschaffung des Netzwerk-Equipments sowie der Endgeräte macht bei einem Mobilfunkbetreiber einen signifikanten Anteil der Gesamtkosten aus.

3. Schaffung einer High-Performing-Organisation

Um letztendlich das ambitionierte Ziel zu erreichen, die Nummer 1 zu werden, muss nachhaltig eine effektive Organisation geschaffen werden.

- **Management-Talent:** Viele Unternehmen in Osteuropa werden von sehr erfahrenen und guten Managern geführt. In vielen Unternehmen herrscht jedoch ein Mangel an Management-Talent in den mittleren Führungsebenen, d. h., es existiert im eigenen Unternehmen kein Nachwuchs an Führungskräften. Dies ist allerdings Voraussetzung für eine High-Performing-Organisation. Der systematische Aufbau und die umfangreiche Förderung von Nachwuchsführungskräften sind demnach Investitionen, die sich langfristig auszahlen.
- **Performance Management/Performance-Kultur:** Nicht alle Unternehmen sind durch alle Ebenen hinweg auf Leistung getrimmt. Vielfach werden Zielvereinbarungen von den Betroffenen selbst verfasst und bestehen primär aus qualitativen Kriterien. Außerdem fehlt bei Nicht-Erfüllung oftmals ein rigoroses Konsequenzen-Management. Die Etablierung eines stringenten Performance-Management-Systems hilft deshalb, die Aktivitäten der Organisation voll auf die Unternehmensziele auszurichten. Das bedeutet, dass für alle Bereiche klare quantitative Kennzahlen definiert werden, die bis auf untere Ebenen kaskadiert werden. Entlang dieser Kennzahlen werden in regelmäßigen Abständen Performance-Dialoge mit den jeweils Verantwortlichen geführt, um die Vereinbarungen nachzuhalten und Wege zur Verbesserung der operativen Performance zu definieren.
- **Neue Wachstumsoptionen:** Um langfristiges Wachstum zu erreichen, muss das Unternehmen auch über Optionen nachdenken, die außerhalb des Stammgeschäfts liegen. Da der Telekommunikationsmarkt in vielen Ländern Osteuropas noch nicht so weit entwickelt ist wie in Westeuropa, haben die Unternehmen dort die Möglichkeit, die vielen Versuche westeuropäischer Mobilfunkbetreiber zum Aufbau neuer Geschäftsmodelle zu verfolgen und die erfolgreichsten Modelle auf das eigene Land zu übertragen.

Drei bis vier Biere an der Hotelbar später also steht das gedankliche Grundgerüst für die Präsentation vor dem Aufsichtsrat. Jetzt gilt es in den nächsten Tagen dieses Grundgerüst mit detaillierten Inhalten zu füllen und die notwendigen quantitativen Analysen durchzuführen, um die Hypothesen mit Fakten zu hinterlegen.

6 EINSTELLUNGSTESTS UND ASSESSMENT-CENTER-ELEMENTE BEI UNTERNEHMENSBERATUNGEN

Einige renommierte Unternehmensberatungen verwenden zusätzlich zu den in diesem Buch ausführlich beschriebenen Case Studies verschiedene Elemente von Assessment Centern und Einstellungstests bei der Auswahl ihrer Nachwuchsberater. Dabei stellen die gewählten zusätzlichen Testelemente im weitesten Sinne ebenfalls Fallstudien aus dem Beraterallag dar, da die Bewerber nicht anhand von fiktiven Situationen geprüft werden. Vielmehr werden relevante Fähigkeiten aus dem Alltag eines Consultants, wie z. B. der Umgang mit quantitativen Daten, überprüft und die Anforderungen alltäglicher Situationen, wie z. B. die Präsentation und Diskussion der Projektergebnisse vor einem Kundenteam, nachgestellt.

Nachfolgend werden nun die in der Recruiting-Praxis renommierter Unternehmensberatungen am weitesten verbreiteten Aufgabentypen kurz dargestellt, damit sich der Leser einen ersten Eindruck von den an ihn gestellten Anforderungen machen kann. Selbstverständlich sind diese Ausführungen kein Ersatz für die detaillierte Vorbereitung auf Einstellungstests oder Assessment Center. Hierfür werden am Ende des Kapitels weiterführende Bücher aufgeführt. An dieser Stelle geht es lediglich um einen ersten Überblick nach dem Motto: „Eine Gefahr, die man kennt, ist keine!"

6.1 Leistungstests

Unter diesem Sammelbegriff wird eine Vielzahl von meist schriftlichen Testverfahren zusammengefasst. Unternehmensberatungen verwenden meist nur einzelne Leistungstestkomponenten als einen Teil des Bewerberauswahlprozesses, z. B. in Form eines einstündigen schriftlichen Tests vor oder nach den Fallstudieninterviews.

Insbesondere die intellektuellen Fähigkeiten, wie z. B. das logische Denken, die Fähigkeit zum Umgang mit quantitativen Daten und die Konzentrationsfähigkeit eines Bewerbers, sollen durch derartige Tests erfasst werden. Meistens müssen von dem Bewerber eine Reihe von Einzelaufgaben, zumeist Rechenaufgaben, innerhalb einer vorgegebenen Zeit bearbeitet werden. Hierbei ist die vorgesehene Zeit oft so knapp bemessen, dass es normalerweise gar nicht möglich ist, alle Aufgaben innerhalb der vorgegebenen Zeit zu lösen. Durch ein derartiges Vorgehen wird lediglich der ohnehin vorhandene Leistungsdruck erhöht. Da oftmals der Schwierigkeitsgrad von Aufgabe zu Aufgabe innerhalb des Tests ansteigt, wird die Stress- und Frustrationsresistenz des Bewerbers noch zusätzlich überprüft.

Zusammenfassend gilt, dass bei derartigen Tests einerseits die Stressresistenz des Bewerbers getestet werden soll, andererseits soll überprüft werden, wie sicher der Kandidat mit Zahlen und Schaubildern umgehen kann, wie er logische Schlüsse und Empfehlungen auf der Basis quantitativer Daten ableitet und wie sicher er mit vergleichsweise einfachen Rechenoperationen (Kopfrechnen, Dreisatzrechnung, Prozentrechnung) umgeht.

6.2 Die Postkorbübung

Die Postkorbübung ist einer der Klassiker von Assessment-Center-Übungen. Bei dieser sehr gut im Vorfeld des Auswahlverfahrens trainierbaren Übung erhält der einzelne Bewerber einen Korb voller Post. Dabei kann es sich um Briefe, E-Mails, Fax-Sendungen, Notizen etc. handeln, wie es im Alltag eines gestressten Consultants oder einer Führungskraft in einem Unternehmen üblich ist. Nach einer kurzen Erläuterung zur eigenen Rolle und der Situation, in der sich der Bewerber befindet, besteht seine Aufgabe darin, die einzelnen Poststücke und die dahinter stehenden Vorgänge zu bearbeiten. Wie auch schon bei den Leistungstests ist hier ebenso die Zeit die knappe Ressource. Deshalb kommt es umso mehr darauf an, nach einer ersten Durchsicht der Unterlagen Prioritäten bei der Bearbeitung zu setzen, Aufgaben zu delegieren und Entscheidungen - teilweise unter Unsicherheit - zu treffen. Meist herrschen zwischen den einzelnen Dokumenten des Postkorbs Querverbindungen, auch wenn diese nicht immer auf den ersten Blick erkennbar sind, so dass die Fähigkeit des Bewerbers zum vernetzten Denken getestet wird. Der Bewerber muss seine Lösung (wie immer gibt es auch hier nicht die einzig richtige Lösung) meistens schriftlich festhalten und ggf. sogar begründen, warum er sich für diese Reihenfolge und Art der Bearbeitung der einzelnen Vorgänge seines Postkorbes entschieden hat. Folgende Regel, die in der Personalpraxis auch als „Eisenhower-Regel" bekannt ist, da der berühmte Staatsmann Eisenhower angeblich seinen Schreibtisch nach diesem Prinzip aufgeräumt und geordnet hat, kann als Methode oder Analysewerkzeug zur Bearbeitung des Postkorbes angewendet werden:

Kategorie A: Diese Aufgaben sollte man selbst und sofort erledigen.

Kategorie B: Nachdem man einen Endtermin für Aufgaben dieser Kategorie festgelegt hat, sind die vorbereitenden Arbeitsschritte an Mitarbeiter oder Teamkollegen anzuweisen und der Zeitpunkt für die abschließende Bearbeitung der Aufgabe festzulegen.

Kategorie C: Aufgabe und Vorgänge dieser Kategorie sollten nach Möglichkeit delegiert werden. Der Bewerber sollte so wenig Zeit wie möglich darauf verwenden.

Kategorie D: Diese Vorgänge sollten direkt aussortiert bzw. nicht beachtet werden, da sie als „Zeitfresser" lediglich von den wichtigen und dringlichen Dingen ablenken.

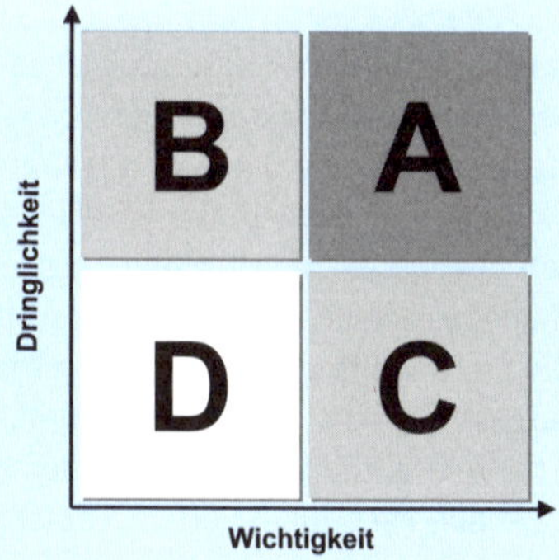

Abbbildung 45: Die Eisenhower-Regel

Zusammenfassend versuchen Beratungen durch eine derartige Übung zu erkennen, ob der Bewerber Prioritäten setzen und delegieren kann. Die Ergebnisse dieser Aufgabe lassen zusätzlich Rückschlüsse auf seine Fähigkeit, komplexe Sachverhalte zu erkennen und zu ordnen, sowie auf sein Urteilsvermögen unter starkem Druck zu.

6.3 Das Rollenspiel

Wie bereits am Namen zu erkennen, wird dem Bewerber bei einer Rollenspielaufgabe eine bestimmte Rolle zugewiesen, die dann zusammen mit einem oder mehreren Mitspielern in einem Gespräch zu einem bestimmten Thema vertreten werden muss. Dabei ist der Mitspieler des Bewerbers meist ein Unternehmensvertreter. Zunächst erhält der Bewerber Instruktionen über die eigene Rolle, die Rolle des Mitspielers, die Situation, in der das Gespräch stattfindet und das Thema, um das es geht. Bei Beratungen werden meistens nicht die in der sonstigen Bewerbungspraxis üblichen Rollenspiele in Form von Mitarbeitergesprächen oder Kundengesprächen, sondern kontroverse Diskussionen zu einem vorgegebenen Thema, wie z. B. den Vor- und Nachteilen von Studiengebühren, durchgeführt. Dabei wird dem Bewerber anhand von einigen Hintergrundinformationen, die auch in Form von Zeitungsartikeln oder Präsentationsmaterialien vorliegen können, die Möglichkeit gegeben, sich über das zu diskutierende Thema zu informieren. Bei dem darauf folgenden Rollenspiel wird dieses Thema dann kontrovers diskutiert. Im Anschluss an das Rollenspiel wird der Bewerber meist darum gebeten, das eigene Verhalten im Rollenspiel einzuschätzen.

Beurteilungskriterien für ein vom Bewerber erfolgreich geführtes Rollenspiel sind ein gelungener Gesprächsbeginn, die Art der Atmosphäre, die während der Diskussion geschaffen wird und die Geradlinigkeit, mit der das Ziel der Diskussion oder das Hauptthema vom Bewerber verfolgt wird. Abschließend wird noch darauf geachtet, ob es der Bewerber schafft, im Gespräch mit seinem Gegenüber eine gemeinsame Lösung zu finden, mit der beide Seiten zufrieden sein können oder ob aus der Diskussion ein „Gewinner“ und ein „Verlierer“ hervorgeht.

6.4 Die Präsentation

Ein beliebter Teil des Auswahlverfahrens bei Unternehmensberatungen ist die Vergabe einer detaillierten Fallstudie, die einem konkreten Beratungsprojekt entstammt. Diese soll anschließend vor der Geschäftsführung des Auftraggebers, gespielt durch Vertreter der Beratung, vorgestellt und diskutiert werden. Die jeweilige Vorbereitungszeit kann variieren, liegt meistens jedoch in etwa bei einer halben Stunde, wobei die zur Verfügung stehende Zeit meist nicht für eine detaillierte Analyse des Materials und des zugrunde liegenden Problems sowie die Erarbeitung und Aufbereitung von Lösungsvorschlägen ausreicht. Der erste Teil der Aufgabe besteht somit häufig darin, dass der Bewerber in der knappen Vorbereitungszeit die relevanten Informationen aus der Datenflut herausfiltern und aufbereiten muss. Erst danach kann fokussiert, die inhaltliche Bearbeitung der Fallstudie vorangetrieben und die Präsentation, zumeist auf zur Verfügung gestellten Overheadfolien, erstellt werden.

Danach erfolgt die Vorstellung der Ergebnisse der Präsentation vor Unternehmensvertretern, die zugleich die Geschäftsführung des Kunden mimen und dabei Fragen zum Vorgehen, den Ergebnissen und den erarbeiteten Handlungsempfehlungen an den Bewerber stellen. Bewertungskriterien sind hierbei neben der Wortwahl und dem Auftreten des Bewerbers auch die inhaltliche Substanz und die Kreativität der vorgestellten Lösung. Dabei ist es durchaus üblich, dass zusätzlich auch die Stresstoleranz des Bewerbers durch die knappe Vorbereitungszeit, durch genaues Nachfragen und heftige Diskussionen bei der Vorstellung der Präsentationsergebnisse getestet wird.

6.5 Weitere Lektüre

Zur Vorbereitung auf Einstellungstests und Assessment Center gibt es unter Personalexperten eine Vielzahl von unterschiedlichen Meinungen dazu, wie kurzfristig „trainierbar" Wissen zur Bearbeitung von Einstellungstests und Assessment-Center-Elementen tatsächlich ist. Als gesichert gilt jedoch, dass jeder Bewerber sich mit den an ihn gestellten Anforderungen vertraut machen kann und das in seinen Möglichkeiten liegende Potenzial, z. B. bei Rechentests, abrufen kann. Nachfolgend werden daher einige Bücher für die weitere Lektüre zu diesem Thema aufgeführt:

- Die Denkhalle OHG: Das Geheimwissen der Personalberater & Testpsychologen, Düsseldorf: Denkhalle Verlag 2000.
- Hartenstein/Arnscheid: Einstellungstests. Assessment Center, Einstellungstests und Anforderungen an den Bewerber im Überblick, München: Gräfe und Unzer 2004.
- Hesse/Schrader: Testtraining 2000plus. Einstellungstests erfolgreich bestehen, Frankfurt/Main: Eichborn 2000.
- Pütjer/Schnierda: Erfolgreich im Assessment Center. Das Training für Hochschulabsolventen, Frankfurt/Main und New York: Campus 2001.

DIE TOP 25

In der folgenden Tabelle sind die 25 umsatz- und personalstärksten Beratungsgesellschaften Deutschlands aufgeführt. Die Reihenfolge der Unternehmen wird nach deren Inlandsumsätzen (Deutschland) bestimmt. In den Top Ten gibt es gegenüber dem Vorjahr nur geringe Veränderungen. So kam Bain & Company neu in die Top-Ten-Liste hinzu, die mit der im Vorjahr noch auf Platz 10 liegenden Beratungsgesellschaft A.T. Kearney die Plätze tauschte. Die größten Platzveränderungen machten die Deloitte Consulting GmbH (von Platz 9 im Jahr 2006 auf Platz 4 im Jahr 2007) und die Oliver Wyman Group (von Platz 4 im Jahr 2006 auf Platz 9 im Jahr 2007, wegen Umstrukturierung vgl. nachfolgenden Absatz) durch. Ansonsten nehmen, wie in den vergangenen Jahren auch, die Tochtergesellschaften der weltweit agierenden Consultingunternehmen die ersten Plätze ein.

Kurt Salmon Associates erscheint diesmal nicht in den Top 25 der Liste (im Vorjahr Platz 25), da das Unternehmen seit 2007 ein Tochterunternehmen der MCG Group aus London ist und für 2007 wegen der geänderten Bilanzierung keine Zahlen vorliegen. Hierfür hinzu kam die Mercer Deutschland GmbH, welche aus dem Human-Resources-Beratungsgeschäft der Oliver Wyman Group 2007 als eigene Gesellschaft hervorging.

Die durchschnittlichen Zuwachsraten der Unternehmensumsätze aller Top-25-Gesellschaften lagen 2007 in Deutschland bei 12,8 %. Das bedeutet, dass die Top 25 über dem durchschnittlichen Marktwachstum (11,6 %) des gesamten Beratungsgeschäftes lagen. Auch für das Jahr 2008 wird von den Beratungsunternehmen ein durchschnittliches Umsatzwachstum von fast 12 % erwartet.

Die Top-25-Beratungsgesellschaften erreichten 2007 mit ihren Inlandsumsätzen insgesamt einen Anteil von 24 % am deutschen Gesamtmarkt (16,4 Milliarden EUR). Die Top 10 bestreiten allein fast 18 % des Marktes.

Das Spektrum der Managementberatung wird immer vielfältiger. Bei knapp der Hälfte der Top-25-Unternehmen liegt der Umsatzschwerpunkt auf der Strategieberatung. Das Leistungsspektrum der großen Unternehmensberatungsgesellschaften erstreckt sich darüber hinaus auch auf Organisations- und Prozessberatung, Technologieberatung, Marketingberatung, Logistikberatung und Human-Resources-Beratung.

Die Beschäftigtenzahlen in Deutschland der Top-25-Beratungsgesellschaften nahmen mit über 12 % auf insgesamt 14 800 fast gleich stark zu wie die Inlandsumsätze mit 12,8 %. Von den bei den führenden Beratungsgesellschaften beschäftigten Beratern hatten im Durchschnitt fast 43 % einen Abschluss in Wirtschaftswissenschaften, knapp 18 % in Ingenieurwissenschaften, etwa 15 % in Naturwissenschaften, fast 14 % in Informatik und etwa 10 % hatten einen anderen Hochschulabschluss (zumeist als Wirtschaftsingenieur).

Angesichts des weiter steigenden Personalbedarfs und der hohen Qualitätsanforderungen an Mitarbeiter haben die Beratungsgesellschaften seit einigen Jahren wieder massive Probleme bei der Personalbeschaffung.

Rang	Unternehmen	Umsatz in Deutschland in Mio. EUR		Mitarbeiterzahl in Deutschland		Weitere Infos unter
		2007	2006	2007	2006	
1	McKinsey & Company Inc. Deutschland, Düsseldorf*)	630,0	600,0	2.000	1.900	www.mckinsey.de
2	Roland Berger Strategy Consultants, München*)	365,0	330,0	790	710	www.rolandberger.de
3	The Boston Consulting Group GmbH, München*)	361,5	305,0	1.370	1.200	www.bcg.de
4	Deloitte Consulting GmbH, Hannover	266,0	197,0	874	890	www.deloitte.com
5	Booz Allen Hamilton GmbH, Düsseldorf	252,0	229,0	580	525	www.boozallen.de
6	Capgemini Consulting Deutschland GmbH, Berlin1)	227,0	208,0	996	948	www.de.capgemini.com
7	Steria Mummert Consulting AG, Hamburg	224,0	198,0	1.497	1.291	www.steria-mummert.de
8	BearingPoint GmbH, Frankfurt am Main	220,0	208,0	1.409	1.516	www.bearingpoint.de
9	Oliver Wyman Group, München*) 2)	207,0	239,0	540	560	www.oliverwyman.com
10	Bain & Company Germany Inc., München	191,0	158,0	430	370	www.bain.de
11	A.T. Kearney GmbH, Düsseldorf	185,0	174,0	548	488	www.atkearney.de
12	Droege International Group AG, Düsseldorf*) 3)	122,0	84,7	240	215	www.droege.de
13	Arthur D. Little GmbH, Wiesbaden	78,5	77,5	250	270	www.adlittle.de

Rang	Unternehmen	Umsatz in Deutschland in Mio. EUR		Mitarbeiterzahl in Deutschland		Weitere Infos unter
		2007	2006	2007	2006	
14	Zeb/Rolfes.Schierenbeck. Associates Gmbh, Münster	77,5	69,5	547	456	www.zeb.de
15	Mercer Deutschland GmbH, Frankfurt am Main*) 4)	74,0	k. A.	555	514	www.mercer.de
16	Simon, Kucher & Partners GmbH, Bonn*)	65,6	52,0	242	190	www.simon-kucher.com
17	MC Marketing Corporation AG, Bad Homburg	61,7	54,6	287	241	www.marketing-corporation.de
18	Management Engineers GmbH & Co.KG, Düsseldorf *)	59,3	48,6	155	131	www.management-engineers.de
19	Towers Perrin Inc., Frankfurt am Main*)	58,0	52,0	330	290	www.towersperrin.com
20	Horváth AG (Horváth & Partners-Gruppe), Stuttgart	56,8	48,5	211	190	www.horvath-partners.com
21	Kienbaum Management Consultants GmbH, Gummersbach*)	46,0	40,0	195	170	www.kienbaum.de
22	d-fine GmbH, Frankfurt am Main	37,3	30,0	200	144	www.d-fine.de
23	Monitor Group, München	33,0	30,0	90	85	www.monitor-group.de
24	The Information Management Group IMG GmbH, München	31,2	30,8	280	210	www.img.com
25	Dornier Consulting GmbH, Friedrichshafen	27,2	30,5	160	140	www.dornier-consulting.com

1 ohne IT-Beratung und Systemintegration
2 Neue Konzernstruktur 2007; ohne Mercer HR
3 Umsatz inkl. Erfolgshonorare
4 neue Konzernstruktur seit Mai 2007
* Umsatz- und/oder Mitarbeiterzahlen teilweise geschätzt.
k. A. = keine Angabe

Aufnahmekriterium für diese Liste: Mehr als 60 % des Umsatzes werden mit klassischer Unternehmensberatung wie Strategie, Organisation, Führung, Marketing erzielt.
Die Rangfolge des Rankings basiert auf kontrollierten Selbstauskünften der Unternehmen über in Deutschland bilanzierte/erwirtschaftete Umsätze.

Quelle: Lünendonk GmbH, Kaufbeuren 2008 – Stand 21.05.2008 (keine Gewähr für Firmenangaben)

AUSGEWÄHLTE UNTERNEHMENSPROFILE

Liste der Unternehmensprofile

Accenture

Accenture
Recruiting Team
Campus Kronberg 1
61476 Kronberg/Frankfurt
Karriere-Infoline: 00 800 / 450 450 45
recruiting.germany@accenture.com
entdecke-accenture.com

Das Unternehmen

Accenture ist ein weltweit agierender Managementberatungs-, Technologie- und Outsourcing-Dienstleister. Mit dem Ziel, Innovationen umzusetzen, hilft das Unternehmen seinen Kunden durch die gemeinsame Arbeit leistungsfähiger zu werden. Umfangreiches Branchenwissen, Geschäftsprozess-Know-how, internationale Teams und hohe Umsetzungskompetenz versetzen Accenture in die Lage, die richtigen Mitarbeiter, Fähigkeiten und Technologien bereit zu stellen, um so die Leistung seiner Kunden zu verbessern.

Das Profil

Name Accenture
Branche Managementberatungs-, Technologie- und Outsourcing-Dienstleister
Standorte 110 Büros in 49 Ländern
Anzahl der Mitarbeiter Rund 180.000 weltweit, rund 5.300 in Deutschland, Österreich und der Schweiz
Umsatz 19,7 Milliarden US-Dollar im vergangenen Fiskaljahr (zum 31. August 2007)

Das Angebot

Geplante Einstellungen 2008/2009
Rund 1.000 neue Mitarbeiter im deutschsprachigen Raum
Fachrichtungen Wirtschaftswissenschaften, (Wirtschafts-)Informatik, Ingenieurwesen, Naturwissenschaften (z.B. Mathematik, Physik)
Einsatzbereiche Direkteinstieg auf Kundenprojekten nach intensivem Einführungsseminar und Basistraining
Weiterbildung Systematische und individuell persönliche sowie fachliche Weiterentwicklung
Einstiegsgehälter Marktkonformes Vergütungspaket je nach Position
Auslandseinsatz Abhängig vom jeweiligen Projekt

Der Einstieg

Bewerbung Bevorzugt Online-Bewerbung
Auswahl Telefoninterview, Informations- und Auswahltag
Fachliche Qualifikation Überdurchschnittlicher Hochschulabschluss, gute analytische und konzeptionelle Fähigkeiten, Zuverlässigkeit in der Projektabwicklung, qualifizierte praktische Erfahrungen, sehr gute Englischkenntnisse
Persönliche Qualifikation Kommunikationsstärke, Engagement, Teamgeist, Flexibilität und Mobilität, hohe Kundenorientierung und ausgeprägter Servicegedanke
Was Sie erwartet Accenture bietet Ihnen abwechslungsreiche Aufgaben in internationalen Teams auf Projekten bei führenden Unternehmen der unterschiedlichsten Branchen. Um unseren Kunden Wettbewerbsvorteile zu verschaffen, bearbeiten wir betriebswirtschaftliche Fragestellungen mit unserem Wissen und unseren Methoden – und finden innovative Lösungen. In der Managementberatung können Sie sich zum Wirtschafts- und Branchenexperten entwickeln, und zwar als Bindeglied zwischen Prozessen und Technologien. Als IT-Berater greifen Sie unsere betriebswirtschaftlichen Konzepte auf und verknüpfen diese mit Ihrem Technik-Know-how.

Bayer Konzern

Bayer
51368 Leverkusen
Karlheinz Deitz
Bayer Business Services GmbH
Integrated Employee Services
Hochschulmarketing
Telefon 02 14 / 30 56442
www.mybayerjob.de

Das Unternehmen

Bayer ist ein weltweit tätiges Unternehmen mit Kernkompetenzen auf den Gebieten Gesundheit, Ernährung und hochwertige Materialien. Mit unseren Produkten und Dienstleistungen wollen wir den Menschen nützen und zur Verbesserung der Lebensqualität beitragen.

Bayer Business Services – Business Consulting

Wir gehören zu den fünf größten Inhouse Management Beratungen in Deutschland. Bei uns finden Sie neben spannenden Aufgaben auch beste Voraussetzungen für einen erfolgreichen Aufstieg in das Management eines weltweit tätigen Großkonzerns.

Das Profil

Name Bayer Konzern – Bayer Business Consulting
Branche Interne Unternehmensberatung
Standorte Vertretungen an allen Bayer Standorten
Anzahl der Mitarbeiter Bayer 106.000, Business Consulting: 70 (31.12.2007)

Das Angebot

Geplante Einstellungen 2009 Bayer Business Consulting 20; Bayer Gesamt 250
Fachrichtungen Wirtschaftswissenschaften, (Wirtschafts-)Ingenieurwissenschaften, (Wirtschafts-)Informatik, Naturwissenschaften, gerne mit weiterem Abschluss (MBA, Aufbaustudium, Promotion)
Einsatzbereiche Strategie- und Management-Beratung
Startprogramme Direkteinstieg (mehr unter www.bayerbusinessconsulting.de)
Weiterbildung Fach- und Persönlichkeitstrainings, Auslandsaufenthalte, individuelles Coaching, Mentoren-Programm
Einstiegsgehälter Nach Vereinbarung
Auslandseinsatz Möglich

Der Einstieg

Bewerbung Online: www.mybayerjob.de
Auswahl Bewerbergespräche, Fallstudien
Pluspunkte Qualifizierende Praktika in Beratungsunternehmen sowie in der Industrie
Fachliche Qualifikation Sehr gute Studienleistungen, kurze Studiendauer, Praktika, verhandlungssicheres Englisch, sehr gute analytische Fähigkeiten
Persönliche Qualifikation Begeisterungs-, Kommunikations- und Teamfähigkeit, unternehmerisches Denken, Auslandserfahrung, außeruniversitäre Aktivitäten
Was Sie erwartet Bayer Business Consulting bietet Ihnen ein professionelles Onboarding für einen schnellen Start im Business Consulting gemeinsam mit teamorientierten und hilfsbereiten Kollegen/innen. Parallel zum direkten Einstieg als Teammitglied in spannenden Projekten wird ein individuelles Trainingsprogramm mit Seminaren und internen Schulungen auf Sie zugeschnitten. Experten übernehmen Ihr Coaching und Training on the Job.

Capgemini Consulting

Capgemini Consulting
Berliner Straße 76
63065 Offenbach
www.capgemini-karriere.de
Kathrin Mink, Head HR-Marketing
Telefon 0 69 / 95 15 - 17 20
karriere.de@capgemini.com
(bzw. praktikum.de@capgemini.com)

Das Unternehmen

Capgemini Consulting ist die führende Beratung im Bereich Business Transformation® und begleitet seit Jahrzehnten Unternehmen mit ihrem mehrdimensionalen Business Transformation® Framework zu messbaren und nachhaltigen Erfolgen. Über 5.500 Strategie- und Managementberater setzen ihre Persönlichkeit, Kompetenz und ihr Commitment ein, um Menschen und Organisationen auf dem Weg zu innovativen Veränderungen zu begleiten.

Das Profil

Name Capgemini Consulting
Branche Unternehmensberatung
Standorte Über 300 Büros in 36 Ländern
Anzahl der Mitarbeiter 86.000 weltweit

Das Angebot

Geplante Einstellungen 2009 200
Fachrichtungen Wirtschaftswissenschaften, (Wirtschafts-)Ingenieurwissenschaften, (Wirtschafts-)Informatik, Natur- & Geisteswissenschaften mit wirtschaftswissenschaftlichen Kenntnissen
Einsatzbereiche Strategie- und Management-Beratung
Startprogramme Direkteinstieg (weitere Informationen unter www.capgemini-karriere.de)
Weiterbildung Fach- und Persönlichkeitstrainings, Auslandsaufenthalte, individuelles Coaching, Mentoren-Programm, firmeneigene University
Einstiegsgehälter Nach Vereinbarung
Auslandseinsatz Möglich

Der Einstieg

Bewerbung Bitte senden Sie Ihre vollständigen Bewerbungsunterlagen in einer Datei per E-Mail an karriere.de@capgemini.com (bzw. praktikum.de@capgemini.com), idealerweise als PDF-Datei (kleiner als 5 MB).
Auswahl Interviewrunden oder Einzelgespräche mit Fach- und Personalabteilung, Fallstudien
Pluspunkte Projektrelevante praktische Erfahrung (Praktika, Berufserfahrung) in Beratungsunternehmen und/oder in der Industrie, idealerweise Auslandserfahrung
Fachliche Qualifikation Sehr gute Studienleistungen, kurze Studiendauer, Praktika, fließende Deutschkenntnisse, verhandlungssicheres Englisch, sehr gute analytische und konzeptionelle Fähigkeiten
Persönliche Qualifikation Spaß an Teamarbeit, soziale Kompetenz, Reife, Mobilität, Engagement, humorvolle und natürliche Persönlichkeit
Was Sie erwartet Capgemini bietet Ihnen den direkten Einstieg als vollwertiges, selbständiges Teammitglied auf Projekten an, sowohl mit Berufserfahrung als auch direkt nach dem Hochschulabschluss. Mit dem Kennenlernen von verschiedenen Unternehmen, Branchen und Märkten nimmt nicht nur Ihre Erfahrung, sondern damit einhergehend auch der Ihnen übertragene Verantwortungsbereich schnell zu. Begleitet werden Sie bei Ihrem Einstieg von nationalen und internationalen Starterseminaren.

CTcon GmbH

CTcon GmbH
Burggrafenstraße 5a
40545 Düsseldorf
Telefon 02 11 / 57 79 03 - 0
Recruiting: Petra Anstöter
Telefon 02 11 / 57 79 03 - 61
recruiting@ctcon.de
weitere Informationen auf www.ctcon.de

Das Unternehmen

CTcon ist ein erfolgreiches, branchenübergreifend tätiges Beratungs- und Trainingsunternehmen, das sich auf Themen der Unternehmenssteuerung spezialisiert hat. Prägende Merkmale des Angebots sind die Verbindung von Beratung und Training, die Verknüpfung von Praxis und Wissenschaft und die Spezialisierung auf große Unternehmen und Organisationen.

Das Profil

Name CTcon GmbH
Branche Unternehmensberatung und Managementtraining
Standorte Bonn, Düsseldorf, Frankfurt, München, Vallendar bei Koblenz
Anzahl der Mitarbeiter 80 Mitarbeiter

Das Angebot

Geplante Einstellungen 2008/2009 laufender Bedarf an sehr gut qualifizierten Kandidaten
Fachrichtungen Wirtschaftswissenschaften, Wirtschaftsingenieurwesen, (Wirtschafts-)Informatik, (Wirtschafts-)Mathematik, Physik
Einsatzbereiche Unternehmensberatung
Startprogramme Direkteinstieg „on the job“
Weiterbildung internes Qualifizierungsprogramm für fachliche, methodische und soziale Kompetenzen und Maßnahmen für den individuellen Entwicklungsbedarf
Einstiegsgehälter nach Vereinbarung
Auslandseinsatz möglich

Der Einstieg

Bewerbung vollständige Unterlagen per E-Mail, idealerweise als PDF-Datei, oder per Post
Auswahl Interviewtag: Gespräche mit Projektleitern und Partnern, praxisnahe Fallstudien
Pluspunkte Praktika (In- und Ausland) in Beratungsunternehmen sowie in der Industrie; Zweitstudium, MBA, Promotion
Fachliche Qualifikation sehr gute Studienleistungen, verhandlungssicheres Englisch, sehr gute analytische Fähigkeiten, kurze Studiendauer
Persönliche Qualifikation Unternehmergeist, hohe Sozialkompetenz, Teamfähigkeit und Humor
Was Sie erwartet Beratungstätigkeit bei führenden Konzernen und bedeutenden Organisationen. In enger und vertrauensvoller Zusammenarbeit entwickeln Sie – von Anfang an eingebunden in ein Projektteam unter Führung eines erfahrenen Projektleiters – mit unseren Klienten maßgeschneiderte Problemlösungen: Strategiekonforme Steuerungsansätze und deren Umsetzung in Prozesse, Strukturen, Systeme und Anreizmodelle zählen ebenso dazu wie Managementtrainings, die Führungskräfte zu substantiellen Veränderungen befähigen.

Deloitte

Deloitte
Franklinstraße 46–48
60486 Frankfurt am Main
Telefon +49 69 97137-00
www.deloitte.de/com
Recruiting für den Bereich Consulting:
Iga Klimek, Telefon +49 69 97137-388
Julia Michalski, Telefon +49 69 97137-402
Sven Alpert, Telefon +49 69 97137-411
weitere Informationen auf
http://careers.deloitte.com

Das Unternehmen

Unsere hochwertigen Dienstleistungen haben uns zu dem gemacht, was wir heute sind – eine der weltweit führenden Prüfungs- und Beratungsgesellschaften. Spitzenservices verlangen jedoch hoch qualifizierte und motivierte Mitarbeiter. Daher stellen wir Ihre berufliche Fortentwicklung und Karriereförderung in den Mittelpunkt unseres Interesses. Wenn Sie Teil eines dynamischen, internationalen Unternehmens werden möchten, dann ist Deloitte die richtige Adresse für Sie. Mit 165.000 Mitarbeitern betreuen unsere Mitgliedsfirmen mehr als 80 Prozent der weltweit größten Unternehmen ebenso wie national agierende Konzerne, öffentliche Institutionen und erfolgreiche Wachstumsunternehmen.

Das Profil

Name Deloitte
Branche Wirtschaftprüfung, Steuerberatung, Consulting, Corporate Finance
Standorte 19 Büros in Deutschland, vertreten in 150 Ländern
Anzahl der Mitarbeiter 165.000 weltweit, davon im Consulting 40.000

Das Angebot

Geplante Einstellungen 2009 Im Consulting 250 (Deutschland)
Fachrichtungen Wirtschaftswissenschaften, (Wirtschafts-)Ingenieurwesen, (Wirtschafts-)Informatik, (Wirtschafts-)Mathematik, Psychologie
Einsatzbereiche Wirtschaftprüfung, Steuerberatung, Consulting, Corporate Finance
Startprogramme Direkteinstieg, Bachelorprogramm
Weiterbildung Fachliche und Persönlichkeitstrainings, Mentoren-Programm, Bootcamps u. v. m.
Einstiegsgehälter Nach Vereinbarung

Der Einstieg

Bewerbung In jeder unserer Jobausschreibungen finden Sie einen Button „Bewerben". Darüber gelangen Sie direkt auf unser Bewerbungsformular.
Auswahl Bewerbergespräche mit Fach- und Personalabteilung, Fallstudien
Fachliche Qualifikation Überdurchschnittliche Studienleistungen in angemessener Zeitdauer, relevante Praktika, verhandlungssicheres Englisch
Persönliche Qualifikation Kommunikations- und Teamfähigkeit, sehr gute analytische Fähigkeiten, unternehmerisches Denken, außeruniversitäres Engagement, Reisebereitschaft, Auslandserfahrung
Was Sie erwartet Deloitte bietet Ihnen einen direkten Einstieg als selbständiges und vollwertiges Teammitglied auf Projekten beim Kunden vor Ort an, direkt nach dem Hochschulabschluss oder auch für Berufserfahrene. Für Ihre fachliche und persönliche Weiterentwicklung steht Ihnen neben einem individualisierten Trainingsprogramm u. a. ein persönlicher Counselor mit Rat und Tat zur Seite.

goetzpartnersyou
you
Business Analyst (m/w)
Associate Consultant (m/w)
Sie wissen, was Sie wollen. Und können etwas bewegen.
Wir bieten Ihnen den Raum, sich persönlich und fachlich
zu entwickeln. Die Verbindung aus Corporate Finance und
Strategieberatung zeichnet uns aus. Profitieren Sie davon.
www.goetzpartnersyou.com
goetzpartners
MANAGEMENT
CONSULTANTS

goetzpartners
MANAGEMENT CONSULTANTS

goetzpartners
MANAGEMENT CONSULTANTS GmbH
Prinzregentenstraße 56, 80538 München
www.goetzpartners.com
Recruiting: Bettina Edler, Serap Günes
Telefon 0 89 / 29 07 25 - 502
recruiting-MC@goetzpartners.com
Recruitinghomepage:
www.goetzpartnersyou.com

Das Unternehmen

Wir zählen zu den führenden Managementberatungen Europas, begleiten Global Player und öffentliche Institutionen auf ihrem Wachstumskurs. Was uns auszeichnet, ist die Verbindung aus Strategieberatung und Corporate Finance. goetzpartners heißt „One Firm – Two Services".

Das Profil

Name goetzpartners MANAGEMENT CONSULTANTS GmbH
Branche Strategieberatung
Standorte 7 Standorte in Europa, 3 davon in Deutschland
Anzahl der Mitarbeiter 150 (goetzpartners Unternehmensgruppe)

Das Angebot

Geplante Einstellungen 2009 15 bis 20 AbsolventInnen, 25 bis 30 PraktikantInnen
Fachrichtungen Wirtschaftswissenschaften, Wirtschaftsingenieurwesen, Geistes- und Sozialwissenschaften, Physik, Mathematik, Wirtschaftsinformatik, Wirtschaftsmathematik, Wirtschaftsrecht, Ingenieurwissenschaften
Einsatzbereiche Strategie- und Managementberatung
Startprogramme Direkteinstieg
Weiterbildung Spezifische Fach- und Persönlichkeitstrainings, Mentorenprogramm
Einstiegsgehälter Branchenüblich
Auslandseinsatz Projektspezifisch

Der Einstieg

Bewerbung Bitte bewerben Sie sich online über www.goetzpartnersyou.com.
Auswahl In bis zu sechs Gesprächen präsentieren Sie Ihren Lebenslauf und diskutieren Business Cases mit unseren Beratern. Zusätzlich begeistern Sie das Interviewer-Team mit einer Kurzpräsentation.
Fachliche Anforderungen Sie haben einen exzellenten Hochschulabschluss. Hervorragende analytische Fähigkeiten und profunde betriebswirtschaftliche Kenntnisse besitzen Sie ebenso wie den Willen, Herausforderungen für unsere Kunden zu meistern.
Darüber hinaus haben Sie bereits erste relevante Berufserfahrung gesammelt.
Persönliche Anforderungen Unternehmergeist, Persönlichkeit und Leidenschaft für Leistung: das zeichnet unsere Berater aus. Als kompetente und erfahrene Ansprechpartner handeln sie stets zielorientiert und wertstiftend. So unterstützt goetzpartners MANAGEMENT CONSULTANTS seine Kunden von der Analyse bis zur Umsetzung mit maßgeschneiderten Lösungen.
Was Sie erwartet Sie sind vom ersten Tag an auf Augenhöhe, beim Kunden ebenso wie im eigenen Team. Unterstützt durch einen internen Mentor, arbeiten Sie kontinuierlich an der Entwicklung Ihrer Karriere. Individuelle Fach- und Kommunikationstrainings machen Sie fit für die Herausforderungen auf allen Hierarchiestufen. Ihr persönliches Engagement honorieren wir mit erfolgsabhängigen Zusatzleistungen zum Fixgehalt.
goetzpartners MANAGEMENT CONSULTANTS sucht und fördert die Besten. Unsere Kernwerte sind: Passion, Excellence, Delivery, Partnership for Success.

helbling

Helbling Corporate Finance GmbH
Neuer Zollhof 3, D-40221 Düsseldorf
Telefon +49 (0)211 / 1 37 07 - 0
Fax +49 (0)211 / 1 37 07 77
Kerstin Schülling
Telefon +49 (0)211/ 1 37 07 21
hcf@helbling.de
weitere Informationen auf unserer
Homepage: www.helbling.de

Das Unternehmen

Helbling Corporate Finance ist eine Tochtergesellschaft der Helbling-Gruppe. Im deutschsprachigen Raum zählt die Helbling Gruppe mit Hauptsitz in Zürich zu den Top 10 Anbietern für Beratungsleistungen. Mit rund 370 Professionals agieren wir in den fünf Unternehmensbereichen: Helbling Corporate Finance, Helbling Management Consulting, Helbling Technik/Engineering, Helbling Bauplanung und Helbling IT Solutions.
Helbling Corporate Finance verfügt im Bereich M&A über eine langjährige Erfahrung in der Abwicklung von Unternehmenstransaktionen. Ein Großteil unserer Mandate ist grenzüberschreitend; unsere Büros in Zürich, Düsseldorf und Lausanne sowie unsere Netzwerkpartner von „Corporate Finance International" ermöglichen uns internationale Präsenz. Die Beurteilung von Käufern/Verkäufern, Due Diligences und Verhandlungen können wir dadurch weltweit professionell vor Ort durchführen. Mit unserer Turnaround- und Restrukturierungskompetenz haben wir über 300 Unternehmen aus existenzgefährdenden Krisen zurück auf den Erfolgskurs geführt. Wir schaffen jeweils schnell Transparenz und entwickeln daraus tragfähige Restrukturierungskonzepte.

Das Profil

Branche Corporate Finance, M&A-Beratung, Consulting
Standort Düsseldorf, Zürich, Lausanne
Umsatz Helbling-Gruppe: EUR 53,5 Mio.
Anzahl der Mitarbeiter Helbling Gruppe: ca. 370 Mitarbeiter

Das Angebot

Einstellungen 2009 Circa 10 Berater
Fachrichtungen BWL/VWL
Startprogramme Training-on-the-job durch direkten Einstieg in ein Beratungsprojekt, Mentorshipsystem durch erfahrene Seniorberater
Weiterbildung Stufenabhängige und personenbezogene Fortbildungen (intern und extern). Gezielter Einsatz in unterschiedlichen Projekten zur schnellen Erweiterung des Erfahrungshintergrundes
Einstiegsgehälter Wettbewerbsgerecht

Der Einstieg

Bewerbung Anschreiben, tabellarischer Lebenslauf, Lichtbild, Zeugniskopien
Auswahl Vorauswahl/Information über Erstgespräch mit Beratern, Einzelgespräche mit Beratern
Pluspunkte Branchenspezifische Praktika oder Berufserfahrung
Fachliche Qualifikation Überdurchschnittlicher Hochschulabschluss, analytisches und strukturiertes Denken, sehr gute PC-Kenntnisse, Englisch in Wort und Schrift, weitere Fremdsprachen erwünscht
Persönliche Qualifikation Teamgeist, Eigeninitiative, Geschick im Umgang mit Menschen, Kreativität

Kienbaum
Executive Search
Human Resource & Management Consulting

Kienbaum Management Consultants GmbH
Ahlefelder Straße 47
51645 Gummersbach
Recruiting/Personalmarketing:
Frau Joana Neunzling
Telefon: 0 22 61 / 70 37 23
joana.neunzling@kienbaum.de
Stellen auf: www.kienbaum.de/karriere

Das Unternehmen

Die Kienbaum Management Consultants GmbH verknüpft professionelle Managementberatung mit ausgewiesener Human Resources-Expertise. Im Bereich Human Resource Management (operative und strategische Personalentwicklung, Compensation und HR-Strategie/Organisation) ist Kienbaum in Deutschland führender Anbieter.

Wir verfügen über langjährige Erfahrung und ausgewiesene Expertise in allen Feldern des Veränderungsmanagements. Wir entwickeln Strategien, die den langfristigen Unternehmenserfolg unserer Klienten sicherstellen. Gleichzeitig befähigen wir die Gesamtorganisation zur erfolgreichen Implementierung der Unternehmensstrategie und erhöhen ihre Lern- und Veränderungsfähigkeit für die Zukunft.

Unsere Beratungsfelder erstrecken sich von Strategie, Organisation, Prozessexzellenz, Marketing & Vertrieb über Business Technology Management bis hin zu HR-Themen wie Management Audits, Personalentwicklung und Vergütungsfragen.

Uns zeichnet tiefes Erfahrungswissen in den Branchen Financial Services & Real Estate, Gesundheitswesen, Chemie/Pharma, Konsumgüter & Handel, Engineering/Hightech, Automotive, Telekommunikation/IT, Energie & Versorgung sowie Öffentlicher Sektor aus.

Das Profil

Name Kienbaum Management Consultants GmbH
Branche Unternehmensberatung
Standorte Düsseldorf, Berlin, Hamburg, Frankfurt, München, Gummersbach
Anzahl der Mitarbeiter 260 in Deutschland, 730 weltweit (Kienbaum-Gruppe)

Das Angebot

Geplante Einstellungen 2009 Circa 25 Hochschulabsolventen
Fachrichtungen Wirtschaftswissenschaften, BWL, VWL, Wirtschaftsingenieurwesen, Psychologie, Geistes-, Natur- und Sozialwissenschaften
Einsatzbereiche Management Consulting/ Human Resource Management
Startprogramme Direkteinstieg, „Training on the job"
Weiterbildung Die Mitarbeiterinnen und Mitarbeiter von Kienbaum werden gezielt gefördert und erhalten die Chance, sich durch nationale und internationale Trainings, Coachings sowie Feedback- und Qualitätsbeurteilungen fortzubilden. Die Kienbaum Academy bietet maßgeschneiderte Programme für den Ausbau von fachlichen und überfachlichen Kompetenzen.
Einstiegsgehälter Nach Vereinbarung
Auslandseinsatz Möglich

Der Einstieg

Bewerbung Per E-Mail an joana.neunzling@kienbaum.de
Auswahl Telefoninterview, persönliches Vorstellungsgespräch, Einzelassessment-Center
Pluspunkte Qualifizierende Praktika in Beratungsunternehmen, Auslandserfahrung
Fachliche Qualifikation Sehr gute Studienleistungen, sehr gute analytische Fähigkeiten, relevante Praxiserfahrung, gute analytische Fähigkeiten, verhandlungssicheres Englisch
Persönliche Qualifikation Kommunikations- und Teamfähigkeit, Engagement, Selbständigkeit, Belastbarkeit, Flexibilität
Was Sie erwartet Bei Kienbaum erwarten Sie außergewöhnliche Karrieremöglichkeiten: Vom ersten Tag an übernehmen Sie Verantwortung und stellen sich großen Herausforderungen. „Training on the job" lautet unsere Devise für einen praxisorientierten Berufseinstieg. Es erwartet Sie eine intensive Zeit, in der Sie sich ständig weiterentwickeln und mit Ihren Aufgaben wachsen. Ihnen stehen viele Wege offen: Sie entscheiden, welchen Sie gehen!

KPMG

KPMG
Klingelhöferstraße 18
10785 Berlin
Deutschland
Kontakt: Recruiting-Team
Telefon: 08 00 – 57 64 562 bzw.
0800 KPMG JOB
E-Mail: recruiting@kpmg.com
http://www.kpmg.de/careers/

Das Unternehmen

Als Verbund rechtlich selbstständiger, nationaler Mitgliedsfirmen ist KPMG International mit ca. 123.000 Mitarbeitern in 145 Ländern eines der größten Wirtschaftsprüfungs- und Beratungsunternehmen weltweit. Auch in Deutschland gehört KPMG mit 8.000 Mitarbeitern an über 20 Standorten zu den führenden Unternehmen in diesem Geschäftsfeld. Unsere Leistungen sind in die Geschäftsbereiche Audit, Tax und Advisory gegliedert.

Das Profil

Name KPMG Deutsche Treuhand-Gesellschaft
Branche Wirtschaftsprüfung, Steuerberatung
Standorte An 22 Standorten in Deutschland, in 145 Ländern weltweit
Anzahl der Mitarbeiter 123.000 weltweit, 8.000 in Deutschland

Das Angebot

Geplant Wirtschafts-, Rechtswissenschaften, Informatik, Wirtschaftsinformatik, Wirtschaftsmathematik, Wirtschaftsingenieurwesen
Einsatzbereiche Audit, Tax, Advisory
Startprogramme Direkteinstieg
Weiterbildung Umfassendes Förder- und Weiterbildungsprogramm: von Master-Studiengängen bis zu Berufsexamina, beste Möglichkeiten im Hinblick auf Entwicklung und Förderung
Einstiegsgehälter Nach Vereinbarung
Auslandseinsatz Möglich

Der Einstieg

Bewerbung Über unser Onlineformular unter www.kpmg.de/careers
Auswahl Abhängig vom Geschäftsbereich Interviews oder Auswahlwahltage
Pluspunkte Relevante Studienschwerpunkte oder Praktika in der Beratung, Wirtschaftsprüfung
Fachliche Qualifikation Gute Examensnoten, Praktika, Mobilität, relevante Studienschwerpunkte sowie gute Englischkenntnisse
Persönliche Qualifikation Teamfähigkeit, analytisches Denkvermögen, Verantwortungsbewusstsein sowie Selbstständigkeit und Lernbegeisterung
Was Sie erwartet KPMG bietet Absolventen vielfältige Wege, ihre Karriere national als auch international zu gestalten mit besten Möglichkeiten im Hinblick auf Entwicklung und Förderung. Von Masterstudiengängen bis zu Berufsexamina: Mit KPMG eröffnen sich neue Karrierepfade, die die Ausbildung zum Wirtschaftsprüfer oder Steuerberater deutlich verkürzen könnten.

L-Bank

L-Bank
Schlossplatz 10
76113 Karlsruhe
Telefon 07 21 / 15 0 - 0
www.l-bank.de
Aus- und Weiterbildung
Telefon 07 21 / 15 0 - 16 70
thomas.bell@l-bank.de

Das Unternehmen

Als Staatsbank für Baden-Württemberg erfüllt die L-Bank ihren gesetzlichen Förderauftrag durch Finanzierungslösungen für Hausbanken, Unternehmen, Kommunen sowie für Familien mit Kindern. Sie übernimmt die finanztechnische Abwicklung der meisten Förderprogramme des Landes. Dabei steht sie nicht im Wettbewerb mit den Banken und Sparkassen, sondern arbeitet aktiv mit ihnen zusammen.

Durch eine explizite Garantie für die bankmäßigen Verbindlichkeiten ermöglicht das Land als Eigentümer der L-Bank eine optimale Refinanzierung an den nationalen und internationalen Kapitalmärkten. Erwirtschaftete Erträge der Bank werden zur Finanzierung neuer Fördermaßnahmen eingesetzt.

Das Profil

Name L-Bank
Branche Banken
Standorte Karlsruhe, Stuttgart
Anzahl der Mitarbeiter 1.100

Das Angebot

Für Studenten Traineeprogramm oder Praktikum
Geplante Einstellungen 2008/09 Für das Traineeprogramm ca. 4 bis 6 Hochschulabsolventen
Fachrichtungen Wirtschafts- und Rechtswissenschaften, Mathematik, Informatik
Startprogramm Individuelles Training-on-the-job
Interne Weiterbildung Systematische und zielgerichtete Weiterbildung

Der Einstieg

Bewerbung Vollständige Bewerbungsunterlagen (auch als pdf-Datei)
Auswahl Informations- und Auswahltag (Assessment Center)
Pluspunkte Banklehre, internationale Zusatzqualifikation, außeruniversitäres Engagement
Fachliche Qualifikation Überdurchschnittlicher Hochschulabschluss, bankbezogene praktische Erfahrungen, aktives Englisch, Auslandsaufenthalt
Persönliche Qualifikation Leistungsorientiert, teamfähig, belastbar

Otto Group

Otto Group
Wandsbeker Straße 3–7
22172 Hamburg
Stellen/Ansprechpartner auf:
www.ottogroup.com/karriere

Das Unternehmen

1949 in Deutschland gegründet, ist die Otto Group heute eine weltweit agierende Handels- und Dienstleistungsgruppe. Die Otto Group ist mit 123 Unternehmen in 19 Ländern Europas, Nordamerikas und Asiens präsent. Ihre Geschäftstätigkeit erstreckt sich auf die drei Segmente Multichannel-Einzelhandel, Finanzdienstleistungen und Service. Die Otto Group, mit ihrer Konzernzentrale in Hamburg, ist heute die größte Distanzhandelsgruppe der Welt.

Das Profil

Name Otto Group
Branche Handel
Standorte 123 Gesellschaften in 19 Ländern, Konzernzentrale in Hamburg
Anzahl der Mitarbeiter 52.668

Das Angebot

Geplante Einstellungen Circa 100 Absolventen p. a.
Fachrichtungen Wirtschaftswissenschaften (BWL, VWL, mit unterschiedlichen Schwerpunkten), Wirtschaftsmathematik, Wirtschaftsinformatik, Informatik, Bekleidungstechnik, Grafikdesign, Sozialwissenschaften, Medienwissenschaften, Jura, Physik
Einsatzbereiche Informationstechnik, E-Commerce, Strategie, Einkauf/Internationales Management, Marketing Vertrieb, Analyse (Finanzen/Controlling), Personal, Kommunikation, Logistik
Start-/Traineeprogramme Internationale Beschaffung und E-Commerce, Direkteinstieg (mehr unter www.ottogroup.com/karriere)
Weiterbildung Interne und externe Personalentwicklungsmaßnahmen (Integrationsprogramm für neue Mitarbeiter und Aufbauprogramm für qualifizierte Nachwuchskräfte)
Einstiegsgehälter Werden je nach Qualifikation und Einstiegsniveau individuell festgelegt
Auslandseinsatz In Einzelfällen – abhängig von der individuellen Entwicklung im Konzern

Der Einstieg

Bewerbung www.ottogroup.com/karriere
Auswahl Bewerbergespräche
Pluspunkte Qualifizierende Praktika
Fachliche Qualifikation Abgeschlossenes Studium oder Berufsausbildung, Englischkenntnisse, EDV-Erfahrung, Internet-/E-Commerce-Know-how
Persönliche Qualifikation Fähigkeit zur konstruktiv-kritischen Arbeit im Team, kreatives Potenzial, unternehmerisches Denken, überzeugende Persönlichkeit
Was Sie erwartet Die Otto Group bietet Ihnen attraktive Arbeitsaufgaben, innovative Projekte, direkte Verantwortungsübernahme und ein sehr gutes Betriebsklima. Darüber hinaus bietet die Otto Group viele Möglichkeiten zur persönlichen und fachlichen Qualifizierung sowie Entwicklung in Führungspositionen. Die Otto Group setzt sich sehr für ihre Mitarbeiter und die Umwelt ein.

Rölfs MC Partner Management Consultants GmbH

Rölfs MC Partner
Management Consultants GmbH
Grafenberger Allee 159, 40237 Düsseldorf
Telefon 02 11 / 69 01 - 01
www.roelfspartner.de/mc
Recruiting: Dr. Jens Petersen
Telefon 02 11 / 69 01 - 324
jens.petersen@roelfspartner.de
weitere Informationen auf
www.kluger-kopf-gesucht.de

Das Unternehmen

Rölfs MC Partner Management Consultants ist eine der wirkungsvollsten und umsetzungsstärksten Unternehmensberatungen am deutschen Markt und Teil der RölfsPartner-Gruppe, die mit bundesweit über 550 Mitarbeitern und einem Umsatz von 85 Mio. € zu den führenden Beratungsgesellschaften in Deutschland gehört. Rölfs MC Partner Management Consultants ist spezialisiert auf die drei unternehmerischen Herausforderungen Strategische Allianzen, Performance- und Turnaround-Management. Sie arbeitet Hand in Hand mit Corporate-Finance-Spezialisten, Wirtschaftsprüfern, Steuerberatern und Rechtsanwälten der RölfsPartner-Gruppe und entwickelt gemeinsam interdisziplinäre Lösungen für nationale und internationale Kunden.

Das Profil

Name Rölfs MC Partner Management Consultants GmbH
Branche Unternehmensberatung
Standorte 3 Standorte
Anzahl der Mitarbeiter 60

Das Angebot

Geplante Einstellungen 2008/2009 Für Studenten Praktika und auf Anfrage Betreuung von Diplomarbeiten
Personalplanung 2008/2009 Ca. 15 Hochschulabsolventen und Young Professionals
Fachrichtungen Wirtschaftswissenschaften, (Wirtschafts-)Ingenieurwissenschaften
Einsatzbereiche Top-Management Consulting in unterschiedlichsten Branchen und Themenstellungen
Startprogramme Individuelles Entwicklungsprogramm als Analyst/Berater
Weiterbildung Mentoren-Programm, Fach- und Persönlichkeitstrainings, individuelles Coaching
Einstiegsgehälter Nach Vereinbarung
Auslandseinsatz Nach individueller Vereinbarung und Projektlage möglich

Der Einstieg

Bewerbung Vollständige Unterlagen in einer Datei per E-Mail, idealerweise als PDF-Datei
Auswahl Bewerbergespräche, Fallstudien
Pluspunkte Qualifizierte Praktika in Beratungsunternehmen sowie in der Industrie
Fachliche Qualifikation Sehr gute Studienleistungen, kurze Studiendauer, Praktika, verhandlungssicheres Englisch, sehr gute analytische Fähigkeiten
Persönliche Qualifikation Begeisterungs-, Kommunikations- und Teamfähigkeit, unternehmerisches Denken, außeruniversitäre Aktivitäten, Auslandserfahrung
Was Sie erwartet Rölfs MC Partner Management Consultants bietet Ihnen direkt nach dem Hochschulabschluss den Einstieg als Analyst/-in und mit zusätzlicher Berufserfahrung den Einstieg als Berater/-in. Einführungsseminare erleichtern Ihnen den Start. Bei der Mitarbeit in verschiedenen Kundenprojekten übernehmen Sie schnell Verantwortung und erweitern stetig Ihren Erfahrungshorizont. Während Ihrer Tätigkeit werden Sie von Mentoren begleitet. Darüber hinaus besuchen Sie – individuell auf Ihre Bedürfnisse und Interessen abgestimmt – interne und externe Schulungen.

Siemens Management Consulting

Siemens Management Consulting
St.-Martin-Straße 76
80200 München
www.siemens.com/smc
Recruiting: Andrea Wittmann
Telefon +49- 89-636-82651
recruiting.smc@siemens.com
Weitere Informationen auf unserer Website http://www.siemens.com/smc

Das Unternehmen

Siemens Management Consulting ist die interne Top Management Beratung des Siemens Konzerns. Mit über 160 Beratern sind wir zuständig für alle Siemens Geschäfte weltweit – von Kraftwerksanlagen, Mikroelektronik und Dienstleistungen bis hin zu Medizintechnik. Aufgrund der Vielseitigkeit des Unternehmens müssen sich unsere Consultants in allen Beratungsfeldern auskennen, unter anderem Strategie, Benchmarking, Restrukturierung und Wachstum/Innovation. Neben dem Ziel, die Bereiche nachhaltig in ihrer Wettbewerbsfähigkeit zu unterstützen, ist es die Mission von SMC, einen Pool von Nachwuchsführungskräften auszubilden, die nach einer erfolgreichen Beraterkarriere eine verantwortungsvolle Führungsposition im Unternehmen übernehmen können.

Das Profil

Name Siemens Management Consulting
Branche Top Management Beratung/ Inhouse Consulting
Standorte München, New York, Peking
Anzahl der Mitarbeiter Weltweit ca. 200 (davon 150 Berater)

Das Angebot

Geplante Einstellungen 40 bis 50 Consultants + Praktikanten pro Jahr
Fachrichtungen Wirtschaftsingenieurwesen, Ingenieurwesen, Wirtschaftswissenschaften, Naturwissenschaften
Einsatzbereiche Beratung aller Siemens Geschäfte weltweit
Startprogramme Einführungsveranstaltungen, Projekteinsatz ab 2. Tag
Weiterbildung Basistraining in den ersten Monaten, diverse Trainings (Kommunikation, Präsentation, Moderation), Fachkolloquien, individuelle Trainings, Coaching, Feedback
Einstiegsgehälter Wettbewerbsgerecht
Auslandseinsatz Circa 30 % unserer Projekte haben den Projektstandort im Ausland

Der Einstieg

Bewerbung Vollständige Bewerbungsunterlagen per E-Mail an recruiting.smc@siemens.com
Auswahl Einladung zu persönlichen Interviews, 2 Interviewrunden im jeweiligen Heimatoffice mit Cases
Pluspunkte Praktika in Industrie und/oder Beratung, Auslandserfahrung > 6 Monate, Doppelqualifikation (MBA, PhD), außeruniversitäres Engagement
Fachliche Qualifikation Hervorragender Universitätsabschluss, fließende Englisch- und Deutschkenntnisse
Persönliche Qualifikation Ausgeprägte analytische und unternehmerische Fähigkeiten, Spaß am Umgang mit Zahlen, Selbstwahrnehmung und Selbstmanagement, ausgebildete „Antennen" in der Kommunikation und im Umgang mit Anderen, Energie und Humor
Was Sie erwartet Direkteinstieg als Consultant. Im Rahmen von weltweiten Strategieprojekten für verschiedene Sektoren, Regionen oder zentralen Einheiten lernen Sie den Siemens Konzern umfassend kennen, und bilden sich von Beginn an eine Plattform für eine erfolgreiche Management-Karriere in der Beratung und darüber hinaus.

Steria Mummert Consulting AG

Steria Mummert Consulting AG
Recruiting Team
Hans-Henny-Jahnn-Weg 29
22085 Hamburg
people@steria-mummert.de
www.people.steria-mummert.de
Bewerberhotline: 0 40 / 2 27 03 - 76 80

Das Unternehmen

Steria Mummert Consulting zählt zu den zehn führenden Anbietern für Management- und Technologieberatung im deutschen Markt. Seit mehr als 45 Jahren verbinden wir unsere anerkannte Branchenexpertise mit einem umfassenden Prozess- und Technologie-Know-how und tragen so zu einer nachhaltigen Verbesserung der Erfolgsposition unserer Kunden bei. Steria Mummert Consulting konzentriert sich auf die Branchen Banken, Versicherungen, Öffentliche Verwaltungen, Telekommunikation, Energieversorgung, Gesundheitswesen sowie Transport und setzt darüber hinaus sektorübergreifend Technologien in wertschöpfende Lösungen um. Wir begleiteten unsere Kunden ganzheitlich über die gesamte Wertschöpfungskette von der Beratung über Systemintegration bis hin zur Übernahme von IT- und Geschäftsprozessen. Steria Mummert Consulting ist Teil der französischen Steria Gruppe, die zu den europäischen Top 10 der IT-Serviceanbieter gehört.

Das Profil

Name Steria Mummert Consulting AG
Branche Unternehmensberatung
Anzahl der Mitarbeiter Weltweit rund 19.000, ca. 1.700 Mitarbeiter in Deutschland und Österreich

Das Angebot

Geplante Einstellungen 2008/2009 Circa 300 neue Mitarbeiter
Fachrichtungen Wirtschaftswissenschaften, (Wirtschafts-)Informatik, Mathematik, Ingenieur- und Naturwissenschaften
Einstiegsmöglichkeiten Direkteinstieg
Weiterbildung Interne und externe Trainings
Karriere Neue Mitarbeiter steigen bei uns bundesweit in das Projektgeschäft ein. Nach einem dreitägigen Einführungsseminar gehen sie mit ihrem Team zum Kunden ins Projekt und lernen das Beratungsgeschäft kennen. Seinen beruflichen Weg bestimmt jeder durch gute Leistungen. Steria Mummert Consulting legt Wert auf kreative Mitarbeiter, die selbstbewusst genug sind, um das hundertfach Erprobte auch einmal in Frage zu stellen. Unterstützt wird die persönliche Entwicklung durch unser Entwicklungsmodell Navigare. Absolventen steigen bei uns als Consultant Analyst ein.
Auslandseinsatz Ein internationaler Einsatz kann sich in Einzelfällen ergeben und hängt eng mit den vorhandenen Kundenprojekten und der jeweils gefragten fachlichen Kompetenz zusammen.

Der Einstieg

Bewerbung Vollständige Unterlagen per E-Mail, über das Bewerbungsformular auf unserer Homepage oder auf dem Postweg.
Auswahl Strukturierte Interviews
Fachliche Qualifikation Überzeugender Studienabschluss, fachbezogene praktische Erfahrung
Persönliche Qualifikation Selbstbewusstsein, Offenheit und die Fähigkeit zur Kritik. Darüber hinaus sollten Sie kommunikationsstark sein und über ein hohes Maß an Verantwortungsbewusstsein verfügen. Eine bundesweite Mobilität setzen wir voraus.
Was Sie erwartet Herausfordernde Projekte in einem dynamischen Umfeld, geprägt von spannenden Themen und einer kollegialen Umgebung

Stern Stewart & Co.

Stern Stewart & Co.
Salvatorplatz 4
80333 München
Telefon 0 89 / 24 20 71 - 0
Recruiting: Julia Obinger
Telefon 0 89 / 24 20 71 - 421
career@sternstewart.de
weitere Informationen auf der Homepage:
www.sternstewart.de

Das Unternehmen

Vor rund 25 Jahren von Joel M. Stern und G. Bennett Stewart III in New York gegründet, hat sich Stern Stewart & Co. zur führenden internationalen Unternehmensberatung für Wertmanagement entwickelt. Wir unterstützen die Unternehmensführung bei der Umsetzung ihrer Wertsteigerungsagenda in zwei Schlüsselbereichen: Portfoliostrategie und Bewertung sowie Unternehmenssteuerung und Organisation. Die von Stern Stewart & Co. entwickelte Wertkennzahl EVA® (Economic Value Added) hat sich dabei als globaler Standard etabliert.

Das Profil

Name Stern Stewart & Co.
Branche Consulting
Standorte 15 Büros weltweit
Anzahl der Mitarbeiter 200 weltweit

Das Angebot

Geplante Einstellungen Fortlaufend nach Bedarf
Fachrichtungen Wirtschaftswissenschaften, Volkswirtschaft, Wirtschaftsingenieurwesen sowie Einsteiger aus anderen Studienrichtungen mit profunden wirtschaftswirtschaftlichen Kenntnissen
Einsatzbereiche Strategie- und Managementberatung
Startprogramme Direkteinstieg
Weiterbildung Fach- und Persönlichkeitstrainings, individuelles Programm (MBA, Promotion, Managementkurse)
Einstiegsgehälter Nach Vereinbarung
Auslandseinsatz Möglich

Der Einstieg

Bewerbung Vollständige Unterlagen per Post oder E-Mail, idealerweise als PDF-Datei
Auswahl Strukturierter mehrstufiger Interviewprozess (Bewerbergespräche und Präsentation)
Pluspunkte Mehrere qualifizierende Praktika in Beratungsunternehmen oder in der Industrie
Fachliche Qualifikation Sehr gute Studienleistungen, verhandlungssicheres Englisch, sehr gute analytische Fähigkeiten
Persönliche Qualifikation Initiative, Teamfähigkeit, Begeisterungsfähigkeit, unkonventionelles unternehmerisches Denken, Kommunikations- und Moderationsgeschick, Auslandserfahrung
Was Sie erwartet Schnelle Übernahme von Verantwortung, aktive Mitarbeit bei allen Kernprozessen unserer Unternehmensberatung, eine offene und kreative Atmosphäre, vielfältige Herausforderungen und hervorragende Karrieremöglichkeiten

VOLKSWAGEN | CONSULTING

Volkswagen Consulting
Brieffach 011/1937, 38436 Wolfsburg
Telefon +49 - 53 61 - 8 97 - 35 00
www.volkswagen-consulting.de
Recruiting: Holger Raschke
Telefon +49 - 53 61 - 8 97 - 35 35
volkswagen-consulting@volkswagen.de
weitere Informationen auf
www.volkswagen-consulting.de/karriere/index.htm

Das Unternehmen

Volkswagen Consulting ist die interne Topmanagement-Beratung des Volkswagen Konzerns. Als Denk- und Umsetzungspartner betreuen wir weltweit alle Marken, Tochtergesellschaften und Konzernfunktionen in den Themenfeldern Marketing & Vertrieb, Beschaffung, Forschung & Entwicklung sowie Produktion, Logistik & Qualität. Unser Beraterteam besteht aus Alumni der führenden Topmanagement-Beratungen und Hochschulabsolventen mit ausgezeichneten Leistungen.

Das Profil

Name Volkswagen Consulting
Branche Unternehmensberatung, Automobilindustrie
Standorte Wolfsburg (Projekteinsätze weltweit)
Anzahl der Mitarbeiter Circa 50 Berater

Das Angebot

Geplante Einstellungen 2009 Circa 20
Fachrichtungen Wirtschaftswissenschaften, (Wirtschafts-)Ingenieurwissenschaften, (Wirtschafts-)Informatik, Naturwissenschaften, Geisteswissenschaften, weitere
Einsatzbereiche Strategie- und Management-Beratung
Startprogramme Direkteinstieg
Weiterbildung Fach- und Persönlichkeitstrainings, Auslandsaufenthalte, individuelles Coaching, Mentoren-Programm, Förderung der Promotion
Einstiegsgehälter Nach Vereinbarung
Auslandseinsatz Möglich

Der Einstieg

Bewerbung Vollständige Unterlagen per E-Mail oder per Post
Auswahl Assessment Center
Pluspunkte Praxiserfahrung in Beratungsunternehmen oder in der Automobilindustrie
Fachliche Qualifikation Hervorragende Studienleistungen, kurze Studiendauer, exzellente Analytik und Ergebnisqualität, eigenständige Arbeitsweise, sehr gute Sprachkenntnisse in Deutsch und Englisch
Persönliche Qualifikation Auslandserfahrung, Belastbarkeit, Teamgeist, Humor, „Benzin im Blut"
Was Sie erwartet Inhaltliche Teilverantwortung in nationalen und internationalen Projekten, selbständige Definition und Priorisierung von Teilaufgaben, Entwicklung und Implementierung innovativer Geschäftskonzepte in Zusammenarbeit mit den Kunden, Gestaltung strategischer Themen und Mitwirkung bei der zukünftigen Ausrichtung von Europas größtem Automobilhersteller, Aufbau eines globalen Netzwerks aus Kunden, Kollegen und Alumni, systematische Entwicklung ins Management des Konzerns, vielfältige Weiterbildungsmöglichkeiten (z. B. Promotion, MBA), attraktive und leistungsorientierte Konditionen inklusive Dienstwagen.

Schering-Integration ist eine Erfolgsgeschichte

Inhouse-Berater garantieren Bayer schnellen und reibungslosen Zusammenschluss

Im Jahr 2006 hat die Bayer AG mit der Übernahme des Berliner Pharmaunternehmens Schering AG das Bayer-Gesundheitsgeschäft gestärkt. Die notwendige Integration von rund 450 Gesellschaften in 150 Ländern bedeutete eine gewaltige Herausforderung. Der Konzern vertraute dabei der Expertise der internen Unternehmensberatung „Business Consulting" ihrer Servicegesellschaft Bayer Business Services.

Die Mehrzahl aller Beratungsprojekte verläuft im Stillen und gelangt bestenfalls in den Fokus einer Fachöffentlichkeit. Umso größer ist der Druck für alle Beteiligten, wenn quasi die halbe Wirtschaftswelt - und das rund um den Globus - genau hinschaut, ob Ziele und reale Entwicklung in Einklang gebracht werden können. Zumal es beim Zusammenschluss zweier DAX-Unternehmen um Milliardenwerte geht, und eine Reihe von Studien belegt, dass bis 85 Prozent aller Übernahmen keinen Mehrwert erzeugen.

Für die abschließende Bewertung der Post Merger Integration des neugeschaffenen Bayer-Geschäftsbereiches Bayer Schering Pharma ist es zwar noch zu früh, aber zumindest den nur 15 Monate dauernden Integrationsprozess fasst Bernd Marschmann, Abteilungsleiter bei Business Consulting und Leiter des globalen Projektmanagementbüros (GPMO) für die Integration, in wenigen Worten zusammen: „Das ist eine Erfolgsgeschichte." Dabei war das Projekt selbst für die ohnehin große Bayer-Welt einzigartig in Dimension und Komplexität: Bayer wollte sich langfristig engagieren; somit musste eine ganzheitliche, organisatorische und prozessuale Integration durchgeführt werden. Dass der Konzern den internen Beratern diese Aufgabe anvertraute, spricht für die hohe Akzeptanz von Business Consulting und deren Expertise für globale Projekte. „Solch umfassende Verantwortung erhält man in anderen Beratungsunternehmen nicht so schnell", urteilt Marschmann, der nach Linienverantwortung im Produktionsbereich bei 3M rund fünf Jahre Beratungserfahrung bei Roland Berger Strategy Consultants gesammelt hat.

Im Integrationsprozess musste das GPMO rund 3500 Seiten Integrationspläne mit rund 4500 Meilensteinen zentral verwalten. „Business Consulting hat dabei die Schaltpositionen besetzt, Budgets verantwortet und Ressourcen gesteuert sowie Synergiepotenzial ausgelotet", erläutert Marschmann. Insgesamt 150 Kräfte berichteten an das GPMO, wobei für sekundäre Funktionen externe Berater eingesetzt wurden. Der studierte Maschinenbauingenieur war von Anfang an dabei. Von Anfang an, das bedeutete schon viele Monate, bevor die Akquisition unter Dach und Fach war. „Wir wussten, dass Schnelligkeit der entscheidende Faktor für den Erfolg sein würde", berichtet Marschmann, „also haben wir das Thema bereits im März 2006, bei den ersten Hinweisen auf eine erfolgreiche Übernahme, in Angriff genommen und wichtige Sachentscheidungen vorbereitet." Eine Vorarbeit mit gewissem Risiko, die sich später jedoch vielfach auszahlte. Und deren Qualität deutlich mit der intimen Kenntnis des Bayer-Konzerns korrelierte. „Bei Business Consulting stehen wir in langfristigen Beziehungen mit den Teilkonzernen, schon weil viele Kollegen aus dem Beratungsbereich in Linienfunktionen wechseln." Auch für sich selbst sieht Marschmann hier eine Perspektive. Im Gegenzug erhalten viele Linienmanager während einer Tätigkeit bei Business Consulting die Gelegenheit, ihr Konzern-Know-how zu verbreitern und zu vertiefen.

Schnelle Grundsatzentscheidungen verhindern Reibungsverluste

Auf diese Weise entsteht bei Bayer ein vielfältiges Netz aus Kontakten zu unterschiedlichsten Unternehmensbereichen, in das nun auch die Schering-Kollegen eingebunden sind. „Wir haben während der Integration alle zentralen Funktionen im ‚double boxing' besetzt. Es gab so keine Außenstehenden, sondern sehr schnell eine fruchtbare Zusammenarbeit", schildert Marschmann. Dazu beigetragen hat auch eine bei Bayer vielfach bewährte Integrationsstrategie, die sehr frühzeitig nicht-verhandelbare und zeitkritische Grundsatzentscheidungen trifft und Verantwortungsbereiche definiert. „Zwar besteht bei solchem Vorgehen das Risiko von zu viel Schnelligkeit, aber so vermeidet man Unsicherheiten und unfruchtbare Diskussionen während der Umsetzung", nennt der 40-Jährige die Vorteile. Insbesondere R&D-Prozesse und komplexere, langfristige Ziele werden dabei zum Gegenstand detaillierter Best-Practice-Untersuchungen. Marschmann selbst – er bezeichnet sich als Pragmatiker – kommt solch ein Vorgehen sehr entgegen: „Es darf in unserem Geschäft keine Brüche in der Logistik oder im Vertrieb geben. Schon daher ist Schnelligkeit entscheidend. Wir konnten natürlich nicht alle Verästelungen der Integration kontrollieren, sondern es war wichtig, die wesentlichen Entscheidungen zu treffen und den Menschen bei der Umsetzung Freiheitsgrade zuzubilligen. Wir im GPMO haben die Taktzahl vorgegeben und die Kommunikation zwischen den Teams sichergestellt."

Und das äußerst erfolgreich. „Business Consulting arbeitet am Puls der Zeit", ist sich Marschmann mit seinen Kollegen einig. „Wir erhalten Einladungen, auch extern über das Projekt zu berichten, und die Teilkonzerne treten mit einer Vielzahl von Projektanfragen an uns heran." Deutliche Zeichen also dafür, dass das auch nach außen sichtbare Projekt die Zusammenarbeit mit dem gesamten Konzern auf eine neue Ebene gehoben hat. Und Bestätigung für Marschmanns Selbstverständnis: „Wir sind ganz entgegen der einem Konzern oft entgegengebrachten Skepsis in hohem Maße bereit, ‚agent of change' zu sein. Wir sprechen die gleiche Sprache wie unsere Geschäftspartner, wir haben hohes Verständnis für die Herausforderungen im Unternehmen und können dieses in einem intensiven Netzwerk nutzen." Internationale Einsätze, global wirksame Projekte und große Freiheitsgrade mit interessanten Kontakten und schneller Mitarbeiterentwicklung sieht er als Pluspunkte seiner Tätigkeit bei Business Consulting. Wer sagt da noch, dass ein Konzern zu große Beharrungskräfte bedingt?

ABBILDUNGEN

ANMERKUNGEN

1 Vgl. Arthur D. Little: Broschüre: Identity, Finding the Right Path.

2 Vgl. Glasl, A.: „Der Siegeszug der Berater“, in: Forum – Erfolgreicher Berufsstart, Nr. 3, Konstanz, Mai 1998, S. 33.

3 Vgl. ebenda, S. 35.

4 Vgl. Varian, H. R.: Intermediate Microeconomics, 3. Auflage, München 1995.

5 Vgl. Wöhe, G.: Einführung in die Allgemeine Betriebswirtschaftslehre, 23. Auflage, München 2008, S. 47–51.

6 Vgl. Henderson, B. D.: Die Erfahrungskurve in der Unternehmensstrategie, 2. Auflage, Frankfurt/Main 1986.

7 Vgl. Hammer, M./Champy, J.: Business Reengineering, 7. Auflage, Frankfurt/Main 1996.

8 Vgl. Glaser, H./Geiger, W./Rohde, V.: PPS – Produktionsplanung und -steuerung, 2. Auflage, Wiesbaden 1992.

9 Vgl. Meffert, H.: Marketing, Grundlagen der Absatzpolitik, 7. Auflage, Wiesbaden 1986.

10 Vgl. Kilger, W.: Industriebetriebslehre, Wiesbaden 1986.

11 Vgl. Murray, J. A./O’Driscoll, A.: Strategy and Process in Marketing, London u. a. 1996.

12 Vgl. Männel, W.: Handbuch Kostenrechnung, Wiesbaden 1992.

13 Vgl. Scheer, A. W.: Wirtschaftsinformatik – Referenzmodelle für industrielle Geschäftsprozesse, 2. Studienauflage, Berlin 1998.

14 Vgl. Glaser, H./Geiger, W./Rohde, V.: PPS, S. 13.

15 Vgl. Wöhe, G.: Einführung, S. 1025 ff.

16 Vgl. ebenda, S. 1028.

17 Vgl. Gabler: Gabler Wirtschaftslexikon, 16. Auflage, Wiesbaden 2005.

18 Der Begriff bezeichnet eine Marktsituation, in der die Verkäufer die günstigere Ausgangsposition besitzen und den Käufern somit weitgehend die Verkaufsbedingungen diktieren können. Der Ausdruck Käufermarkt ist charakteristisch für eine Marktsituation, in der die Käufer eine bessere Verhandlungsposition als die Verkäufer einnehmen und somit in der Regel selbst die Angebotskonditionen beeinflussen können.

19 Vgl. Porter, M. E.: Competitive Strategy, 10. Auflage, Frankfurt 1999.

20 Vgl. Murray, J. A./O'Driscoll, A.: Strategy and Process, 1996.

21 Vgl. McCarthy, E. J.: Basic Marketing: A Managerial Approach, 9. Auflage, Homewood 1981.

22 Vgl. Lauternborn, R.: New Marketing Litany: Four P's Passe, C Words Take Over, Advertising Age, 1.10.1990, S. 26.

23 Unter einem emotionalen Anspruch wird hier der Wunsch des Kunden/Einkäufers verstanden, nicht nur ein physisches Produkt zu erwerben, sondern ein emotionales Erlebnis vermittelt zu bekommen.

24 Die informativen Ansprüche eines Käufers beziehen sich auf sein rationales Interesse für Produkt- und Dienstleistungsspezifikationen und Charakteristika.

25 Vgl. Scholz, C.: Strategic Management, A European Approach, Wiesbaden 2002.

26 Vgl. Buzzel, R. D./Gale, B. T.: The PIMS Principles, New York 1987.

27 Vgl. Porter, M. E.: Competitive Advantage, New Edition, New York 2004.

28 Vgl. Porter, M. E.: Competitive Strategy, 10. Auflage, Frankfurt 1999.

29 Vgl. STERN/Die Sparkassen/McKinsey & Company: StartUp '97 – Der Gründungswettbewerb, Hamburg 1997, S. 12 und Sahlman, W. A.: How to Write a Great Business Plan, Harvard Business Review, Nr. 4 Juli/August 1997.

30 Unter Kannibalisierung versteht man, dass sich durch den Verkauf der Produkte über neue Vertriebskanäle (hier z. B. Einkaufszentren) die Verkaufszahlen der anderen Kanäle (z. B. Luxusketten) verringern.

31 Vgl. STERN; die Sparkassen; McKinsey & Company: StartUp '97 und Sahlman, W. A.: How to Write a Great Business Plan.

32 Der Name Supertronics wurde in diesem Zusammenhang nur zufällig ausgewählt. Jegliche Ähnlichkeit mit in der Realität bestehenden Unternehmen dieses Namens waren nicht beabsichtigt.

LITERATUR

Benn, S.: „Kampf um den Werbemarkt“, in: Wirtschaftswoche, Ausgabe Nr. 29, Juli 1998.

Buzzel, R. D./Gale, B. T.: The PIMS Principles, New York 1987.

Gabler Berufs- und Karriere-Planer 07/08: Wirtschaft, Wiesbaden 2007.

Glaser, H./Geiger, W./Rohde, V.: PPS – Produktionsplanung und -steuerung, 2. Auflage, Wiesbaden 1992.

Hammer, M./Champy, J.: Business Reengineering, 7. Auflage, Frankfurt/Main 1996.

Henderson, B. D.: Die Erfahrungskurve in der Unternehmensstrategie, 2. Auflage, Frankfurt/Main 1986.

Kilger, W.: Industriebetriebslehre, Wiesbaden 1986.

Lauterborn, R.: „New Marketing Litany: Four P's Passe, C Words Take Over“, in: Advertising Age, 1.10.1990.

Männel, W.: Handbuch Kostenrechnung, Wiesbaden 1992.

McCarthy, E. J.: Basic Marketing: A Managerial Approach, 9. Auflage, Homewood 1981.

Meffert, H.: Marketing-Grundlagen der Absatzpolitik, 7. Auflage, Wiesbaden 1986.

Murray, J. A./O'Driscoll, A.: Strategy and Process in Marketing, o. O. 1996.

Nagl, A.: Der Businessplan, 3. Auflage, Wiesbaden 2006.

Porter, M. E.: Competitive Advantage, New Edition, New York 2004.

Porter, M. E.: Porter, M. E.: Competitive Strategy, 10. Auflage, Frankfurt 1999.

Sahlman, W. A.: „How to Write a Great Business Plan“, in: Harvard Business Review, Nr. 4 Juli/August 1997.

Schawel, C./Billing, F.: Top 100 Management Tools, Wiesbaden 2004.

Scheer, A. W.: Wirtschaftsinformatik – Referenzmodelle für industrielle Geschäftsprozesse, Berlin 1995.

Scholz, C.: Strategic Management, A European Approach, Wiesbaden 2002.

Schwertfeger, B.: „Alle auf einmal“, in: Wirtschaftswoche, Nr. 29, 9.7.1998.

Staufenbiel (Hrsg.): Individuell bewerben - Karrierestart für den Führungsnachwuchs, Staufenbiel Institut für Berufs- und Arbeitsplanung, 2. Auflage, Köln 1995.

Unternehmensberater: Honorare und Honorarstrukturen im deutschen Beratungsmarkt, Ausgabe 1/98, Tabelle S. 8 f.

Varian, H. R.: Grundzüge der Mikroökonomik, 7. Auflage, München 2007.

Wöhe, G.: Wöhe, G.: Einführung in die Allgemeine Betriebswirtschaftslehre, 23. Auflage, München 2008.

VERZEICHNIS DER INSERENTEN

Unternehmen	Seite
Accenture GmbH	160
Accenture GmbH (PR-Anzeige)	VI
Bayer Business Services GmbH	165
Bayer Schering Pharma AG (PR-Anzeige)	192
Capgemini Deutschland GmbH	2. Umschlagseite
CTcon GmbH	169
Deloitte	171
Goetzpartners Management Consultants GmbH	172
Helbling Corporate Finance GmbH	175
Kienbaum Management Consultants GmbH	176
KPMG Deutsche Treuhand-Gesellschaft	3. Umschlagseite
L-Bank	181
Otto Group	XIII
Rölfs MC Partner Management Consultants GmbH	4. Umschlagseite
Siemens Management Consulting	2
Steria Mummert Consulting AG	187
Stern Stewart & Co.	189
Volkswagen Consulting	IX

DIE AUTOREN

Martin Hartenstein

war nach seinem Studium als Consultant für eine international führende Managementberatung, als Investment-Manager bei einem Venture Capital Fund sowie als Head of Business Development bei einem Spin-off-Unternehmen der Hochschule St. Gallen in der Schweiz tätig. Nach einer Zwischenstation als Inhouse-Consultant bei einem führenden Unternehmen der Finanzdienstleistungsbranche in Stuttgart ist er heute Direktor und Leiter des Management Office für das „International Private Banking Americas" in einem weltweit führenden Unternehmen der Finanzdienstleistungsbranche in Zürich.

Dr. Fabian Billing

war während seines Studiums Mitgründer der Unternehmensberatung BRAINconsult. Seit 1999 ist er bei Mc Kinsey - heute als Partner. Als Klienten betreut er primär Telekommunikationsunternehmen in Deutschland und Osteuropa mit den inhaltlichen Schwerpunkten Strategie, Merger Management und Performance Transformation. Während einer Freistellung promovierte er über das Management radikaler Innovationsvorhaben.

Dr. Christian Schawel

Mitgründer der studentischen Unternehmensberatung BRAINconsult, arbeitete im Anschluss an seine Promotion als konzerninterner Unternehmensberater in strategischen Projekten im Konzern Deutsche Post World Net. Nach einer Station als Stabsleiter für den Vorsitzenden des Bereichsvorstandes DHL Express Deutschland verantwortet er heute den Bereich Vertriebsplanung, -steuerung und -entwicklung im gleichen Unternehmen und ist dabei unter anderem für Marktausschöpfungsprogramme, Vertriebsplanung/-steuerung, Kundenabrechnung sowie das Angebots- und Vertragsmanagement verantwortlich.

Michael Grein

war während seines Studiums einer der vier Initiatoren der studentischen Unternehmensberatung BRAINconsult. Seit 1999 ist er selbständig in der Musik- und Consultingbranche tätig. Zu seinen Kernkompetenzen im Musikgeschäft gehören die Tätigkeitsfelder Verlagswesen sowie Musikmanagement. Darüber hinaus ist er als Mitgesellschafter und Initiator verantwortlich für einen der angesagtesten Szeneclubs in Deutschland, den U60311 in Frankfurt am Main. Als freier Consultant ist er zurzeit für einen großen deutschen Automobilkonzern im IT-Sektor tätig.

STICHWORTVERZEICHNIS

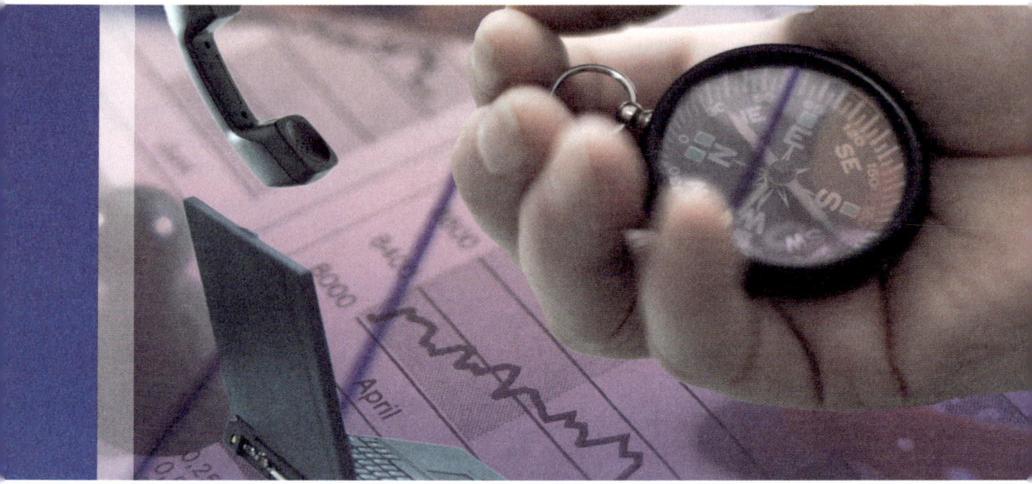

KARRIERE MACHEN DER WEG IN DIE UNTERNEHMENSBERATUNG 2009 | 2010

Die Consultingbranche ist ein attraktives Ziel für viele Berufseinsteiger und Young Professionals. Wie gelingt es, einen der begehrten Jobs zu ergattern? Dieser bewährte Ratgeber vermittelt das Know-how, um die Einstellungshürden zu überwinden. Das Autorenteam zeigt, wie Consultants Probleme angehen und lösen, und gibt zahlreiche Hilfestellungen und nützliche Tipps. Anhand von über 30 Case Studies mit ausführlichen Lösungsvorschlägen kann sich der Leser gezielt auf die Auswahlinterviews und die Consulting-Praxis vorbereiten. Das Standardwerk, jetzt in der 8., überarbeiteten Auflage – mit einer neuen Fallstudie.

- Die Beratungsbranche im Überblick
- Grundkonzepte für die Fallstudienbearbeitung
- Die wichtigsten Methoden und Analysewerkzeuge
- Die Fallstudiengrundtypen
- Weiterführende Aufgaben
- Einstellungstests

„Dieses Buch ist ein Geheimtipp für angehende Consultants.“ *Manager Magazin*

„Leser bekommen einen Eindruck davon, wie Unternehmensberater Probleme angehen und lösen!“
Junge Karriere

„Sehr zu empfehlen sind in diesem Buch besonders die Fallstudienübungen und Frameworks!“
beratungswissen.de

ISBN 978-3-8349-1028-8

9 783834 910288

www.gabler.de
www.karriereplaner.de